DAS
GEBRAUCHTE HAUS

Kaufen, finanzieren, sanieren

Ulrich Zink

Stiftung
Warentest

INHALT

LIEBE LESERIN, LIEBER LESER.

Jedes Jahr erwerben 200 000 Immobilienkäufer ein Haus oder eine Wohnung, um sie selbst zu nutzen oder um sie zu vermieten. Eine wahrscheinlich noch weit höhere Zahl Interessenten denkt über den Kauf einer eigenen Wohnimmobilie nach.

Immer mehr Menschen finden an gebrauchten Gebäuden Gefallen. Vielleicht haben auch Sie sich bereits gegen einen Neubau und für den Erwerb einer Bestandsimmobilie entschieden. Vielleicht steht diese Frage für Sie unmittelbar zur Entscheidung an?

Heute werden bereits weit mehr Bestandsimmobilien verkauft als Neubauten. Die Nachfrage steigt seit einigen Jahren stetig. Schätzungen gehen davon aus, dass etwa 80 Prozent des Wohnungsbestands, der in den kommenden 20 Jahren nachgefragt werden wird, heute bereits gebaut ist.

Das Interesse am bereits Bestehenden, am Historischen, ja am Denkmal wächst. Eine Bestands- oder Gebrauchtimmobilie weist Qualitäten auf, die ein Neubau nicht in jedem Fall vorweisen kann.

■ Ein – für viele entscheidender – Vorteil ist: Das Haus ist bereits fertig, und der Eigentümer vermeidet den Neubaustress.

■ Anders als ein Neubau, den man als Erstnutzer bezieht, hat eine Bestandsimmobilie schon bewiesen, was sie kann, wo ihre Stärken und Schwächen liegen.

■ Oft weisen Gebrauchtimmobilien einen deutlichen Standortvorteil auf, befinden sie sich doch häufig in begehrten Lagen, während neue Baugrundstücke oft in typischen Neubaugebieten oder in weniger attraktiven Randlagen angetroffen werden.

■ Für viele ist der Preis ein entscheidendes Argument für die Gebrauchtimmobilie, liegt er doch – vergleichbare Wohnlagen vorausgesetzt – in der Regel deutlich unter dem Preis eines Neubaus.

■ Weiteres Plus: Der Preis für eine Bestandsimmobilie steht fest, und man weiß (oder kann es in Erfahrung bringen), was man für diesen Preis bekommt.

Diesen Vorzügen stehen Risiken gegenüber, die man nicht unterschätzen darf. Denn neben den fixen Kosten, die man leicht überschauen kann – Kaufnebenkosten wie Grundbuchkosten, Grunderwerbsteuer, Notar- und gegebenenfalls Maklerkosten – können mit dem Erwerb der Immobilie weitere Kosten auf Sie zukommen, die man nicht immer gleich auf den ersten Blick sieht. Renovierungs- und Sanierungsarbeiten, eventuell auch Umbauten müssen eingeplant werden. Welchen Umfang und welche Belastung diese Maßnahmen erreichen, sollten Sie sich zum frühestmöglichen Zeitpunkt klarmachen. Denn unter Umständen hat sich beim Objekt Ihrer Wünsche ein Sanierungs- und Renovierungsstau angesammelt, der Ihre gesamte Finanzplanung ins Wanken bringen kann. Und schnell ist aus dem Traumhaus ein Albtraumbau geworden.

Genau darum wurde dieses Buch geschrieben. Es will Ihnen helfen, über die Beschaffenheit Ihrer gebrauchten Immobilie schnell und umfassend Bescheid zu wissen. Es wird Ihnen eine Folge von elf notwendigen Schritten empfehlen, die Sie – bei aller individuellen Unterschiedlichkeit des jeweiligen Hauses – auf einen sicheren Weg führt. Je konsequenter Sie sich an die vorgeschlagene Schrittfolge halten, desto besser werden Sie gegen unangenehme Überraschungen geschützt sein. Knapp 180 Buchseiten können Sie nicht zu einem Altbauexperten machen. Aber Sie werden es leichter haben, den richtigen Altbauexperten zu finden und seine Arbeit fachlich zu bewerten, indem Sie Ihre Chancen und Risiken in Bezug auf das gebrauchte Haus besser einschätzen lernen. Die wichtigste Tugend bei Ihrem Immobilienvorhaben ist Geduld; es geht um sehr große Summen, und es geht um Bauwerke, die über eine lange Zeit Bestand haben sollen. Hast und überstürzte Entscheidungen sind in diesem Zusammenhang die schlechteste Option.

TRÄUME, VISIONEN, WIRKLICHKEIT

Das eigene Haus: Für viele Menschen ist das ein Traum, der nicht für immer nur ein Traum bleiben, sondern der Wirklichkeit werden soll. Und immer mehr Menschen entscheiden sich gegen einen Neubau, sie bevorzugen stattdessen eine bereits vorhandene Immobilie. Aber gebrauchte Häuser tragen, wie alle gebrauchten Gegenstände, die Spuren der zurückliegenden Nutzung in sich und an sich. Jedes gebrauchte Haus ist ein Haus mit einer eigenen Geschichte.

DIE ENTSCHEIDUNG

Wer ein Haus kauft, tut das in der Regel nicht infolge eines spontanen Entschlusses, sondern nach reiflicher Überlegung. Oft sind es geradezu Lebensentscheidungen, die mit dem Hauskauf verbunden sind: die Entscheidung für einen Ort, an dem man dauerhaft leben möchte, die Entscheidung für eine bestimmte Lebensweise und die Entscheidung für eine große finanzielle Investition, die den einen oder anderen Immobilienbesitzer bis an die Grenzen seiner wirtschaftlichen Leistungsfähigkeit führen kann.

Ein Haus kaufen
Solche Grundsatzentscheidungen stehen in unterschiedlichen Lebensphasen an. Manche treffen eine Immobilienentscheidung schon sehr früh, wenn sie ihre be-

rufliche Laufbahn beginnen oder eine Familie gründen. Andere treffen ihre Entscheidung später, auf dem Höhepunkt ihrer beruflichen Laufbahn – oder schon mit Blick auf den bevorstehenden Ruhestand. Manchmal ist die Entscheidung für den Hauskauf auch mit einer beruflich bedingten Ortsveränderung verbunden, und oft ist gerade dann das Haus aus zweiter Hand die erste Wahl.

Ein Haus erben
Nicht jeder führt aus eigenem Antrieb die Entscheidung für oder gegen den Immobilienerwerb herbei. Manchmal wird man auch aufgrund einer Erbschaft vor die Frage gestellt: Soll man die ererbte Immobilie selbst nutzen und die Familiengeschichte des Hauses fortschreiben oder das Grund-

BILD 1 Bescheidene Häuser mit individuellem Vorgarten. Zechensiedlung in Gelsenkirchen

stück samt Haus umgehend wieder loswerden?

Der Erbfall ist kein Ausnahmefall auf dem Weg zur eigenen Immobilie. Im Gegenteil: Kommen heute schon rund 38 Prozent der Erben in den Genuss von Immobilienbesitz (70 Prozent dieser Immobilienerbschaften bestehen aus Eigenheimen), rechnen laut einer Studie der Postbank 58 Prozent aller künftigen Erben damit, eine selbstgenutzte Wohnimmobilie zu erhalten. Weitere 20 Prozent rechnen damit, in absehbarer Zeit eine vermietete Immobilie zu erben (bislang waren es 13 Prozent). In Deutschland, dem klassischen Mieterland von einst, hat besonders nach dem Zweiten Weltkrieg die „Wirtschaftswunder-Generation" verstärkt Immobilienbesitz erworben. Entsprechend erhöht hat sich dadurch der Anteil der selbstgenutzten Wohnimmobilien. In naher Zukunft wird sich also das Verhältnis der vererbten Vermögensklassen deutlich vom Geld hin zu Immobilien verschieben. Acht von zehn Deutschen werden in naher Zukunft Immobilienerben sein.

Der Erbfall ist aber nur scheinbar ein kostenloser Weg zum eigenen Haus. Denn unter Umständen müssen Miterben ausgezahlt werden, wenn man das Haus für sich in Besitz nehmen will. Möglicherweise müssen juristische Probleme ausgeräumt und Lasten übernommen werden,

die man dem Haus äußerlich nicht unbedingt ansieht. Und unter Umständen muss man in ein geerbtes Haus mehr Geld hineinstecken, als es objektiv wert ist. Jeder Einzelfall ist anders und muss individuell betrachtet und bewertet werden. Der Erbe eines Hauses steht vor den gleichen Problemen wie der Käufer. Grundsätzlich wird man die gleichen sachlichen Maßstäbe an die Bewertung der Immobilie anlegen müssen. Und die gleiche Schrittfolge, die man beim Kauf eines gebrauchten Hauses einhalten sollte, um gegen unangenehme Überraschungen möglichst gefeit zu sein, muss man auch bei einer geerbten Immobilie einhalten, wenn man entscheiden will, ob sie zum eigenen Haus werden soll oder besser nicht.

Gefühl und Verstand

Einen wichtigen Unterschied gibt es natürlich zwischen dem Kauf eines fremden Wohneigentums und dem Erben einer Liegenschaft, die sich möglicherweise seit Generationen im Familienbesitz befindet – die emotionale Aufladung eines „Familienerbstücks". Mag es noch so ein alter Kasten sein, war es das Elternhaus, hat man – ob man will oder nicht – eine besondere emotionale Bindung an die Immobilie. Man fühlt vielleicht mehr, als es rationale Gründe geboten erscheinen lassen, eine besondere Verpflichtung, sich des Hauses

BILD 1

ehrerbietig anzunehmen und vielleicht sogar finanzielle Belastungen auf sich zu nehmen. Wie schwierig es sein kann, ererbtes Gut zu erhalten, mussten im 19. Jahrhundert auch viele Adelsfamilien erfahren, als die Gebote der wirtschaftlichen Rechnungsführung auch vor der einst privilegierten Aristokratie nicht halt- machten. So hielt beispielsweise die thü- ringische Adelsfamilie Erffa lange Zeit am Schloss Niederlind (im heutigen Kreis Sonneberg) fest, obwohl die Betriebskos- ten bereits Mitte des 19. Jahrhunderts die Erträge der zugehörigen Landwirtschaft überstiegen. Die Familie wollte das Schloss an den Herzog von Sachsen-Meiningen verkaufen, aber der lehnte nach einem Wirtschaftlichkeitsgutachten das Angebot ab. Als ein paar Jahre später Eduard von Erffa das Schloss abermals verkaufen wollte, schrieb ihm sein Bruder Hermann ziemlich ratlos und zugleich mahnend: „Es bliebe nur der Gedanke übrig, Lind aus Pietät für unsere alte, seit drei Jahr- hunderten dort ansässige Familie zu erhal- ten, und da glaube ich nun, dass du … gewiss nicht dulden wirst, dass irgend ein Fabrikant in dem alten ehrwürdigen Hau- se Webstühle und Spinnmaschinen auf- stellt, damit du jährlich eine Mehreinnah- me von 1 500 Mark haben wirst." Zwar wurde das Schloss am Ende doch keine Textilfabrik, aber 1890 erwarb mit Gustav

Luge ein bürgerlicher Käufer das Anwe- sen, der sich ein Schloss leisten wollte (und wohl auch konnte).

Entscheidungen in Immobilienangele- genheiten trifft man nicht aus dem Bauch heraus – jedenfalls sollte man das nicht tun. Aber die Entscheidung für oder ge- gen eine selbstgenutzte Immobilie wird niemals frei von Emotionen sein. Schließ- lich will man in diesem Haus wohnen, vielleicht auch arbeiten – und zum Leben gehören Gefühle ebenso wie Verstand. Mag der Verstand auch die Entscheidung für oder gegen eine Immobilie bestimmen: Wenn man sich in einem Haus nicht wohl fühlt, kann der Verstand das Unbehagen nicht schöndenken. Manchmal kann es durchaus nützlich sein, dem sogenannten Bauchgefühl zu vertrauen: vor allem dann, wenn es rät, den Verstand kritisch zu schärfen.

Gefühl und Verstand haben beim Er- werb eines gebrauchten Hauses immer nebeneinander ihren Platz. Gut ist es, wenn sie nicht gegeneinander antreten, sondern miteinander arbeiten. Mit ande- ren Worten: Die Vernunft erwirbt eine Im- mobilie. Das Gefühl kauft ein Haus.

Der dritte Fall

Geerbt oder gekauft – aber das liegt schon einige Zeit zurück. Jetzt wohnen Sie in Ihrem Haus, und nach und nach stellt sich heraus, dass da und dort etwas nicht stimmt. Das Gefühl beschleicht Sie, dass umso mehr Unangenehmes ans Licht tritt, je tiefer Sie bohren. Und das kann ganz wörtlich gemeint sein: Das einzelne Bohrloch bringt die erste Fliese zu Fall. Und als die zweite fällt, stellen Sie fest, dass hinter den Fliesen ein Raum ist, der da nicht sein sollte, und dass da jedenfalls nicht die Wand ist, die stattdessen dort sein sollte, und dass Sie hinter der nicht vorhandenen Wand etwas vorfinden, was Ihnen ganz und gar nicht gefällt. Es ist die sprichwörtliche Leiche im Keller; sie kann Ihnen in Gestalt des Echten Hausschwamms oder das Braunen Kellerschwamms begegnen oder in anderer Furcht einflößender Gestalt. Die Bausünden der Väter straft

Hephaistos, der Gott der Baukunst, bis ins vierte Glied.

Sitzen Sie nun in der Falle? Ist alles gelaufen? Können Sie gar nichts mehr tun?

Nein. Auch für den Fall, dass Probleme auftreten, wenn Ihnen die Immobilie bereits gehört, gibt es einen Weg der Problemlösung. Er unterscheidet sich nicht wesentlich von dem Weg, den der potenzielle Käufer oder Erbe gehen wird, nur dass die Zeitverläufe geringfügig verschoben sind und der Besitzer einer Bestandsimmobilie einiges nacharbeiten muss, was der potenzielle Käufer vernünftigerweise als Vorarbeit erledigt. In jedem Fall steht am Beginn eine ehrliche und sachliche – man kann ruhig sagen schonungslose – Bestandsaufnahme.

DER FAHRPLAN

Wer ein eigenes Haus besitzen will, verbindet damit Wünsche und Ziele. Für manchen potenziellen Immobilienkäufer sind diese Wünsche und Ziele noch so unbestimmt, dass er sie gar nicht so recht zu formulieren weiß. Oft sind es Träume und Visionen, vage Vorstellungen – Luftschlösser. Und Luftschlösser sind bekanntlich die Immobilien mit den höchsten Nebenkosten und dem geringsten Verkehrswert. Die Redewendung „ein Schloss in der Luft bauen" stammt schon aus dem 16. Jahrhundert und bedeutete so viel wie „auf dem Dachboden sitzen und träumen".

Eine Betätigung, die schon damals den Spott der Zeitgenossen auf sich zog, weil sie nichts Nützliches schuf, vielmehr notwendiges Handeln verhinderte. Das ist heute nicht anders. Wer sich mit dem Gedanken trägt, eine Immobilie zu erwerben, wird möglichst viele seiner persönlichen Wünsche und Vorstellungen verwirklichen wollen – am besten natürlich alle. Da kommen viele Ideen zusammen, werden Träume gesponnen, Visionen entwickelt, Luftschlösser gebaut. Sie alle lassen sich in den seltensten Fällen im Rahmen der eigenen finanziellen Möglichkeiten vollständig realisieren. Es ist nicht schlimm, wenn man gelegentlich einmal Luftschlösser baut. Man muss nur akzeptieren, dass man darin nicht wohnen kann. Wenn Sie also schon einmal so weit gekommen sind, dass Sie auf dem Dachboden Ihres künftigen Traumhauses sitzen, dann unterbrechen Sie das Träumen für einen Augenblick und schauen sich bei dieser Gelegenheit die Beschaffenheit des Daches an. Doch das sind bereits Einzelheiten, auf die später noch einmal ausführlicher eingegangen wird.

Warum alt und nicht neu?

Warum verliebt man sich in ein altes Gebäude? Es mag dafür viele unterschiedliche Gründe geben – alle, die man auch benennen kann, bilden niemals vollständig alle Motive ab, die ein Haus für den Erwerber attraktiv machen.

Gebrauchtimmobilien drücken immer auch den Charakter, den Geschmack und die Lebensweise der vorherigen Bewohner aus. Das hat einen ganz besonderen Reiz. Je nach Alter des Hauses kann den Erwerber durchaus der „Atem der Geschichte" anwehen. Aber der Atem der Geschichte kann auch etwas abgestanden duften, und man möchte als künftiger Besitzer doch schon wissen, was man da – im wörtlichen wie übertragenen Sinn – einatmet.

Schwächen aufdecken

Wenn Sie sich mit dem Gedanken tragen, eine gebrauchte Immobilie zu erwerben, werden Sie sich wahrscheinlich schon die Frage gestellt haben, was Sie als Erstes tun müssen. Das Haus besichtigen? Mit der Bank wegen der Finanzierung sprechen? Einen Gutachter beauftragen? Einen Energieberater konsultieren?

Glauben Sie nicht, dass Sie alles alleine können. Sie sind kein Experte für gebrauchte Immobilien. Wären Sie es, brauchten Sie dieses Buch nicht. Sie werden auch nach der Lektüre dieses Buches nicht bereits Expertenstatus erreichen, aber Sie werden wissen, wo man Experten findet, wozu man sie einsetzt und was Sie von ihnen erwarten, ja verlangen dürfen.

Der Erwerb eines gebrauchten Hauses, einer Altbauimmobilie, muss kein Risiko darstellen, wenn man die ersten wichtigen Schritte in der richtigen Reihenfolge durchläuft. Dabei geht es vor allem um das Erkennen und Benennen von Schwächen, aber auch um das Herausarbeiten von besonderen Stärken und Chancen, die in der Immobilie stecken.

Die ehrliche Bestandsaufnahme beginnt aber nicht beim Gebäude, sondern beim Erwerber oder Besitzer. Das größte Risiko beim Erwerb einer Gebrauchtimmobilie ist nämlich nicht das Haus, sondern der Käufer.

Der Musterfahrplan

Gibt es einen idealen Fahrplan zum wunschlos glücklichen Leben im eigenen Haus? Nein, natürlich nicht. Aber es gibt typische Beispiele, die Ihnen helfen, sich in der jeweils konkreten Situation zurechtzufinden.

Es gibt charakteristische Merkmale am Gebäude, die auf gleich oder ähnlich gelagerte Probleme hinweisen. Und es gibt auch immer wiederkehrende Verhaltensmuster bei Ihren Partnern auf der Baustelle, im Maklerbüro oder in der Bankfiliale, die Sie kennen müssen, damit Sie nicht in die Irre laufen.

Betrachten Sie die Beispiele in diesem Buch wie Verkehrsschilder im Straßenverkehr. Deren Symbole können niemals die konkrete Verkehrs- oder Gefahrensituation abbilden, aber sie machen dort, wo sie stehen, auf eine besondere Verkehrs- oder Gefahrensituation aufmerksam. Richtig reagieren und situationsadäquat handeln müssen Sie selbst

Am besten ist es, wenn Sie nach einem MUSTERFAHRPLAN vorgehen, der sich in den verschiedensten praktischen Fällen bereits bewährt hat. Wir empfehlen Ihnen, Ihren Weg zum gebrauchten Haus in folgenden Schritten zu gehen:

- **Schritt 1**: Erstellen Sie ein Bauherrenprofil.
- **Schritt 2**: Stellen Sie eine Vermögensanalyse und ein Finanzierungskonzept auf.
- **Schritt 3**: Finden Sie einen Altbauexperten, Ihren „Hausarzt".
- **Schritt 4**: Nehmen Sie eine Gebäudediagnose mit den folgenden Optionen vor
Grunddiagnose
Kostengrobschätzung
Energiegutachten
Thermografieaufnahmen
Maßnahmenkonzept

- **Schritt 5**: Beginnen Sie mit der Planung und nehmen Sie den Abgleich mit den Bestandsplänen vor.
- **Schritt 6**: Klären Sie, ob und welche fachlich Beteiligten noch eingeschaltet werden können und müssen, zum Beispiel Statiker, Holzschutzgutachter, Vermesser usw.
- **Schritt 7**: Erstellen Sie eine Maßnahmen- und Leistungsbeschreibung.
- **Schritt 8**: Holen Sie Angebote ein; die Ausschreibung sollte ein Fachmann vornehmen.
- **Schritt 9**: Vergeben Sie die erforderlichen Arbeiten.
- **Schritt 10**: Sorgen Sie für professionelle Bauleitung und Qualitätssicherung.
- **Schritt 11**: Vor dem Ziel stehen die Abnahme und Dokumentation der Arbeiten.

Auf diese elf Schritte – nennen wir sie ruhig die „Elf Gebote für die Bestandsimmobilie" – werden wir auf den folgenden Seiten immer wieder zurückkommen. Keiner dieser elf Schritte ist unwichtig, und Sie werden umso weiter auf der sicheren Seite sein, je disziplinierter Sie sich an die Elf Gebote halten.

Steht die Reihenfolge der Schritte fest?

Das ist ein bisschen wie bei der Huhn- oder Ei-Frage. Unterschiedlicher Auffassung kann man bei den ersten drei Schritten sein.
- Sollte man sich nicht über die eigene Finanzlage im Klaren sein, bevor man

überhaupt daran denkt, ein Haus zu erwerben?

■ Sollte man nicht besser gleich zu Beginn einen Berater hinzuziehen, bevor man sich ein konkretes Haus anschaut und die eigenen Finanzen überprüft?

■ Oder sollte man erst dann Geld für einen „Hausarzt" ausgeben, wenn man sich über seine eigenen Wünsche und Vorstellungen klar geworden ist und seine Finanzlage überblickt?

Viel hängt hier von Ihrem Zeithorizont und von Ihrem Temperament ab. Um kurz abzuschweifen: So wie es grundverschiedene Typen von Urlaubern gibt, so gibt es auch unterschiedliche Typen von Hauskäufern. Der eine Urlauber überprüft sein Budget und legt für sich fest, dass er nur 1 000 Euro ausgeben will (oder kann); dann holt er Angebote ein, was man mit 1 000 Euro alles anstellen kann und greift schließlich zu dem Angebot, das am günstigsten ist oder innerhalb des Budgets am meisten zu versprechen scheint. Seine einzige Bedingung ist, dass er von zu Hause weg ist.

Ein anderer Urlauber hat einen bestimmten Ort oder ein sogenanntes Traumziel vor Augen, setzt das Traumziel in Beziehung zu seinen finanziellen Möglichkeiten und sucht dann nach einem Angebot, das es ihm erlaubt, sein Traumziel zu erreichen. Unter Umständen ist er bereit – und hier kommt der Zeithorizont ins Spiel –, mehrere Jahre lang auf Urlaub und auf

manche andere Annehmlichkeit zu verzichten, um sich schließlich seinen Traum zu erfüllen.

Ähnlich verhält es sich mit den Hauskäufern. Auch hier ist es zunächst eine Temperamentfrage, ob die Wohnimmobilie als Gebrauchsgegenstand betrachtet wird, die praktikabel und möglichst preiswert sein soll, oder ob man sich mit dem eigenen Haus einen Lebenstraum erfüllen will. Beim ersten Typus wird wahrscheinlich das Budget im Vordergrund stehen, und nach den Maßgaben des Budgets wird sich der Käufer ein praktikables Haus aussuchen. Seine einzige Bedingung ist, dass man darin angemessen wohnen kann. Der andere Typus hingegen wird für ein bestimmtes Objekt entflammt sein, das seinem Traum von einem Haus am nächsten kommt. Diesem Traumziel wird er sein Budget zuordnen, seine finanziellen Anstrengungen werden sich auf dieses Haus konzentrieren und unter Umständen – hier kommt wieder der Zeithorizont ins Spiel – wird er ein paar Jahre warten, bis er sich seinen Traum erfüllen kann.

Freilich, die hier geschilderten Typen sind Archetypen, sie kommen im wirklichen Leben in lupenreiner Gestalt so nicht vor. In jedem von uns steckt etwas vom Potenzial des einen oder anderen Typus. Das ist ja gerade das Wesen der Huhn-oder-Ei-Frage, dass sie sich nicht beantworten lässt. Muss man seine Vorstellungen vom eigenen Haus von vornherein am Budget orientieren, oder muss das Budget dem Traumhaus folgen, gleichsam hinterherwachsen?

Schließlich stellt sich zusätzlich die Frage: Schaffen Sie das überhaupt allein und ohne fachmännische Hilfe, Budget und Haus in ein annäherndes Gleichgewicht zu bringen? Trauen Sie sich wirklich zu, alle Kostenfaktoren realistisch abzuschätzen, die mit dem Erwerb einer gebrauchten Immobilie verbunden sind? Glauben Sie wirklich, dass Sie alle finanziellen Reserven, Hilfsquellen und Fördermöglichkeiten alleine finden und mobilisieren können?

Bei den finanziellen Größenordnungen, um die es bei einem Hauskauf geht, sind Daumenpeilungen bei der Finanzierung ebenso gefährlich wie Daumenpeilungen bei der Beurteilung der Gebäudesubstanz oder auf der Baustelle bei möglicherweise erforderlichen Sanierungsarbeiten. Darum finden Sie bei den ersten drei Schritten auch den dringenden Rat, sich einen „Hausarzt" zu suchen, einen neutralen Experten, der nicht die Interessen eines Immobilienverkäufers oder Maklers, nicht die Interessen eines Immobilienfinanzierers und auch nicht die Interessen eines Baustoffhändlers vertritt, sondern Ihre Interessen. Entscheidend ist also nicht, welchen der drei Schritte Sie an erster, zweiter oder dritter Stelle unternehmen. Entscheidend ist, dass Sie keinen dieser ersten drei Schritte auslassen.

SCHRITT 1: DAS BAUHERRENPROFIL

Im ersten Schritt erstellen Sie bitte für sich selbst ein ausführliches und qualifiziertes Bauherrenprofil.

Wozu ist das notwendig? Das Haus steht doch schon und soll nicht neu gebaut werden. Dieses Argument, mit dem noch viel zu oft auf ein strukturiertes Bauherrenprofil verzichtet wird, ist ein Scheinargument. Denn zum einen wissen Sie noch gar nicht, ob und wie viel in Ihrem gebrauchten Haus noch gebaut werden muss. Und zum anderen soll das Haus ja nicht abstrakt beurteilt werden. Also geht es nicht darum, welche Qualitäten das Haus an und für sich hat, sondern ob das Haus zu Ihnen passt – also welche Qualitäten es für Sie hat.

Wenn Sie sich die kleine Mühe machen, Ihre eigenen Wünsche und Vorstellungen, Vorlieben und Abneigungen, Ihre finanziellen Möglichkeiten und Ihre vielleicht noch nicht erschlossenen Reserven in einem qualifizierten Bauherrenprofil abzubilden, kommen Sie am sichersten zum ersten Teilziel. Dieses Teilziel besteht schlicht gesagt darin, dass der Bauherr (der selbstverständlich auch eine Bauherrin sein kann, ohne dass das im Folgenden immer wieder erwähnt werden muss), genau weiß, wer er/sie ist und was er/sie will.

Mit einem Bauherrenprofil können nicht nur viele Fragen bereits in einem ersten Arbeitsschritt beantwortet werden. Viele andere Fragen werden Sie auch zum ersten Mal überhaupt exakt formulieren.

Ein vollständiges Bauherrenprofil, wie es sich in der Praxis seit Jahren bewährt hat, finden Sie auf den Seiten 162 bis 171. Sie können sich die entsprechenden Seiten als Vorlage kopieren oder sich unter der Adresse www.test.de/shop eine PDF-Datei herunterladen.

Es ist in Ihrem ureigenen Interesse, wenn Sie alle Fragen so genau wie möglich beantworten und alle Rubriken ausfüllen, selbst wenn die Ihnen vielleicht im ersten Moment überflüssig erscheinen.

Auch wenn es dabei manchmal schon ans „Eingemachte" geht: Mit diesen Basisfragen werden grundsätzliche Entscheidungen vorbereitet. Besonders die ersten fünf Abschnitte des Bauherrenprofils sind von ausschlaggebender Bedeutung, können hier doch Fehlentscheidungen besonders schwerwiegende Folgen haben.

Die eigenen Wünsche erkennen

Das Bauherrenprofil, wie es hier vorgeschlagen wird, gliedert sich in acht Abschnitte:

■ 1. Bauherr:
Angaben zu Personen und Nutzern
Angaben zu Objekt und Grundstück

■ 2. Nutzung:
Wer soll das Gebäude nutzen?
Welche Art von Nutzung ist geplant?
Nutzungsart kommt infrage?
Für wie viele Personen ist das Gebäude gedacht?
Welche Nutzungsdauer ist ins Auge gefasst?
Was ist Ihnen für das künftige Wohnen besonders wichtig / unwichtig?
Welche Rolle spielen Architektur, Ambiente, Material?
Welche Technik wird gewünscht?
Wie sollen Klima-, Heiz- und Lüftungsanlage aussehen?

■ 3. Baustoffe, Materialwelt und Form:
Welche Baustoffe bevorzugen Sie / lehnen Sie ab?
Welche Farben und Formen bevorzugen Sie?
Welche Grundrisslösung wünschen Sie?

■ 4. Finanzen:
Wie hoch sind die Investitionskosten?
Welche finanziellen Mittel stehen zur Verfügung?
Sollen öffentliche Mittel genutzt werden?
Sind steuerliche Aspekte zu beachten?
Sind Eigenleistungen geplant?

■ 5. Zeitrahmen:
Wollen Sie sofort einziehen?
Gibt es einen Zeitrahmen zwischen Planung und Einzug?

■ 6. Wie möchten Sie bauen?

- 7. Wie schätzen Sie den Zustand des Gebäudes selbst ein?
- 8. Erforderliche Unterlagen

Und was die Schrittfolge in der Reihe unserer Elf Gebote betrifft, so sind wir an dieser Stelle zwar erst bei Schritt 1 – das bedeutet aber nicht, dass Sie sich nicht schon jetzt einmal einen Vorgriff auf Schritt 2 erlauben können. Es ist also durchaus angezeigt, das Bauherrenprofil zusammen mit einem Architekten oder Bauingenieur Ihres Vertrauens durchzugehen.

Das eigene Raumprogramm

Wichtig für Ihre eigene Disposition ist das Raumprogramm, das Ihnen vorschwebt. Das wiederum mit der Art der Nutzung zusammen. Bei können beispielsweise folgende Fragen auftauchen:

- Soll das Gebäude ausschließlich Wohnzwecken dienen?
- Soll in dem Wohngebäude auch ein Gewerbe ausgeübt oder eine Praxis eingerichtet werden? Wenn ja, welchen Raumbedarf hat dieses Projekt?
- Sind Kinderzimmer vorzusehen? Wenn ja, wie viele?
- Ist an ein Mehrgenerationenhaus gedacht?
- Wird eine Einliegerwohnung benötigt, und wie soll sie beschaffen sein?
- Spielt Barrierefreiheit eine Rolle?
- Soll ein Hobby- oder ein Fitnessraum eingerichtet werden?
- Muss eine Sammlung untergebracht werden?

- Sind besondere Anforderungen an die Haltung von Haustieren zu berücksichtigen?
- Wünschen die Bewohner spezielle, ihrem Beruf entsprechende Arbeitsräume?
- Sind separierbare Gästezimmer erforderlich?
- Reicht ein Badezimmer aus, oder soll es ein Gäste-WC geben?

Auch diese Fragen stehen nur beispielhaft für eine Fülle tatsächlicher und sehr konkreter Fragen, die Sie sich selbst stellen müssen, bevor Sie an den Kauf eines gebrauchten Hauses denken. Die ausführlichere Checkliste zum Raumprogramm finden Sie rechts auf Seite 17.

Es wäre schließlich keine sehr gute Idee, sich zuerst ein Haus zu kaufen, um anschließend festzustellen, dass Sie in der Einliegerwohnung im zweiten Stock keine Studentin, sondern Ihre gehbehinderte Großtante unterbringen wollen. Oder dass das Schlafzimmer zu klein für den Kleiderschrank ist und demzufolge noch ein zusätzliches Ankleidezimmer gebraucht wird. Oder dass Sie die Sammlung alter Rundfunkgeräte, wegen der Sie ja eigentlich die beengte Innenstadtwohnung verlassen und sich ein Haus am Stadtrand gekauft haben, nun doch nicht unterbringen können. Die CHECKLISTE „RAUMPROGRAMM" (siehe Seite 17) soll Ihnen dabei helfen, sich über den eigenen Raumbedarf klar zu werden.

- In der ersten Spalte finden Sie die häufigsten Raum- und Nutzungsarten.

- In der zweiten Spalte finden Sie Quadratmeterzahl, wie sie üblicherweise bei einer Wohnimmobilie veranschlagt werden.

- In die dritte Spalte können Sie die Quadratmeterzahl eintragen, die Sie mindestens benötigen.

CHECKLISTE RAUMPROGRAMM

	Üblich qm	Mindestens qm	Mittel qm	Maximal qm	Hinweise
Küche	12				
Essen	12				
Wohnen	28				
Wohnküche			32		Spart Platz
Balkon	6		10		
Kind 1	14		18		Für 2 Kinder
Kind 2	14				
Kind 3	14		14		
Gäste	14				
Schlafen	16		18		
Arbeiten	14		12		
Hobby	16		12		
Diele	8		6		
Badezimmer	10		8		
Gäste-WC	4		2		
Zwischensumme	182		132		
Keller	26				
Speicher / Dach					
Garten					
Grundstück	600				

BILD 1+2 Lehm und Holz gehören zu den ursprünglichsten Baustoffen; häufig sind sie im Fachwerkbau anzutreffen. Heute finden sie wieder zunehmend Beachtung.

■ In der vierten Spalte stehen bereits Alternativvorschläge für eine mittlere Quadratmeterzahl und

■ In der fünften Spalte können Sie die Flächen in der maximalen Größe definieren, die Ihrem Wohn- und Lebensgefühl entsprechen.

■ In der letzten Spalte ist Raum für Hinweise und Bemerkungen, welche die Besonderheiten eines Raumes oder einer Raumnutzung definieren.

⚑ WOZU DAS RAUMPROGRAMM GUT IST

Gehen Sie davon aus: Mit dem Raumprogramm werden Sie sich nicht nur einmal beschäftigen. Denn es ist nicht der Regelfall, dass Sie sofort eine Immobilie finden, die all Ihren Wünschen ohne Abstriche gerecht wird. Sie werden also entweder Ihr eigenes Raumprogramm den vorgefundenen Verhältnissen anpassen oder die Verhältnisse nach Ihrem Raumprogramm verändern (das heißt umbauen) müssen. In jedem Fall wird bei umfangreicheren Umbaumaßnahmen das Raumprogramm von der Planung über die Vergabe der Arbeiten bis zur Abnahme und Dokumentation eine wichtige Rolle spielen.

Gewerbe im Wohnhaus

Geht man heute durch alte Städte und betrachtet sich kleine Ladengeschäfte und frühere Gewerbebetriebe in den Höfen etwas genauer, fällt auf, dass die Geschäfte und Betriebe früher oft mit den Wohnungen der Geschäftsinhaber verbunden wa-

ren. Diese Verbindung von Arbeiten und Wohnen ging eine Zeitlang fast völlig verloren, zum einen, weil in der Folge der Charta von Athen die „schmutzigen" Gewerbe aus den Wohngebieten entfernt wurden, zum anderen, weil die Wohnbedürfnisse nach dem Zweiten Weltkrieg ein viel höheres Niveau erreicht haben als in der ersten Hälfte des 20. Jahrhunderts. Erst die wachsende Diversifizierung des Dienstleistungsgewerbes und die stadtplanerisch gewollte Revitalisierung der alten Innenstädte machten das Konzept „Wohnen und Arbeiten unter einem Dach" wieder zunehmend attraktiver. Für viele Selbstständige und Freiberufler wird die Suche nach dem eigenen Haus heute durch den Beruf motiviert. In der eigenen Immobilie sollen Wohnen und Berufsausübung verbunden werden. Das kann auch finanziell positive Effekte haben. Unter bestimmten Umständen sind steuerliche Effekte wie Absetzbarkeit von Investitionen, Abschreibungen und Ähnliches zu nutzen. Auch unterschiedliche Fördertöpfe können bei einer gut geplanten Trennung von Wohnung und Gewerbe angezapft werden. Zu beachten ist dabei unbedingt, dass:

■ eine nachvollziehbare räumliche Trennung zwischen Wohnen und Gewerbe erfolgt;

■ die nutzungsbedingten baurechtlichen Auflagen (etwa hinsichtlich Brand- und Emissionsschutz) beachtet werden und die eventuell erforderliche Genehmigungsfähigkeit vorab geprüft wird;

BILD 1   BILD 2

■ eine Beeinträchtigung des Wohnumfelds durch Betriebsabläufe möglichst vermieden wird;
■ alle notwendigen Anträge (auch für die Förderung) vor Beginn der Nutzung gestellt werden.

Das Gebäude

Um welche Art von Gebäude handelt es sich eigentlich? Der Gebäudetyp, auf den Sie bei der Suche nach Ihrer Wunschimmobilie gestoßen sind, wird den Kaufpreis wesentlich mitbestimmen. Mehr noch: Auch der Wiederherstellungsaufwand, der unter Umständen bei einem sehr alten oder wenig gepflegten Haus beträchtlich sein kann, und der künftige Unterhaltungsaufwand werden von Art und Alter des Gebäudes beeinflusst. Man sollte also schon sehr genau wissen, auf welche Art von Architektur und Alter der Gebäude man sich einlassen will, bevor man auf die Suche geht.

Konstruktion und Material

Man kann die verschiedenen Typen von Gebäuden nach unterschiedlichen Kriterien sortieren. Eine mögliche Typologie kann nach der Art der Konstruktion und den verwendeten Materialien aufgestellt werden.
LEHMBAU Die traditionelle Technik des Lehmbaus ist sowohl bei alten Fachwerkbauten als auch bei – selteneren – Stampflehmbauten anzutreffen. Am Fachwerkbau findet sich Lehm entweder bei der Ausfachung mit luftgetrockneten Lehmziegeln oder als Bewurf von Holzgeflecht in den Gefachen. Lehm vermag Wärme und Feuchtigkeit gut zu speichern und sorgt bauklimatisch für Temperaturausgleich und stabile Luftfeuchtigkeit, so dass sich in Lehmbauten ein für den Menschen angenehmes und gesundes Raumklima einstellt.
HOLZBAUTEN Holz gehört zu den ältesten Baustoffen der Menschheitsgeschichte. Neben Vollholz – wie beispielsweise bei traditionellen Blockhäusern – werden auch verschiedene Holzwerkstoffe für den Holzbau eingesetzt. Holz findet sich oft in Verbindung mit anderen Bautechniken an ein und demselben Gebäude; häufig zum Beispiel in Form von Obergeschossen in Holzbauweise auf massiv gemauerten Untergeschossen. Fertighäuser werden oft aus Holz – beispielsweise in Holztafelbauweise – hergestellt. Auch große mehrgeschossige Stadthäuser sind in moderner Holzbauweise errichtet worden.
MAUERWERKSBAUTEN Zu den traditionellen Massivbauten gehören die aus Mauerwerk errichteten Häuser. Typisch für Mauerwerksbauten ist die Verwendung von einzelnen, druckfesten Elementen, beispielsweise Mauerziegel, Werksteine, Betonformsteine, die in einem bestimmten

BILD 1

BILD 2

BILD 3

Mauerwerksverband miteinander verbunden sind. Mauerwerksbauten haben landschaftlich sehr unterschiedliche Ausprägungen erfahren. In den werksteinarmen Regionen Norddeutschlands dominiert bis heute der Ziegelbau, während in Mittel- und Süddeutschland Mauerwerksbauten aus Werksteinen häufiger anzutreffen sind, wobei auch hier das verwendete Material – Sandstein, Porphyr, Kalkstein usw. – je nach den lokalen Angeboten schwankt.

STAHLBETONBAU Beim Stahlbetonbau wird Beton als druckfestes Material verwendet. Da Beton zwar äußerst druckfest, aber dafür recht zugschwach ist, wird zur Aufnahme der Zugkräfte Bewehrungsstahl eingesetzt; daher spricht man vom Stahlbetonbau. An Problembereichen (korrosionsgefährdete oder besonders stark beanspruchte Zonen) werden Bewehrungsstäbe aus Edelstahl oder – neuerdings – glasfaserverstärkten Kunststoffen eingesetzt. Durch Einbringen gespannter Stahleinlagen kann die Festigkeit des Stahlbetons erhöht und das Bauen mit größeren Stützweiten mittels Spannbeton erreicht werden. Risse sind beim Stahlbeton unvermeidlich und, sofern sie in der Norm bleiben, kein Mangel; sie sind Folge des Tragverhaltens, wenn beispielsweise das Eigengewicht eines Bauteils den Bewehrungsstahl in den Zugzonen aktiviert.

STAHL UND GLAS Reiner Stahlbau, das heißt die Montage der tragenden Bauteile aus Stahl – ist bei Wohnimmobilien selten anzutreffen, häufiger indes beim Industrie- und Brückenbau. Bei Wohn- und Bürohäusern – namentlich bei Hochhäusern – findet man den Stahlskelettbau, der es erlaubt, Decken und Zwischenwände aus Fertigteilen einzufügen. Fassadenelemente bestehen häufig aus Glas – die gläserne und oft sogar verspiegelte Hochhausfassade ist nachgerade zu einem Symbol moderner, aber auch oft als unpersönlich empfundener Architektur geworden.

MISCHKONSTRUKTIONEN Oft wird man die eine oder die andere Bauweise nicht in ihrer reinen Form antreffen; niemand kann schließlich einen Bauherrn oder Architekten auf eine bestimmte Materialreinheit verpflichten. Landschaftlich typisch sind seit alters Mischformen wie das Lausitzer Umgebindehaus, das sowohl Elemente des Holzbaus und des Mauerwerkbaus als auch des Fachwerkbaus vereinigt.

Bauepochen

Oft kann man verschiedenen Bauepochen bestimmte Bauweisen und die bevorzugte Verwendung bestimmter Materialien zuordnen. Auch hierbei gibt es beträchtliche regionale Unterschiede, da die natürlichen Vorkommen an Baumaterial in Nord- und Süddeutschland sehr ungleich verteilt

BILD 4

BILD 1–4 An Altbauten im Bestand kann man die unterschiedlichsten Materialen antreffen: vom konventionellen Ziegelmauerwerk bis zu Stahlbeton, vom Fachwerk bis zu Bauschmuck
aus Stuck.

waren. Ohne an dieser Stelle eine vollständige Bau- und Stilgeschichte darstellen zu
können, seien zur Orientierungshilfe einige
Beispiele genannt.

MITTELALTER (ca. 500–1525 n. Chr.) Vorherrschend Mauerwerk (Ziegel oder Werk-
stein), teils in Verbindung mit Fachwerk;
relativ wenige Zeugnisse im originalen
Bauzustand erhalten.

RENAISSANCE (ca. 1500–1600 n. Chr.) Bevorzugt klare geometrische Grundrisse,
Aufnahme antiker Formelemente wie Säulen, Pilaster, Kapitelle und Dreiecksgiebel,
klar gegliederte Fassaden, überwiegend
Mauerwerksbau mit teilweise reichen
Ornamentierungen. In der Innenarchitek-
tur teils schlichte, teils aufwendig gestaltete Holzarbeiten wie Wandtäfelungen
und Kassettendecken.

BAROCK (ca. 1600–1770 n. Chr.) Überwiegend Mauerwerksbauten, gelegentlich in
Verbindung mit aufwendigen Stuckarbeiten; planmäßige Stadterneuerung mit einheitlichen Traufhöhen und Fassadenord-
nungen.

KLASSIZISMUS und **HISTORISMUS** (ca. 1770–
1900 n. Chr.) Wiederaufnahme klassischer
Architekturformen, zum Beispiel durch
Säulenordnungen und Dreiecksgiebel,
beim Übergang zum Historismus oft
scheinbar wahllose Vermischung unterschiedlicher historischer Stilelemente wie
romanischer Rundbögen, spätgotischer

Vorhangbogenfenster, pseudomittelalter-
licher Türmchen und klassizistischer
Giebel an ein und demselben Gebäude;
palaisartige Villenarchitektur.

GRÜNDERZEIT und **JUGENDSTIL** (ca. 1870–1915
n. Chr.) Bevorzugt Mauerwerk in Verbindung mit Holzkonstruktionen, Kellerwände
oft aus Bruchsteinmauerwerk; stadtbild-
prägende Neubebauungen in großen und
mittleren Städten; Villenarchitektur mit
Rückgriffen auf den Formenvorrat des
Historismus. Beim Übergang zum Jugendstil starker Gestaltungswille an reich
ornamentierten Fassaden, aber auch in
Treppenhäusern und bei Glasfenstern.

Häuser der Baujahre bis 1920 weisen
oft viele kunsthandwerkliche Details auf,
was der damaligen Baugesinnung ent-
sprach. Neben aufwendig gestalteten
Villen und Stadtpalais trifft man aber auch
viele einfache Gebäude an, Handwerker-
und Bauernhäuser mit äußerst sparsamer
Ausstattung. Als problematisch könnte
sich bei Häusern aus dieser Zeit die oft
mangelhafte Sensibilität für bauphysikalische Probleme darstellen: Wärmeisola-
tion, Schallschutz und Kellerdichtung
haben praktisch kaum Eingang in die
Gebäude gefunden. Einfach verglaste
Holzfenster sind allgemein verbreitet. Die
Haustechnik – sollte sie überhaupt noch
im ursprünglichen Zustand angetroffen
werden – genügt heutigen Anforderungen

BILD 1

BILD 2

nicht oder besitzt (wie manche alte Aufzüge in mehrstöckigen Gebäuden) bestenfalls Wert als Antiquität oder technisches Denkmal.

ZWANZIGER- und **DREISSIGERJAHRE** Oft Mischung zwischen Ziegelmauerwerk und Holzkonstruktion; wenig oder keine Schmuckelemente; Siedlungsbau; weite Verbreitung von Flachdächern, die nicht selten Probleme bereiten.

Im Zuge des sozialen Wohnungsbaus entstanden Wohneinheiten mit kleineren und niedrigeren Räumen. Sie lassen die Großzügigkeit der Villenarchitektur der Zeit um 1900 vermissen, aber auch die Ärmlichkeit der Ausstattung einfachster Bauern- und Handwerkerhäuser. Werkbund und Bauhaus sorgten auf ihre Weise für handwerkliche Solidität bei gleichzeitiger Bezahlbarkeit für Mittelschichten. Betonfundamente und Betonkellerdecken sind nun anzutreffen.

FÜNFZIGERJAHRE Schlichte Bauweise mit typischen Stilelementen der Zeit wie „realistischer" Bauschmuck; Konstruktionen aus Mauerwerk, Beton und Holz; Mauerwerk auch aus Bims und Ziegelsplitt; im Osten Deutschlands politisch motivierte Aufnahme historisierender Stilelemente

(Berlin: Stalinallee; Dresden: Altmarkt; Rostock: Lange Straße).

In der Wiederaufbauzeit werden oft minderwertige Materialien verbaut. Bauphysikalische Aspekte spielen erst ansatzweise eine Rolle. Gegen Ende der Fünfzigerjahre wird Beton immer häufiger verwendet. Auch beim Schallschutz und bei Heizungsanlagen wird man nun sensibler.

SECHZIGERJAHRE Bevorzugung einfacher Bauweisen, meist mit wenigen oder keinerlei Zierelementen; Mauerwerk in Verbindung mit Betonkonstruktionen; im Mauerverband setzen sich Hohlblocksteine und Hochlochziegel durch.

Das Flachdach und der Bungalow-Stil bestimmen im Westen Deutschlands den Zeittrend im Einfamilienhausbau. Wärmedämmung und Schallschutz erfahren mehr Aufmerksamkeit, moderne Heizungsanlagen setzen sich durch, die Kohlefeuerung verschwindet allmählich. Erste Kellerdrainagen werden gelegt.

SIEBZIGERJAHRE Konstruktionen überwiegend in Stahlbetonbauweise ausgeführt, auch bei Einfamilienhäusern bei Kellerwänden, Decken, Balkonen; im Osten Deutschlands Großtafelbauweise für den Massenwohnungsbau.

BILD 3

BILD 1–3 Von der Gründerzeit zum „Neuen Bauen" und weiter zur Großtafelbauweise, die selten so naturnah wirkte wie diese übrig gebliebene Wandplatte.

Im Einfamilienhaus setzen sich seit Mitte der Siebzigerjahre verstärkt Gasheizungen durch. Die Fernwärmeversorgung weitet sich aus, in größerem Umfang kommen Fertighäuser auf den Markt.

Die DDR wendet sich neben dem Massenwohnungsbau in Tafelbauweise verstärkt dem Eigenheimbau zu, um die Eigeninitiative und die finanziellen Möglichkeiten der Bauherren für die Lösung des „Wohnungsbauprogramms" zu mobilisieren. Neben traditioneller Bauweise sind in großem Umfang Fertighäuser und Haustypen aus Betonfertigteilen anzutreffen.

Als problematisch können sich bei Bauten der Sechziger- und Siebzigerjahre der Einbau von asbesthaltigen Werkstoffen und von Dämmmaterialien aus Mineralwolle mit lungengängigen Faserstrukturen sowie die Verwendung von gesundheitsschädlichen Holzschutzmitteln erweisen.

ACHTZIGER- UND NEUNZIGERJAHRE Mischbauweisen aus Stahlbeton, Stahl und Glas; neue Baustoffe setzen sich durch; Leichtmauerwerk wie Leichtziegel und Porenbeton.

Architektonisch ist die Zeit geprägt von der Postmoderne. Die Architekten und Bauherren wenden sich von den kubischen Bungalowbauten ab und bevorzugen wie-

der traditionelle Haustypen und Dachformen gelegentlich mit historistischen Zitaten. Ende der Achtzigerjahre setzen sich Niedrigenergiebauweisen durch, in den Neunzigerjahren wird das sogenannte Passivhaus immer beliebter. In der DDR entstehen zwischen 1980 und 1989 etwa 130 000 sogenannte Eigenheime. Sie befanden sich nicht nur im privaten Eigentum der Bewohner, sondern unter Umständen auch im genossenschaftlichen oder staatlichen Eigentum. Sie folgten einer überschaubaren Anzahl von Bautypen. **2000 BIS HEUTE** Glas, Stahl und Stahlbeton in Verbindung mit Mauerwerk, zunehmend hochwertige Dämmsysteme, Solarenergieelemente.

Diese Aufstellung der Gebäudearten und Bauepochen gibt nur einen sehr groben – und auch nur grob schematisierten – Überblick über die tatsächlichen Gebäude, auf die Sie stoßen können. In der gebauten Realität wird es oft Mischkonstruktionen geben. Und auch die verschiedenen Bauepochen können einander überlagern, wurde doch in der Regel bei ununterbrochener Nutzung der Gebäude immer wieder an- und umgebaut. Manches wurde vom „Zahn der Zeit" angefressen und musste erneuert werden, anderes fiel Kriegszerstörungen zum Opfer und wurde ganz oder teilweise neu aufgebaut. **FAZIT:** Je älter ein Gebäude ist und je unübersichtlicher die verschiedenen Bauweisen und Baualter einander überlagern, desto schwieriger wird es für den Laien, die Beschaffenheit der Substanz ein- und den möglichen Sanierungs- oder Modernisierungsbedarf abzuschätzen.

Der Standort

Für die Beurteilung einer Immobilie gibt es bekanntlich drei Kriterien: Erstens die Lage, zweitens die Lage und drittens die Lage. Dieses Bonmot wird sich kaum ein Makler verkneifen können, wenn er Ihnen den Preis für das Haus schmackhaft machen will. Wie das mit Allerweltsweisheiten oft ist – sie haben einen unabweisbaren Wahrheitsgehalt. Denn die Immobilienpreise stehen mit der Lage der Immobilien (sonst vergleichbare Parameter vorausgesetzt) in einem sehr direkten Zusammenhang.

Wo steht eigentlich das Gebäude, das zum Ziel Ihrer Wünsche geworden ist? Haben Sie die Lage des Grundstücks bereits einmal analysiert? Und wenn ja, nach welchen Kriterien?

Allgemeine Faktoren

Bevor Sie die Lage der Immobilie zu Ihren eigenen Bedürfnissen in Beziehung setzen, machen Sie sich einige der allgemeinen Einflussfaktoren bewusst, die den Wert einer Wohnlage entscheidend mitbestimmen können.

ÄUSSERE ERSCHEINUNG Das äußere Erscheinungsbild eines bebauten Grundstücks kann je nach Jahreszeit, nach Wetterlage und Tageszeit sehr unterschiedlich ausfallen. Maklerfotos werden daher ein Haus immer von seiner schönsten Seite, im Sommer, bei Sonnenlicht und am besten umgeben von blühenden Sträuchern oder wenigstens mit Blumenkästen geschmückt präsentieren. Jahres- und Tageszeit beeinflussen zum Beispiel auch die mögliche Beschattung des Grundstücks, etwa durch hohen Baumbewuchs oder durch Nachbargebäude.

GEFÄHRDUNGEN Die Lage des Grundstücks kann Gefahrenpotenzial enthalten. Dabei ist weniger an Chemiefabriken in der Nachbarschaft gedacht oder an Atomkraftwerke, die voraussichtlich in den nächsten Jahrzehnten alle stillgelegt werden. Vielmehr kann die geographische Nähe zu Flussläufen möglicherweise Hochwassergefahr bedeuten. Aber auch die scheinbar sichere Lage in Innenstadtgebieten kann Ihnen feuchte Überraschungen bereiten, wenn die in Zukunft immer häufiger erwarteten Starkregen die städtische Kanalisation überfordern.

SIEDLUNGSUMFELD Das Siedlungsumfeld beeinflusst die Bewertung der Lage. Befindet sich das Grundstück in einer Großstadt, in einer Kleinstadt, im Dorf oder in einer ländlichen Region? In einem Neubaugebiet oder in einem historisch gewachsenen Wohnviertel? Wie dicht ist das Viertel

bebaut? Welche Infrastruktur können Sie in unmittelbarer Nähe nutzen?

ALTLASTEN Es lohnt sich auf jeden Fall, wenn Sie sich mit der Geschichte des Wohngebiets und des Grundstücks ein wenig näher befassen. Besonders, wenn in dieser Geschichte eine Umnutzung des Baugebiets festgestellt wird, sollte man sehr aufmerksam sein. In Deutschland gibt es viele Regionen, die zwischen 1880 und 1960 von der Industrialisierung erfasst wurden. Nach dem Zweiten Weltkrieg ging der Flächenbedarf für Industrie und Gewerbe allmählich zurück und wurde überdies räumlich neu geordnet. Viele aufgegebene Gewerbeflächen wurden anschließend als Bauland ausgewiesen. Wohngebiete entstanden. Seit 1990 wird außerdem Militärgelände verstärkt wieder in zivile Nutzung genommen. Auch auf diesen Konversionsflächen sollte man sich mit der Frage der Altlasten nicht nur oberflächlich beschäftigen.

STÖRUNGEN Störfaktoren können die Wohnqualität beeinträchtigen: viel befahrene Durchgangstraßen in der Nähe, Industriebetriebe und Gewerbehöfe, ein Flughafen, Hochspannungsleitungen, Baugeschehen in der Umgebung und neuerdings auch hohe Windkraftanlagen. Um Verdachtsmomente auszuschließen oder andernfalls die Relevanz der Störfaktoren in Bezug auf Ihre Wohnbedürfnisse festzustellen, emp-

fiehlt sich ein Blick über den Gartenzaun und eine Besichtigung des Grundstücks nicht nur am Sonntagvormittag.

Ihr persönliches Profil

Was nützt das schönste Haus, wenn es an der falschen Stelle steht? Doch was die falsche oder die richtige Stelle für Ihr Haus ist, können Sie nur in Bezug auf Ihre eigenen Bedürfnisse ermitteln. Es kommt also immer auf die aktuelle Lebenssituation und die eigene weitere Lebensplanung für die nächsten 10 bis 20 Jahre an. Da kann ein Makler noch so oft sein Sprüchlein von der Lage wiederholen, wenn dem Standort des Hauses Eigenschaften fehlen, die für Ihr Leben unabdingbar sind, dann hat es – für Sie – keine gute Lage.

Diese Standortfragen sind auch dann relevant, wenn Sie das Haus gerade geerbt haben oder schon einige Zeit besitzen. Erfüllt es die Standortbedingungen, die zu Ihrer Lebensplanung passen? Wer sich beruflich oder familiär bedingt einen anderen Lebensmittelpunkt wählen muss, wird fast zwangsläufig auch über eine andere Immobilie nachdenken.

Lohnen sich Investitionen für Sie, wenn Sie vielleicht schon daran denken, diesen Standort früher oder später zu verlassen? Bei dieser Frage stehen Immobilienerben, -käufer und -besitzer am gleichen Ausgangspunkt.

Ein Standortprofil zu den Außenbeziehungen der Immobilie ist das gegebene Instrument, um sich – ähnlich wie mit dem Raumprogramm zu den „inneren Werten" des Hauses – über die eigenen Anforderungen an den Standort des Hauses ein möglichst klares Bild zu machen. Für das Standortprofil nutzen Sie die Methodik, welche die sogenannte Nutzwertanalyse zur Verfügung stellt.

Dazu kann man eine einfache Tabelle zusammenstellen, bei der man in der Senkrechten die unterschiedlichen Kriterien untereinanderschreibt, während man auf den waagerechten Zeilen die Möglichkeit hat, bestimmte Gewichtungen vorzunehmen.

Zur Illustration dieses Verfahrens sollen die drei folgenden Beispiele dienen.

Als Fallbeispiele konstruieren wir die Wohnbedürfnisse einer jungen Familie, eines Paares der Altersgruppe 50+ und einer Familie, die sich das Wohnen auf dem Land als Lebensziel gesetzt hat.

■ Für jedes Kriterium kann je nach Vorhandensein und Beschaffenheit eine Punktzahl von 0 bis 10 vergeben werden.

■ Kriterien der Wichtung A (die obersten Reihen) gehen mit dem Faktor 1,5 in die Bewertung ein, Kriterien der Wichtung B (mittlere Reihen) mit dem Faktor 1,0, Kriterien der Wichtung C mit dem Faktor 0,5. D-Faktoren sind im gegebenen Zusammenhang so gering gewichtet, dass sie praktisch vernachlässigt werden können und nicht in die Gesamtbewertung des Standorts eingehen.

Fallbeispiel 1: Junge Familie

Eine junge Familie mit zwei Kindern hat bestimmte Anforderungen an den Standort einer Wohnimmobilie. Bei der Suche nach einem Haus sollten zunächst die K.O.-Kriterien definiert werden. Das könnte zum Beispiel die Anbindung an den öffentlichen Verkehr sein, damit für die Kinder die Schule und für die Eltern der Arbeitsplatz auch ohne privates Kraftfahrzeug erreichbar ist. Wird der öffentliche Nahverkehr zum K.O.-Kriterium, heißt das: Eine unzureichende Anbindung an das öffentliche Verkehrsnetz führt zum Ausschluss der Immobilie aus dem Wettbewerb. Eine solche Entscheidung spart Ihnen zumindest viel Zeit bei der Untersuchung weiterer Standortfaktoren und bei der späteren Gebäudeanalyse. Auch das Fehlen einer geeigneten Schule für die Kinder könnte zu einem K.O.-Kriterium werden.

Vergeben Sie Punkte nach Ihrer eigenen Einschätzung für die aufgeführten Kriterien. Wenn Ihnen Kriterien in der Tabelle fehlen, die Ihnen wesentlich erscheinen, ergänzen Sie sie in der Tabelle. Wichtig ist aber, dass Sie an alle Standorte, die Sie sich anschauen, den gleichen Maßstab anlegen.

Multiplizieren Sie die vergebenen Punktzahlen dann mit dem jeweiligen Faktor, der die Gewichtung ausdrückt, und addieren Sie am Ende die Ergebnisse zu einer Gesamtbewertungszahl.

So erhalten Sie, wenn Sie sich mehrere Objekte an verschiedenartigen Standorten anschauen, eine nummerische Bewer-

Wichtung	Punkte max.	Faktor	Kriterium	Schlecht	Neutral	Gut	Punkte SOLL	Punkte IST
			STANDORTPROFIL: JUNGE FAMILIE					
			Gesamtwertungszahl				**150**	
A	10	1,5	Umfeld Architektur				15	
A	10	1,5	Öffentlicher Verkehr				15	
A	10	1,5	Infrastruktur Versorgung				15	
A	10	1,5	Soziale Einrichtungen				15	
A	10	1,5	Schulen				15	
A	10	1,5	Arbeitsplatz				15	
B	10	1	Krankenhaus, Klinik				10	
B	10	1	Umfeld Landschaft				10	
B	10	1	Erschließung Verkehr, Straße				10	
B	10	1	Bäume, Pflanzen				10	
C	10	0,5	Umfeld Bewohner / Menschen				5	
C	10	0,5	Ausrichtung / Himmelsrichtung				5	
C	10	0,5	Aussichten / Einsichten				5	
C	10	0,5	Umfeld Geräusche				5	
D	10	0	Restaurant, Kneipe				0	

tung, welche von der augenblicklichen Stimmung oder der Sympathie, die bei der Besichtigung eines Hauses das Urteil ziemlich beeinflussen kann, abstrahiert. Sollen Wohnen und Arbeiten unter einem Dach verbunden werden, können unter Umständen Standortkonflikte auftreten. Einerseits könnten bei der Objektsuche auch Objekte in Gewerbe- und Industriegebieten berücksichtigt werden; sie bieten gegenüber guten Wohnlagen sicher einen Preisvorteil, werden aber möglicherweise

STANDORTPROFIL: SENIOREN

Wichtung	Punkte max.	Faktor	Kriterium	Schlecht	Neutral	Gut	Punkte SOLL	Punkte IST
			Gesamtwertungszahl				140	
A	10	1,5	Umfeld Architektur				15	
A	10	1,5	Öffentlicher Verkehr				15	
A	10	1,5	Infrastruktur Versorgung				15	
A	10	1,5	Soziale Einrichtungen				15	
A	10	1,5	Krankenhaus, Klinik				15	
B	10	1	Umfeld Landschaft				10	
B	10	1	Umfeld Geräusche				10	
B	10	1	Erschließung Verkehr, Straße				10	
B	10	1	Bäume, Pflanzen				10	
B	10	1	Restaurant, Kneipe				10	
C	10	0,5	Umfeld Bewohner / Menschen				5	
C	10	0,5	Ausrichtung / Himmelsrichtung				5	
C	10	0,5	Aussichten / Einsichten				5	
D	10	0	Schulen				0	
D	10	0	Arbeitsplatz				0	

K.O.-Kriterien wie die Nähe zu Schulen und ähnliche nicht erfüllen. Andererseits können bei bestimmten Berufen Spitzenlagen für Büros oder Einzelhandelsgeschäfte erforderlich sein; das Preisniveau dort könnte wiederum den Finanzrahmen für die verbundene Wohnimmobilie sprengen. Und schließlich: Wird der Standort, der jetzt für die Verbindung von Arbeiten und Wohnen ideal scheint, auch dann noch befriedigen, wenn Sie die Berufstätigkeit eines Tages aufgeben werden?

Fallbeispiel 2: Seniorenehepaar

Für ein Seniorenehepaar ergeben sich einige andere Anforderungen an den Standort einer Immobilie als für eine junge Familie. Unter den Kriterien mit der Wichtung A finden sich die Nähe der Schule und die Erreichbarkeit des Arbeitsplatzes verständlicherweise nicht. Hingegen spielen medizinische Einrichtungen und die Möglichkeiten der klinischen Versorgung im Alter naturgemäß eine stärkere Rolle. Das Fehlen solcher Einrichtungen könnte ein K.O.-Kriterium sein. Auch der öffentliche Nahverkehr könnte, wenn man das eigene Auto nicht mehr benutzen will oder kann, zu einem solchen Ausschlusskriterium werden.

Fallbeispiel 3: Leben auf dem Land

Wer sich entschließt, der Großstadt den Rücken zu kehren und seinen Lebensmittelpunkt in den ländlichen Raum zu verlegen, verzichtet damit bewusst auf bestimmte Annehmlichkeiten der großstädtischen Infrastruktur, meidet aber gleichzeitig eine Reihe störender Standortfaktoren. Das landschaftliche Umfeld sowie die Anwesenheit von Bäumen und Pflanzungen werden zu A-Kriterien (siehe Seite 30), aber auch die Verkehrsanbindung, sofern die Landbewohner in der Stadt berufstätig sind, sowie die Erreichbarkeit von Versorgungseinrichtungen gewinnen Bedeutung. Von geringerem Rang sind unter Umständen Kriterien wie der öffentliche Nahverkehr und das architektonische Umfeld. Das Kriterium Umfeld Landschaft

kann zu einem K.O.-Kriterium werden, denn wer möchte schließlich – mögen alle anderen Kriterien zur Zufriedenheit bewertet werden – in einer Landschaft leben, die ihm überhaupt nicht zusagt?

In die Zukunft denken

Es ist schwer, die Zukunft vorwegzunehmen, aber man sollte es wenigstens versuchen. Denn eine Investition in ein Haus ist keine Kleinigkeit. Wer an einen Hauskauf denkt, muss seinen eigenen Zeithorizont abschätzen. Und wenn eine Familie in das Haus einzieht, wenn möglicherweise sogar drei Generationen in dem Haus leben sollen, müssen sehr unterschiedliche Standortanforderungen unter einen Hut gebracht werden. Wenn mehrere Personen betroffen sind, muss man die ureigenen Interessen aller gegeneinander abwägen.

Was geschieht, wenn die Mobilität älterer Mitbewohner in Zukunft stark eingeschränkt ist, ist der Standort dafür noch geeignet? Wie werden sich die Eltern im Haus fühlen, wenn die Kinder erwachsen sind und sich zum Studium oder zur Arbeit in alle vier Himmelsrichtungen zerstreut haben? Wird das Leben in der Vorstadtsiedlung Ihnen dann immer noch gefallen, oder halten Sie sich für diesen Zeitpunkt von vornherein eine andere Wohnoption offen? Oder haben Sie die Entscheidung, aufs Land zu ziehen vielleicht in Ihren „besten Jahren" schon mit dem Blick auf den kommenden Ruhestand getroffen?

STANDORTPROFIL: LANDLEBEN

Wichtung	Punkte max.	Faktor	Kriterium	Schlecht	Neutral	Gut	Punkte SOLL	Punkte IST
			Gesamtwertungszahl				**140**	
A	10	1,5	Umfeld Landschaft				15	
A	10	1,5	Erschließung Verkehr, Straße				15	
A	10	1,5	Infrastruktur Versorgung				15	
A	10	1,5	Bäume, Pflanzen				15	
A	10	1,5	Schulen				15	
A	10	1,5	Arbeitsplatz				15	
B	10	1	Krankenhaus, Klinik				10	
B	10	1	Umfeld Architektur				10	
B	10	1	Öffentlicher Verkehr				10	
C	10	0,5	Soziale Einrichtungen				5	
C	10	0,5	Umfeld Bewohner / Menschen				5	
C	10	0,5	Umfeld Geräusche				5	
C	10	0,5	Aussichten / Einsichten				5	
D	10	0	Ausrichtung / Himmelsrichtung				0	
D	10	0	Restaurant, Kneipe				0	

Auch wenn Sie an eine Verbindung von Wohnen und Gewerbe denken, weil sie im Augenblick ideal erscheint: Wird sie das auch noch sein, wenn Sie die Selbstständigkeit aufgegeben haben? Bietet der Standort dann noch die Vorteile?

STANDORTANSPRÜCHE WANDELN SICH

Standortentscheidungen haben immer eine historische Perspektive. Der Standort – wie schon sein Name sagt – bleibt, aber die persönlichen Anforderungen an ihn ändern sich mit der Zeit. Legen Sie daher für Ihr persönliches Standortprofil auch einen Zeitrahmen fest. Konsultieren Sie am besten so zeitig wie möglich einen Architekten, der Ihnen sagen kann, ob und wie Ihre Wunschimmobilie mit Ihnen mitwachsen kann und wie Standortnachteile, zu denen sich die heutigen Standortvorteile in 30 Jahren vielleicht verwandeln, kompensiert werden können.

Kassensturz

Kennen Sie Ihre finanziellen Möglichkeiten? Die Frage ist nicht so banal, wie sie zunächst anmutet. Denn die meisten Menschen verwalten ihr eigenes Geld oder ihr Familienbudget nicht nach strengen betriebswirtschaftlichen Maßgaben, sondern eher nach Augenmaß. Mancher hat bessere Augen, andere haben schlechtere. Fragt man einmal willkürlich ausgewählte Probanden nach der Höhe ihrer Ausgaben für ihre Lebenshaltung, wird man meist Angaben erhalten, die von ihren tatsächlichen Lebenshaltungskosten mehr oder weniger stark abweichen. Nicht einmal von ihren monatlich wiederkehrenden fixen Ausgaben – etwa für Versicherungen, Ratenkredite, Beiträge – haben die meisten Menschen ein exaktes Bild.

Im Alltag ist das eine lässliche Leichtfertigkeit, die in der Regel folgenlos bleibt, solange nicht regelmäßig am Ende des Geldes noch ein ganzes Stück Monat übrig ist. In einer kompletten finanziellen Katastrophe kann hingegen so eine Leicht-

fertigkeit enden, wenn man sich im Rahmen einer großen Immobilieninvestition zu großzügig verhält. Zumindest einen groben realistischen Überblick sollten Sie sich schon im ersten Schritt zum gebrauchten Haus, in der Phase des Bauherrenprofils, verschaffen.

■ Über welche Eigenmittel verfügen Sie, und wie sind diese derzeit angelegt?

■ Welche zusätzlichen Eigenmittel oder eigenkapitalähnliche Mittel (wie beispielsweise Verwandtendarlehen) können Sie einsetzen?

■ Welche handwerklichen Eigenleistungen trauen Sie sich zu, die den Bedarf an Fremdkapital mindern?

■ Wie hoch ist Ihre Belastungsquote, das heißt die positive Differenz zwischen Einkommen und laufenden Ausgaben? Dabei dürfen Sie sich gutschreiben, dass die monatlichen Mietzahlungen ab dem Einzug ins Eigenheim entfallen.

■ Welche zusätzlichen finanziellen Belastungen (etwa durch Ausbildung der Kinder) können Sie für die Zukunft bereits voraussehen?

Der erste Überblick ist zwar noch lange kein Finanzierungskonzept, aber er kann Ihnen wenigstens etwas über die Größenordnungen sagen, in denen Sie disponieren können. Wer 50 000 Euro Eigenkapital aufbringt, wird es schwer haben, ein Objekt für fünf Millionen Euro zu finanzieren. Umgekehrt könnte sich aber auch herausstellen, dass Sie gar nicht zu bescheiden sein müssen, wenn es darum geht, Ihren Lebenstraum zu realisieren.

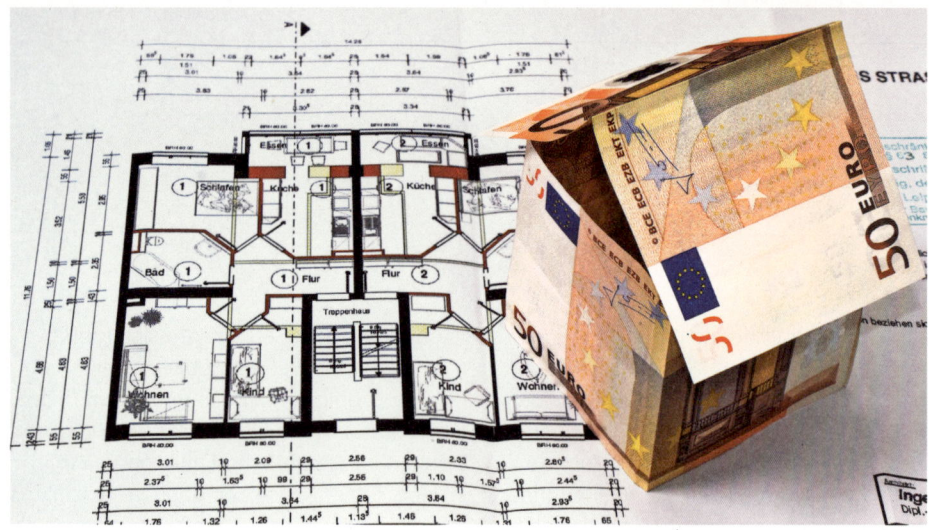

Wie viel Zeit haben Sie?

Vom ersten Moment an, da Sie erkennen lassen, dass Sie ein gebrauchtes Haus erwerben wollen, wird man Sie unter Zeitdruck setzen: Der Makler wird Sie drängen, möglichst schnell abzuschließen, weil er so ein passendes und günstiges Angebot angeblich so bald nicht wieder hereinbekomme – und er für dieses Haus auch noch andere Interessenten an der Hand habe. Die Hausbank wird Ihnen ein Kreditangebot machen und nicht versäumen darauf hinzuweisen, dass die angebotenen Konditionen nur wenige Wochen garantiert werden können. Die Bausparkasse – so Sie einen Bausparvertrag haben – wird Ihnen eine Zwischenfinanzierung bis zur Zuteilungsreife Ihres Bausparvertrags anbieten, und wenn Sie bei Ihrem Lebensversicherer nachfragen, wie Sie Ihren Vertrag für eine Immobilienfinanzierung einsetzen können, wird auch der Sie mit fürsorglicher Freundlichkeit überschütten.

Und schließlich werden Sie sich selbst unter Druck setzen, wollen Sie doch möglichst bald die Miete Ihrer bisherigen Wohnung sparen, weil Sie glauben, das Geld sinnvoller für die Finanzierung der eigenen vier Wände einsetzen zu können.

So verständlich diese von allen Seiten vorgelegte Betriebsamkeit auch ist: Lassen Sie sich nicht unter Termindruck setzen! Und setzen Sie sich nicht selbst unter Termindruck. Vor allem: Lassen Sie sich nicht vorab zu finanziellen Leistungen drängen, bevor Sie einen genauen Überblick über den Zustand des Hauses, die möglichen Sanierungs-, Renovierungs- oder Modernisierungskosten und Ihren eigenen finanziellen Status haben.

Halten Sie sich so eng wie möglich an die Schrittfolge, die Ihnen dieses Buch vorschlägt.

Realistische Umzugsplanung

Welchen Zeitplan Sie konkret aufstellen, hängt nicht zuletzt von der eigenen Lebensplanung und einer Reihe äußerer Umstände ab. Nicht immer bestimmen ausschließlich Sie selbst die Zeitabläufe. Es gibt ein ganzes Netz von Abhängigkeiten, in dem Sie sich bewegen – das ist nicht unbedingt negativ, ein solches Netz bietet auch Sicherheit, zum Beispiel durch festgelegte Vertragslaufzeiten und Kündigungsfristen.

Auch Ihre Finanzplanung kann von unterschiedliche Zeitabläufen geprägt wer-

BILD 1 Sollten sich die Umzugspläne nicht perfekt synchronisieren lassen, empfiehlt sich vielleicht vorübergehend ein Umzug mit leichtem Gepäck in ein Provisorium.

den. Denn unter Umständen liegt Ihr potenzielles Eigenkapital in Anlageformen fest, die Sie nicht sofort auflösen können, wenn Sie mögliche finanzielle Verluste vermeiden wollen.

Ebenso beeinflussen Ihre familiäre Situation und Ihre Arbeitsverhältnisse die Zeitplanung. Sind Einschulungstermine zu berücksichtigen? Nötigt eine Scheidung Sie zum Umzug? Müssen Sie zu einem bestimmten Zeitpunkt eine neue Arbeit antreten?

All diese Einflussfaktoren bedeuten nicht, dass Sie sich äußeren Zwängen unbedingt beugen müssen. Sie müssen Sie nur kennen und in Ihrer Planung berücksichtigen, um gegebenenfalls Lösungen bei Terminkonflikten zu finden.

Zum eigenen Bauherrenprofil gehört also auch ein realistischer Zeitplan, der Ihnen die Möglichkeit gibt, Unwägbarkeiten des Umbaugeschehens – und sogar eigentlich für unmöglich Gehaltenes – notfalls noch abpuffern zu können.

SCHRITT 2: VERMÖGENSANALYSE

Genauso solide wie das Haus aus Steinen muss das Haus aus Scheinen gebaut sein. Grundlage für einen soliden Finanzaufbau ist daher eine präzise Analyse Ihrer finanziellen Möglichkeiten.

Wer sich mit dem Gedanken trägt, eine Immobilie zu erwerben, sollte sich möglichst früh darüber klar werden, in welchem finanziellen Rahmen er sich bewegen will oder überhaupt kann. Darum müssen drei Grundfragen beantwortet werden:

■ Was wird benötigt? Um diese Frage zu beantworten, wurde das Raumprogramm entworfen (siehe Seiten 16–19).
■ Wie kann man die Lage beurteilen und welche Lage wird gewünscht? Um diese Frage zu klären, wurde eine qualifizierte Standortanalyse vorgenommen (siehe Seiten 24–31).
■ Was darf das Haus kosten? Um dieser Frage auf den Grund zu kommen, muss jetzt eine Vermögensanalyse folgen.

Strategische Analyse

Eine Vermögensanalyse ist mehr als nur eine Momentaufnahme Ihrer augenblicklichen finanziellen Situation. Sie muss vielmehr eine strategische Orientierung geben. Wichtig zu wissen ist also:

- Wie viel Geld können Sie momentan flüssig machen?
- Welche Reserven lassen sich aktivieren?
- Werden Sie voraussichtlich mittel- oder langfristig Vermögenszuwächse erzielen?
- Welche weiteren – gegebenenfalls alternativen – Finanzierungsquellen können für Sie erschlossen werden?

Da in den meisten Fällen das Eigenkapital, das ein Bauherr aufbringen kann, für den Kauf eines Hauses nicht ausreicht, muss ein beträchtlicher Teil des Kaufpreises regelmäßig fremdfinanziert werden. In diesem Zusammenhang steht Ihre finanzielle Belastbarkeit auf dem Prüfstand.

Wenn Sie kein Finanz- und Baufachmann sind, werden Sie auf viele Unsicherheiten stoßen. Beispielsweise ist es fast unmöglich, den Sanierungs-, Renovierungs- oder Umbaubedarf „freihändig" abzuschätzen und eine entsprechende Pauschale für Rückstellungen festzulegen. Hier kann der erste Augenschein bei einer Besichtigung allenfalls Anhaltspunkte geben. Wenn zum Beispiel auf dem Dach die Hälfte der Ziegel fehlt, können Sie sicher davon ausgehen, dass das Dach erneuert werden muss. Wenn die Eindeckung dem Augenschein nach intakt ist, heißt das aber noch lange nicht, dass die Dachsteine tatsächlich weiterhin jedem Wetter standhalten werden. Ein Dach aus gebrannten Dachpfannen hält bis zu 80 Jahre. Wenn es in den zurückliegenden 50 Jahren keine Neueindeckung gegeben hat, darf der Käufer davon ausgehen, dass diese Maßnahme auf ihn zukommen wird und er einen entsprechend höheren Betrag für künftige Sanierungsmaßnahmen zurücklegen muss. Welche Lebensdauern man bei bestimmten Bauteilen durchschnittlich veranschlagt, finden Sie in der Übersicht auf Seite 82.

Der Finanzbedarf

Die ersten drei Schritte auf dem Weg zum eigenen Haus stehen in einem sehr engen Zusammenhang. War es bei Schritt 1, dem Bauherrenprofil, noch relativ leicht möglich, die eigenen Bedürfnisse, Wünsche und Vorstellungen zu präzisieren, wird es bei der Finanzanalyse schon schwieriger. Hier gibt es nämlich einen besonders unwägbaren Posten – und das sind die Sanierungs-, Renovierungs- und Modernisierungskosten. An diesem Punkt ist es empfehlenswert, einen unabhängigen Experten beizuziehen, denn hier können grobe Schätzungen wirklich ins Auge gehen.

Der Makler wird dieser unabhängige Experte in der Regel nicht sein; denn sein Interesse ist es ja, den Verkauf der Immobilie zu vermitteln. Die finanzierende Bank kann auch nicht unbedingt als neutrale Instanz angesehen werden; schließlich will sie an dem Darlehensvertrag verdienen, den sie Ihnen anbietet – und den Sie natürlich nur abschließen, wenn Sie die Immobilie auch kaufen. Der Einzige, der unabhängig von Ihrer Kaufentscheidung honoriert wird, ist ein Bausachverständiger, also ein Architekt oder Bauingenieur, der Ihren Immobilienerwerb vom frühestmöglichen Zeitpunkt an als „Hausarzt" begleiten sollte.

Beginnen Sie zunächst damit, sich einen Überblick über den Kaufpreis und die Kaufnebenkosten zu verschaffen. Die Checkliste auf Seite 36 enthält bereits eine Beispielrechnung; in die offenen Felder der rechten Spalte können Sie die Werte eintragen, die auf Ihr Haus zutreffen.

Als Beispiel dient hier ein hypothetisches Objekt, ein frei stehendes Einfamilienhaus, Baujahr etwa 1980, in einfacher bis mittlerer Ausstattung, in einem Wohngebiet in ruhiger Stadtrandlage gelegen, ca. 180 qm Wohnfläche, vollunterkellert, das Dachgeschoss ist ausgebaut. Der Kaufpreis beträgt 400 000 Euro ohne Kaufnebenkosten. Für die Beispielrechnung wurde davon ausgegangen, dass 300 000 Euro des Gesamtpreises fremdfinanziert werden müssen.

In der Checkliste Gesamtkosten sind die Kosten näherungsweise erfasst, die beim Kauf unmittelbar anfallen und die berücksichtigt werden müssen, damit Sie das Haus bestimmungsgemäß nutzen können – also die Kosten für das Haus.

Nicht erfasst sind hier die laufenden Zinszahlungen, die Sie für Fremdkapital leisten müssen, das Sie aufnehmen – also die Kosten für das Geld. Neben dem eigentlichen Kaufpreis für Haus und Grundstück fallen aber in erheblichem Maß Kaufnebenkosten an. Das Bundesamt für Bauwesen und Raumordnung hat festgestellt, dass wir Deutschen höhere Kaufnebenkosten zu zahlen haben als die meisten unserer europäischen Nachbarn. Immobilienkäufer müssen für den Traum von den eigenen vier Wänden bis zu 12,4 Prozent, in den Bundesländern mit den höchsten Steuersätzen und Courtagen sogar bis zu 13,4 Prozent über den eigentlichen Kaufpreis hinaus aufbringen.

Auf den Erwerb dieser Immobile fällt zunächst Grunderwerbsteuer an. Das ist eine Rechtsverkehrssteuer, die den Bundesländern zufließt. Sie ist bundeseinheitlich auf 3,5 Prozent festgesetzt. Jedoch haben die Bundesländer seit 2006 das Recht, die Grunderwerbsteuer nach eigenem Ermessen festzusetzen, um ihren Finanzbedarf zu decken. Die Mehrzahl der Länder hat bereits davon Gebrauch gemacht und die Steuer zum Teil kräftig erhöht. Sie beträgt im Saarland 4 Prozent, in Berlin, Bremen, Hamburg, Niedersachsen und Sachsen-Anhalt 4,5 Prozent, in Baden-Württemberg, Brandenburg, Nordrhein-Westfalen, Rheinland-Pfalz (ab 01.03.2012), Schleswig Holstein (ab 01.01.2012) und Thüringen 5 Prozent.

Wurde beim Kauf ein Makler eingeschaltet, fällt für dessen Dienstleistung eine Gebühr, die sogenannte Courtage, an. Sie ist in den einzelnen Bundesländern unterschiedlich hoch und reicht von

AUFSTELLUNG DES FINANZBEDARFS

A Kosten für den Hauskauf

Kaufpreis	400 000,00			
Grunderwerbsteuer	14 000,00			
Maklercourtage	23 000,00			
Notarkosten für Kauf	2 150,00			
Grundbuchgebühren für Eigentumsübertragung	1 150,00			
Kosten für Sanierung, Renovierung, Modernisierung	40 000,00			
Zwischensumme A		480 300,00		

B Kosten der Finanzierung

Notargebühren für Sicherheitenbestellung	1 020,00			
Grundbuchgebühren für Sicherheitenbestellung	480,00			
Schätzkosten	800,00			
Zwischensumme B		2 300,00		

C Sonstige Kosten

Gutachten	4 000,00			
Zusätzliche Anschaffungen	15 000,00			
Umzugskosten	3 000,00			
Beiträge zur Berufsgenossenschaft	400,00			
Sonstiges	600,00			
Zwischensumme C		23 000,00		

Gesamtkosten		505 600,00		

TIPP **Grunderwerbsteuer gering halten**

Beim Kauf einer gebrauchten Immobilie lohnt es sich, den Kaufpreis des Gesamtobjekts genauer zu analysieren und alle Bestandteile herauszurechnen, die dem Gesetz nach nicht zum Grundstück selbst gehören. Das betrifft sowohl materielle Werte, wie verschiedene vom Gesetz als Zubehör definierte Gegenstände, als auch immaterielle Werte wie eine Instandhaltungsrücklage, die vom Vorbesitzer eines Reihenhauses gebildet worden ist und vom Käufer abgelöst wird. Die herausgerechneten Zubehörteile sollten zusammengenommen 15 Prozent des Gebäudewerts nicht überschreiten. Gegebenenfalls wird das Finanzamt Kaufbelege für diese Gegenstände sehen wollen. Zubehör und Ablösung von Rücklagen müssen im Kaufvertrag separat aufgeführt werden.

Beispiel für die Splittung des Kaufpreises:

Gesamtkaufpreis	400 000 €
abzüglich:	
▪ Beregnungsanlage Hausgarten:	400 €
▪ Einbauküche:	12 000 €
▪ Markisen:	2 000 €
▪ Zubehör Gartengeräte	400 €
▪ Zubehör Hobbykeller	1 200 €
▪ Einbausauna	2 000 €
▪ Instandhaltungsrücklage	16 000 €
▪ Summe Zubehör	34 000 €

Nettokaufpreis = Bemessungsgrundlage für Grunderwerbsteuer:

400 000 – 34 000 = 366 000 €

Ersparnis bei 5 % Grunderwerbsteuer: 1 700 €

4,57 Prozent in Rheinland-Pfalz bis zu einem Spitzenwert von 7,14 Prozent in Berlin. In Bayern und Baden-Württemberg ist es üblich, dass sich Käufer und Verkäufer die Maklergebühr teilen. Ferner fallen für die Beurkundung und die Kaufabwicklung Notarkosten an. Auch das Grundbuchamt erhebt für die Eintragung des Eigentumsübergangs Gebühren.

Einen weiteren Kostenblock bilden die Finanzierungskosten. Das sind immer noch nicht die Kosten für das Geld, die Sie für die Aufnahme von Fremdkapital zu zahlen haben, sondern die Kosten für die Vorbereitung und Absicherung der Kreditaufnahme, auf die die Kreditinstitute praktisch ausnahmslos bestehen. Diese Kosten fallen für die Bestellung einer Grundschuld und deren Eintragung ins Grundbuch an. Diese Finanzierungskosten beziehen sich lediglich auf das Fremdkapital, das Sie aufnehmen, nicht auf den Objektwert. Gelegentlich lassen sich Baufinanzierer auch die Kosten für die Berechnung und Überprüfung des Objektwerts von ihren Kunden erstatten. Obwohl dieser Vorgang nur ihrer eigenen Sicherheit dient und dem Bankkunden damit keine Leistung erbracht wird, sind Schätzkosten immer noch üblich, wenn auch immer mehr Finanzinstitute darauf verzichten.

Den größten Unsicherheitsfaktor in der Kostenaufstellung stellen die Sanierungs-, Modernisierungs- und Renovierungskosten dar. In der Musterrechnung sind sie pauschal und nur als Rechenbeispiel angesetzt worden. Wenn sich im frisch erworbenen gebrauchten Haus aber mehrere große „Baustellen" gleichzeitig auftun – klassische Regelfälle sind die Erneuerung der Heizungsanlage, der Einbau neuer Fenster, Dämmungsmaßnahmen in nicht ausgebauten Dachgeschossen oder an Kellerwänden und -decken –, kann dieser Kostenfaktor schnell außer Kontrolle geraten.

Der dritte Kostenblock sind die sogenannten sonstigen Kosten, die schnell vergessen werden, die aber die Eigenschaft haben, alsbald nachdrücklich auf sich aufmerksam zu machen. Denken Sie also besser von vornherein daran, dass auch der Umzug in das neue Heim etwas kostet, dass eventuell neue Möbel und Einrichtungsgegenstände erforderlich sind, unter Umständen eine neue Küche eingebaut werden muss. Sollten Sie Ihre Modernisierungs- und Umbaumaßnahmen in Eigenleistung und mit der Hilfe von Freunden und Bekannten machen, beachten Sie bitte, dass Sie die freiwilli-

gen Helfer auf Ihrer Baustelle der Berufsgenossenschaft melden müssen, die Träger der Unfallversicherung für Ihre Baustelle ist. Ihre Helfer sind zwar per Gesetz automatisch unfallversichert, aber Sie müssen die Beiträge – etwa 1,50 bis 2 Euro pro geleistete Arbeitsstunde – unbedingt zahlen.

Unter Sonstiges finden sich auch die Kosten für Gutachten – hierunter könnte man aber auch die Zahlungen für Leistungen von Architekten oder Bauingenieuren subsummieren, für das Einholen von Baugenehmigungen oder für die Überprüfung der Baustatik. Sie sind hier in der Beispielrechnung vergleichsweise niedrig angesetzt, können aber auch wesentlich höher ausfallen. Es ist die wahrscheinlich schlechteste Idee, wenn Sie ausgerechnet in diesem Kostensegment Geld sparen wollen. Haben Sie schon einmal versucht, Zeit zu sparten, indem Sie die Uhr anhalten? Wenn Sie die Hälfte der hier veranschlagten Gutachterkosten sparen – und das ist sicher möglich –, gewinnen Sie 0,5 Prozent bezogen auf die Objektkosten. Dafür gehen Sie das Risiko ein, ein paar Jahre später mit vielfach höheren Sanierungskosten konfrontiert zu werden, die Ihr Budget sprengen und möglicherweise Ihre gesamte Finanzplanung über den Haufen werfen. Wollen Sie das?

Und selbst wenn Sie 4 000 Euro für die Erkenntnis ausgeben, dass Sie von diesem Haus besser die Finger lassen, haben Sie – auch wenn's zunächst weh tut – immer noch den Gewinn davon, dass Sie nicht mehr als eine halbe Million Euro in das falsche Objekt investiert haben.

Als Mieter hat man in der Regel eine Haftpflichtversicherung und eine Hausratversicherung – oft in einem verbundenen Vertrag. Das deckt die Haftpflichtrisiken und die gewöhnlichen Schadensfälle am Hausrat hinreichend ab. Die Gebäudeversicherung findet man als Mieter gewöhnlich nur als einen Posten in der Neben- und Betriebskostenabrechnung. Als Besitzer eines eigenen Hauses sind Sie nun aber selbst für Ihre Wohngebäudeversicherung verantwortlich. Eine Hausratversicherung deckt nicht die Schäden ab, die einem Wohngebäude als Ganzes zustoßen. Rundweg gesagt: Es wäre verantwortungslos, wenn Sie keine Wohngebäudeversicherung hätten. Die Tarifunterschiede sind, bei sonst gleichen Voraussetzungen, bei den einzelnen Versicherern erheblich; sie können selbst bei den zehn günstigsten Gesellschaften für ein Einfamilienhaus Baujahr 1980 zwischen 400 und 1 000 Euro jährlich liegen. Denken Sie beispielsweise auch daran, dass ein Heizöltank, der sich vielleicht im Garten Ihres Hauses befindet, ein besonderes Risiko darstellt, das vernünftigerweise durch eine Haftpflichtversicherung abgedeckt werden sollte.

 VERSICHERUNGSKONDITIONEN IM VERGLEICH

Die Stiftung Warentest untersucht und vergleicht regelmäßig Versicherungsgesellschaften. Auch über die günstigsten und für Sie zweckmäßigen Angebote für eine Wohngebäudeversicherung können Sie sich auf der Seite www.test.de/themen/versicherung-vorsorge/test in der Rubrik „Themenpaket Gebäudeversicherungen" einen Überblick verschaffen.

Konstruktionselemente der Finanzierung

Ist der Finanzbedarf für den Hauskauf erst einmal ermittelt, muss eine stimmige Finanzierung konstruiert werden. Bevor Sie ans Rechnen und Konstruieren gehen, vergewissern Sie sich am besten, welche Partner Sie schon haben und welche Partner Sie noch brauchen. Mit dieser Bestandsaufnahme ist noch nicht geklärt, ob Sie die Kontakte zu Finanzinstituten, die Sie bereits haben, für Ihre Finanzierung überhaupt benötigen oder ob es für Ihren Fall die richtigen Kontakte sind. Zu Anfang ist es immer nützlich, niemanden außer Acht zu lassen, der als potenzieller Finanzierungspartner infrage kommt.

Die Stiftung Warentest nimmt regelmäßig Finanzdienstleister und Finanzprodukte unter die Lupe. Die Zeitschrift Finanztest gibt Ihnen den Gesamtüberblick; in jeder Ausgabe finden Sie eine Rubrik „Bauen und Wohnen", und in den Themenheften können Sie für Ihren Finanzbedarf gezielt nach den günstigsten Produkten und den verbraucherfreundlichsten Anbietern suchen.

Die Webseite www.test.de informiert Sie aktuell über Trends und Testergebnisse. Hier finden Sie auch PDF-Versionen ausgewählter Artikel und weiterführende Links. Aktualität ist ein entscheidender Faktor, denn ein Urteil, das gestern noch zutreffend war, kann heute von der Marktentwicklung bereits überholt sein.

Eigenkapital

Jede Baufinanzierung – ob für ein Neubauvorhaben oder für eine gebrauchte Immobilie – wird aus den gleichen Konstruktionselementen ausgeführt. Sie beginnt mit dem Eigenkapital – gleichsam dem Fundament Ihres Finanzgebäudes. Ohne diese Basis steht jede Finanzierung auf wackeligen Pfeilern. Dabei muss man bedenken, dass man sein Haus quasi zweimal bezahlt: Zunächst bezahlt man den Preis, den das Gebäude tatsächlich – einschließlich aller Nebenkosten und Gebühren – kostet, anschließend bezahlt man den Preis, den das Geld kostet, das man sich geliehen hat, um das Haus zu bezahlen. Dass Sie umso weniger Geldkosten bezahlen müssen, je weniger Geld Sie sich leihen, liegt in der Natur der Sache.

Wenn Sie sich einen Überblick über Ihr Eigenkapital verschaffen, werden Sie feststellen, dass es gar nicht so einfach ist, alles auf einmal zu einem bestimmten Zeitpunkt flüssig zu machen. Denn normalerweise hat man sein Erspartes nicht im Strumpf, den man nur auszuschütten brauchte. Sicher auch nicht auf dem Girokonto, wo man am schnellsten an sein Geld herankommt, wo es aber auch nichts bringt. Eher schon dürfte der klassische Bestseller, das Sparbuch, in deutschen Haushalten verbreitet sein, oder das Festgeldkonto. Sparguthaben und Termingelder müssen rechtzeitig gekündigt werden, um mögliche Zinsverluste zu vermeiden – allerdings sind die Zinsen bei diesen Anlageformen derzeit nicht so hoch, dass Zinsverluste sonderlich schmerzhaft ins Gewicht fallen.

Leicht verfügbar sind Anteile an Geldmarktfonds – seit vielen Jahren eine Alternative für risikoscheue Anleger mit einem kurzen Anlagehorizont; sie lassen sich im Regelfall innerhalb weniger Tage verlustfrei zu Barem machen. Rentenpapiere (festverzinsliche Anleihen) hingegen sind mit einer Laufzeit versehen, und unter Umständen verliert man Geld, wenn man sie vor Ablauf ihrer Laufzeit veräußern muss. Noch komplizierter kann es sich mit Aktien oder Investmentanteilen an Aktienfonds verhalten: Kursschwankungen in den Börsennotierungen können zu erheblichen Verlusten führen, wenn man seine Aktien oder Anteile zur Unzeit verkaufen muss. In Zeiten starker Kursausschläge können wenige Tage Unterschied im Verkaufstermin Tausende Euro Gewinn oder Verlust bedeuten. Möglicherweise ist es dann sogar rentabler, zunächst über eine höhere Kreditsumme nachzudenken und mit dem Kreditinstitut eine Sondertilgung zu vereinbaren: Sie verkaufen die Aktien dann erst zu einem späteren Zeitpunkt, wenn sich die Kurse stabilisiert haben.

Haben Sie einen angesparten Bausparvertrag? Haben Sie eine kapitalbildende Lebensversicherung, die Sie schon seit einer Reihe von Jahren bedienen und mit deren aktuellem Rückkaufswert sich vielleicht für die Finanzierung etwas anfangen lässt? Oder haben Sie in Zeiten, da Aktien teuer und Edelmetalle billig waren, ein paar Goldmünzen gekauft und beiseite gelegt, die Ihnen in Zeiten eines hohen Goldpreises einige tausend Euro zusätzlich bringen? Möglicherweise haben Sie auch Beteiligungen an Unternehmen, die Sie zwischenzeitlich aus den Augen verloren haben? Beteiligungen – beispielsweise an einem geschlossenen Fond – lassen sich nicht einfach flüssig machen. Aber ob und unter welchen Umständen das möglich ist, sollten Sie erst einmal überprüfen, bevor Sie diese Möglichkeit ganz außer Acht lassen. Generell kann man sagen: Ist die Rendite einer Beteiligung höher als der Darlehenszins Ihrer Baufinanzierung, hal-

ten Sie die Beteiligung und erfassen die Renditen auf der Einkünfte-Seite. Wirft die Beteiligung weniger ab, als Sie für eine vergleichbare Darlehenssumme an Zinsen zu zahlen hätten, sollten Sie über eine Veräußerung nachdenken. Einzelheiten sollten Sie mit einem seriösen Finanzberater besprechen oder von Ihrer Hausbank ausrechnen lassen.

Und was weitere veräußerbare Sachwerte betrifft: Es kann durchaus sinnvoll sein, einen Zweitwagen zu verkaufen und mit dem Verkaufserlös das Eigenkapital zu stärken.

 ### FINANZPLANUNG LÄNGERFRISTIG DENKEN

Befinden sich in Ihrem persönlichen Portfolio Kapitalanlagen, die nicht sofort verfügbar sind, sollten sie dennoch in die Be-

FINANZIERUNGSPARTNER	Nein	Noch nicht	Ja	Bemerkungen
Steuerberater				
Finanzberater der Hausbank				
Berater eines Finanzdienstleisters				
Berater der Bausparkasse				
Versicherungsmakler				
Weitere Bank				
Weitere Bank				

trachtung einbezogen werden. Steht zum Beispiel die Fälligkeit einer kapitalbildenden Lebensversicherung in wenigen Jahren bevor, ist es wahrscheinlich nicht sinnvoll, sie vorzeitig aufzulösen und den Rückkaufswert, der deutlich unter der voraussichtlichen Ablaufleistung liegt, sofort dem Eigenkapitalanteil zuzuschlagen. Vielmehr bietet sich hier an, eine Sondertilgung des Baudarlehens auszuhandeln und die Erlebensfallsumme des Versicherungsvertrags später einzusetzen.

Am Ende sollten Sie eine Übersicht haben, wie viel Kapital Sie sofort flüssig machen können, und wie viel in nächster Zeit frei wird. Von diesem Eigenkapital ziehen Sie eine Liquiditätsreserve wieder ab, die Sie als „Notgroschen" für unvorhergesehene Ausgaben unbedingt zurückhalten sollten. Kapital, das Ihnen erst zu einem späteren Zeitpunkt zur Verfügung steht, führen Sie gesondert auf.

Geld vom Arbeitgeber, von der Familie und vom Staat

Gibt es Geld, das man nicht selbst besitzt, Geld, das man sich aber trotzdem nicht von der Bank leihen muss? Das gibt es, aber nicht jeder hat die Möglichkeit, darüber zu verfügen.

Manche Arbeitgeber reichen an ihre Mitarbeiter Arbeitgeberdarlehen aus. Sie sind meist zinsgünstiger als Bankdarle-

VERFÜGBARES EIGENKAPITAL

	Sofort verfügbar	Später verfügbar
Barmittel (Giro- und Tagesgeldkonten)		
+ Sparguthaben und Termingelder		
+ Wertpapiere (Aktien, Anleihen)		
+ Investmentzertifikate		
+ Unternehmensanteile, Beteiligungen		
+ Edelmetalle		
+ Bausparguthaben		
+ Guthaben aus Lebensversicherungen		
+ Veräußerbare Sachwerte		
– Sicherheitsreserve		
= Verfügbares Eigenkapital		

hen, müssen im Falle einer Kündigung aber regelmäßig sofort zurückgezahlt werden.

Sogenannte Verwandtendarlehen sind oft noch günstiger. Wenn Verwandte, Freunde oder gute Bekannte Darlehen geben, verzichten sie oft ganz auf Zinsen und auf Sicherheiten. Auch ein möglicher Zahlungsverzug hat nicht sofort so einschneidende Konsequenzen wie bei einem Bankdarlehen. Ein Verwandtendarlehen wird immer dann gern genutzt, wenn der Hauskäufer beim Eigenkapital etwas „schwach auf der Brust" ist oder wenn ein Übergangszeitraum bis zur Fälligkeit einer Lebensversicherung überbrückt werden soll. Gegenüber der finanzierenden Bank tritt das Verwandtendarlehen lediglich als Geldsumme auf, deren Herkunft ja niemand auf den Geldscheinen lesen kann – es wird also wie Eigenkapital eingesetzt, weswegen man auch von „eigenkapitalähnlichen Darlehen" spricht.

Als weitere große Hilfe kann sich Geld vom Staat erweisen. „Der Staat" tritt dem Hauskäufer in Gestalt einer Fülle unterschiedlicher Förderprogramme gegenüber, die auf den jeweiligen Ebenen – von der Europäischen Union bis hinunter auf Länder- und Gemeindeebene – das Erhalten, Sanieren, Modernisieren, Wiederbeleben und Umbauen von Bestandsimmobilien unter bestimmten Bedingungen finanziell unterstützen. Es ist für den Nichtex-

perten fast unmöglich zu durchschauen, welche Fördermittel wofür und auf welchen Ebenen es gibt und was bei deren Beantragung beachtet werden muss.

Seit 2008 können unter bestimmten Voraussetzungen auch sogenannte Riester-Verträge für die Baufinanzierung eingesetzt werden, ohne dass die staatliche Förderung dadurch verloren ginge. Schon allein um das Dickicht der Förderrichtlinien zu durchdringen, hinter dem ja möglicherweise klare finanzielle Vorteile auf den Hauskäufer warten, lohnt der Gang zum „Hausarzt", zu einem unabhängigen Experten, der die richtigen Werkzeuge und Wege kennt, um an Fördermittel heranzukommen, weil es sein Job ist.

Wir gehen bei der Musterrechnung davon aus, dass Sie ein zinsloses Verwandtendarlehen aufgenommen haben, um Ihre Eigenkapitalbasis zu stärken, das Sie in einigen Jahren in einer Rate tilgen können, wenn Ihre Lebensversicherung ausgezahlt wird.

FINANZIERUNGSBEDARF	
Gesamtkosten Hauskauf	**505 600,00 €**
Eigenkapital	172 600,00 €
Eigenkapitalähnliches Darlehen	33 000,00 €
Finanzierungsbedarf	**300 000,00 €**

Wenn Sie von den Gesamtkosten für den Hauskauf (siehe Seite 36) das verfügbare Eigenkapital (aus Musterrechnung unten) abziehen, ermitteln Sie die Höhe Ihres Finanzierungsbedarfs.

Mit einer Eigenkapitalquote von mehr als 34 Prozent, zusätzlich gestützt durch ein eigenkapitalähnliches Darlehen, steht die Finanzierung des Musterbauherrn in unserer Beispielrechnung auf einem durchaus soliden Fundament.

Wie hoch ist Ihre Belastbarkeit?

Wenn Sie den Weg zum eigenen Haus beschreiten wollen, müssen Sie wissen, welche laufenden finanziellen Belastungen Sie tragen können. Um die eigene Belast-barkeit festzustellen, ermitteln Sie die Differenz zwischen Einnahme und Ausgaben. Berücksichtigen Sie dabei auf der Einnahmen- wie auf der Ausgabenseite nicht nur die monatlich anfallenden Beträge (wie Nettogehälter oder laufende Ausgaben für Lebenshaltung), sondern legen Sie auch jährlich anfallende Einnahmen (beispielsweise Tantiemen) oder Belastungen (beispielsweise jährlich fällige Versicherungsprämien) auf Monatsraten um.

Ferner müssen Sie neben den fixen Kosten, die sich leicht nachvollziehen lassen, auch die veränderlichen Kosten (das sind die eigentlichen Lebenshaltungskosten) für Einkäufe, kulturelle Aktivitäten, Bildung und Unterhaltung usw.

VERFÜGBARES EIGENKAPITAL

	Sofort verfügbar	Später verfügbar
Barmittel (Giro- und Tagesgeldkonten)	25 000,00 €	
+ Sparguthaben und Termingelder	45 000,00 €	
+ Wertpapiere (Aktien, Anleihen)	15 000,00 €	
+ Investmentzertifikate	40 000,00 €	
+ Unternehmensanteile, Beteiligungen	10 000,00 €	
+ Edelmetalle	24 000,00 €	
+ Bausparguthaben	20 000,00 €	
+ Guthaben aus Lebensversicherungen		60 000,00 €
+ Veräußerbare Sachwerte	13 600,00 €	
– Sicherheitsreserve	20 000,00 €	
= **Verfügbares Eigenkapital**	**172 600,00 €**	

berücksichtigen. Sie schwanken von Monat zu Monat etwas, berechnen Sie den Durchschnitt lieber etwas großzügiger.

Auch Kosten für Anschaffungen, die nicht regelmäßig anfallen – Garderobe, Ersatz technischer Geräte, Autoreparaturen – erfassen Sie und legen diese auf Monatsbeträge um. Der nützliche Nebeneffekt einer solchen Einnahme/Ausgabe-Rechnung ist: Man analysiert bei dieser Gelegenheit, was wirklich nötig ist und was sich im Laufe der Jahre als überflüssiger Ballast erweist, den man quasi unbeabsichtigt noch mitfinanziert.

Vielleicht kündigt man ja ein überflüssiges Zeitschriftenabonnement, trennt sich von einem seiner Mobiltelefone, wählt eine günstigere Sachversicherung. Vielleicht verliert die fördernde Mitgliedschaft in einem Verein, der einem doch nicht so stark am Herzen liegt, angesichts der Immobilienfinanzierung ihre Bedeutung. Und wenn, wie in unserer Beispielrechnung, ein Zweitwagen veräußert wird, um die Eigenkapitalbasis zu stärken, entfallen natürlich auch die laufenden Kosten für dieses Fahrzeug. Die kritische Analyse des Kostenblocks hilft, den einen oder anderen Euro zu sparen, und schnell sind auf

diesem Weg jeden Monat 100 Euro Ersparnis zusammengekommen. Was 100 Euro mehr Spielraum für das Kreditvolumen bedeuten können, sehen Sie in der Musterrechnung auf Seite 47.

 ## WOHNNEBENKOSTEN REALISTISCH PLANEN

Aus der Kostenberechnung fällt die Kaltmiete, die Sie möglicherweise jetzt noch für Ihre Mietwohnung bezahlen, weg – vorausgesetzt, Sie können das Haus auch schon bewohnen und umgehend beziehen. Die Wohnnebenkosten fallen allerdings nicht weg. Im Gegenteil: Sie können sogar um einiges höher ausfallen als in Ihrem bisherigen Domizil.

DIE MONATLICHE BELASTUNG errechnet sich nach einer einfachen Faustformel:

Finanzierungsbedarf in Euro
x Annuität in Prozent
÷12 (Monate)

Die Annuität ist dabei die jährliche Rate, gebildet aus Zinssatz und anfänglichem Tilgungssatz, dargestellt in Prozent vom aufgenommenen Kapital.

AUFSTELLUNG DER MONATLICHEN EINNAHMEN

Familien-Nettoeinkommen	pro Monat
Nettogehalt Hauptverdiener	
+ Nettogehalt Partner*	
+ Einnahmen aus Nebentätigkeiten**	
+ Einkünfte aus Gewerbebetrieb**	
+ Tantiemen, Prämien	
+ Kindergeld	
+ Unterhaltsleistungen	
+ Renten	
+ Mieteinnahmen	
+ Zinserträge***	
+ Weitere Einkünfte	
= Verfügbares Familien-Nettoeinkommen	

* nicht ansetzen, wenn Aufgabe beruflicher Tätigkeit wahrscheinlich, ** aus mehrjährigem Durchschnitt errechnen, falls stark schwankend, *** nur auf Restkapital nach Einsatz der Eigenmittel

AUFSTELLUNG DER MONATLICHEN AUSGABEN

Ausgaben der Familie	pro Monat
Gebühren, Beiträge	
+ Verkehrsmittel (Monatskarte)	
+ Bauspar- und Versicherungsbeiträge	
+ Sonstige Sparraten	
+ Kreditraten	
+ Unterhaltszahlungen	
+ Wohnnebenkosten	
+ Lebenshaltungskosten	
= Familienausgaben	

Bei unserem Rechenbeispiel ergibt sich daher – einen Zinssatz von 4 % und eine anfängliche Tilgung von 1 % vorausgesetzt – die folgende monatliche Belastung:

300 000 Euro x 5 %
÷12
= 1 250 Euro

Der Bauherr, der den Kauf seines gebrauchten Hauses zu 300 000 Euro finanzieren lässt, hat also grob gerechnet eine monatliche Belastung von 1 250 Euro zu tragen. Diese 1 250 Euro sind das minimale Ergebnis, das beim Vergleich der Einkünfte mit den Ausgaben herauskommen muss. Schönrechnen bringt nichts – höchstens eine finanzielle Katastrophe.

Kreditinstitute legen für den Selbstbehalt, den der Bauherr für seine normale Lebensführung übrig behalten muss, Erfahrungswerte an:
- 750 Euro für eine Einzelperson,
- 1 000 Euro für ein Paar (Ehepaar, Lebenspartner),
- 250 Euro zusätzlich für jedes Kind.

Diese Selbstbehalte sind sehr knapp gefasst, große Sprünge oder teure Urlaubsreisen sind damit nicht drin. Im Einzelfall wird Ihre persönliche Analyse möglicherweise ergeben, dass Sie erheblich über diesen Werten liegen.

Ihren Finanzierungsspielraum können Sie auch auf dem umgekehrten Rechenweg ermitteln. Unterstellt, Sie hätten es tatsächlich geschafft, durch Einsparungen Ihren Spielraum zwischen Einkünften und

Ausgaben um 100 Euro zu erweitern, ergäbe sich jetzt die folgende finanzierbare Kreditsumme.

(1 250 + 100) Euro x 12
÷5 % (Annuität)
= 324 000 Euro

100 Euro mehr Spielraum in Ihrer persönlichen Bilanz sind also (in unserem Beispiel) für 24 000 Euro zusätzliche Kreditsumme gut. Aber auch bei der Berechnung der laufenden Einnahmen und Ausgaben sollte man immer eine Sicherheitsreserve von ca. 200 Euro einplanen, um Unwägbarkeiten und unvermeidliche Unregelmäßigkeiten der Lebensführung ausgleichen zu können.

Auch die Belastungsquote, die dauerhaft getragen werde muss, sollte möglichst nicht über 30 Prozent ansteigen. Für unsere Bauherren in der Musterrechnung bedeutet das: Erst bei einem Nettoeinkommen der Familie von 4 200 Euro liegt die Belastung durch Kapitaldienst unter der Quote von 30 Prozent.

Finanzierungsinstrumente

Für die Finanzierung Ihres Traums vom Haus stellen verschiedene Geldinstitute unterschiedliche Instrumente zur Verfügung. Nicht alle sind in gleicher Weise geeignet.

Hypothekendarlehen

Das Finanzierungsmittel der ersten Wahl wird fast immer ein Hypothekendarlehen

sein. Hypothekendarlehen werden zum Zweck der privaten Immobilienfinanzierung von Banken, Bausparkassen, Landesförderinstituten, der Kreditanstalt für Wiederaufbau und von Versicherungsgesellschaften vergeben.

Banken und Sparkassen finanzieren Hypothekendarlehen überwiegend aus den Spareinlagen ihrer Kunden und aus der Ausgabe von Sparbriefen. Hypothekenbanken, die über keine Spareinlagen ihrer Kunden verfügen, refinanzieren die ausgereichten Darlehen am Kapitalmarkt, etwa indem sie Pfandbriefe an Kapitalanleger verkaufen. Das hat Auswirkungen auf die Zinshöhe und auf die Zinsbindungsfristen, die man bei den unterschiedlichen Kreditinstituten aushandeln kann. Während sich Banken und Sparkassen schwer tun, Zinsbindungen von mehr als 10 Jahren zu vereinbaren (Sparbriefe, eines der Refinanzierungsinstrumente, haben eine maximal zehnjährige Laufzeit), kann man bei einer Hypothekenbank deutliche längere Zinsbindungen – unter Umständen sogar über die gesamte Laufzeit – aushandeln.

Hypothekendarlehen der Banken, Hypothekenbanken und Sparkassen sind meistens als Annuitätendarlehen gestaltet. Das bedeutet, dass ein Nominalzins und eine anfängliche Tilgungsrate festgelegt werden. (Dass der Nominalzins sich wegen zusätzlicher Kosten und Gebühren zum sogenannten Effektivzins immer noch einmal leicht erhöht, spielt für die Konstruktion des Kredits keine Rolle.) Die Summe aus anfänglicher Tilgung und Zinszahlung bildet die sogenannte Annuität – den Jahresbetrag. Sie wird für den Zinsbindungszeitraum oder für die gesamte Laufzeit festgeschrieben.

Innerhalb der Annuität verändert sich das Verhältnis zwischen Zins und Tilgung aber mit jeder Rate, die der Schuldner leistet. Denn Zinsen fallen immer nur auf die verbleibende Restschuld an. Mit jeder gezahlten Rate vermindert sich der Zinsanteil innerhalb der Annuität, während sich der Tilgungsanteil im gleichen Maße erhöht. In den ersten Jahren des Vertrags geschieht das nur ganz langsam – und dem Darlehensnehmer kommen möglicherweise manchmal Zweifel, ob er das richtige Finanzierungsinstrument gewählt hat. Richtig Freude machen die Kontoauszüge in den letzten Jahren der Vertragslaufzeit, wenn die Summe der Tilgungen die der Zinszahlungen immer mehr übersteigt und die Restschuld zu schwinden scheint wie Schnee in der Frühlingssonne.

Irritierend ist für viele das finanzmathematische Phänomen, dass ein Darlehen umso schneller zurückgezahlt ist, je teurer es ist. Eine gleiche, einprozentige anfängliche Tilgung vorausgesetzt, braucht man bei einem mit 6 Prozent verzinstem Darlehen rund 33 Jahre, bis es getilgt ist. Ein mit 8 Prozent verzinsliches Darlehen dagegen ist bereits nach rund 28 Jahren getilgt. Der Unterschied rührt daher, dass die insgesamt höhere Annuität am Ende der Kreditlaufzeit (wenn der Tilgungsanteil den Zinsanteil übersteigt) eine vergleichsweise schnellere Tilgung erlaubt. Doch wer auf diese Weise schneller tilgt, hat keinen Vorteil. Für die um fünf Jahre schnellere Tilgung bezahlt der Kunde mit einem Zinssatz von 8 Prozent am Ende über 20 000 Euro mehr an Gesamtkosten. Zwar könnte der Darlehensnehmer bei niedrigen Zinsen relativ leicht auch eine höhere Tilgung leisten. Doch das macht der Bank nicht immer Freude, will sie doch an Ihnen verdienen, gern auch über einen langen Zeitraum.

Es geht aber auch genau anders herum. Wenn die Banken – wie im Oktober 2011 – selbst verunsichert sind, bieten sie sogenannte Volltilgerdarlehen mit einem außerordentlich attraktiven Zinsrabatt an. Ein solches Darlehen muss am Ende der Zinsbindungsfrist – 10 oder 15 Jahre – vollständig getilgt sein. Das bedeutet aber zugleich, dass der Darlehensnehmer von Anfang an eine außerordentlich hohe Tilgungsleistung aufbringen muss; für ein Darlehen mit zehnjähriger Zinsbindung beispielsweise eine anfängliche Tilgung von über 8 Prozent. Der Preis, seine Immobilie nach zehn Jahren schuldenfrei zu besitzen, könnte die Überlegung lohnen, sich für diesen Zeitraum der „Tilgungstortur" auszusetzen.

Aber auch das ist letztlich verhandelbar, und es gibt schließlich nicht nur ein Kreditinstitut, das Baugeld anbietet. Und alternativ können Sie auch einen Teil Ihrer Finanzierung mittels eines Bausparvertrags realisieren.

 ### SPEKULATION AUFS KÜNFTIGE ZINSNIVEAU

Das Zinsniveau für Hypothekendarlehen war 1995 wesentlich höher als 2005. Und 2010 waren die Zinsen sogar noch niedriger als fünf Jahre zuvor. Auf welcher Höhe sie sich 2015 oder 2020 bewegen werden, kann im Augenblick niemand voraussagen. Engen Sie Ihren Blick nicht auf die erste Zinsbindungsphase ein; besonders dann nicht, wenn Sie den Darlehensvertrag in einer Niedrigzinsphase geschlossen haben. Denn steigende Zinsen können nach dem Ende der ersten Zinsbindung zu erheblichen Mehrbelastungen führen. Lassen Sie sich von Ihrem Finanzberater oder Ihrer Hausbank immer mehrere Modelle rechnen. Kalkulieren Sie nüchtern, ob Sie gegebenenfalls auch erheblich höhere Zinslasten tragen könnten, wenn Ihre Zinsbindungszeit ausläuft.

Bauspardarlehen

Das Bauspardarlehen hat gegenüber dem klassischen Annuitätendarlehen der Bank mehrere Vorteile: Es hat einen günstigen Zinssatz (der allerdings mit dem Nachteil einer niedrigen Guthabenverzinsung während der Ansparphase bezahlt wird) und es wird aufgrund der hohen Tilgungsrate regelmäßig sehr schnell getilgt. Wer mehr Geld übrig hat, als er ursprünglich erwartete, kann ohne weiteres Sondertilgungen leisten; das kann man bei einem banküblichen Hypothekendarlehen nicht, wenn man das zuvor nicht schriftlich vereinbart hat. Und die Bausparkasse begnügt sich im Normalfall mit einer nachrangigen Sicherheit im Grundbuch oder verzichtet, bei relativ kleinen Kreditsummen, ganz auf eine Eintragung.

Der Zinsvorteil der Bausparkasse ist in Niedrigzinsphasen relativ gering; Baugeld ist in solchen Zeiten auch von anderen Kreditinstituten zu günstigen Konditionen zu haben. Ein Vorteil der Bausparfinanzierung kann sich in einen Nachteil verwandeln, wenn man seine eigene Belastbarkeit überschätzt. Die vergleichsweise hohen Tilgungsraten (4 Prozent und mehr) bringen eine hohe monatliche Belastung für den Darlehensnehmer mit sich. Ein weiterer Nachteil ist die Unsicherheit über den Zuteilungszeitpunkt des Bauspardarlehens. Sie erfolgt aufgrund einer Bewertungszahl, die zu bestimmten Bewertungsstichtagen aufgrund der Sparguthabens, der erwirtschafteten Guthabenzinsen und des Regelsparbeitrags von der Bausparkasse errechnet wird.

Bausparkassen bieten zur Sofortfinanzierung daher eine Kombilösung an, das heißt ein Vorausdarlehen in Höhe der Bausparsumme. Der Bausparvertrag wird gewissermaßen nachbespart und löst das Vorausdarlehen ab, wenn der Bausparvertrag zuteilungsreif wird. Dieses Modell ist im Regelfall teurer als das klassische Annuitätendarlehen. Es lohnt sich nur, wenn einerseits in einer Niedrigzinsphase die Zinsen für das Vorausdarlehen besonders niedrig sind und der Darlehensnehmer andererseits mittels Sparzulagen, Wohnungsbauprämie und gegebenenfalls auch Riester-Förderung seine Guthabenrendite deutlich aufbessern kann.

Der Bausparvertrag ist also für Kurzentschlossene nicht die erste Wahl. Für den Käufer eines gebrauchten Hauses ist er hingegen ein hilfreiches Instrument, wenn er an eine später notwendig werdende Modernisierung seiner Immobilie denkt. Wenn die Modernisierungsmaßnahmen nicht Bedingung für den Einzug sind, sondern mittelfristig angegangen werden sollen, kann mit relativ klein dimensionierten Bausparverträgen auch bereits nach kurzer Zeit ein Zuteilungsanspruch auf ein günstiges Bauspardarlehen erworben werden. Außerdem besteht keine Verpflichtung, ein zuteilungsreifes Darlehen auch tatsächlich sofort aufzunehmen. Wer mehr Zeit hat, kann auch einfach die Bausparsumme aufstocken und den Vertrag weiter besparen und auf den nächsten Zuteilungszeitpunkt warten.

Geld von der Lebensversicherung

Auch Lebensversicherer sind bereit, Baudarlehen auszureichen. Das Geschäftsmodell besteht in der Regel aus der Kombination einer kapitalbildenden Lebensversicherung mit einem endfälligen Darlehen. Aus der Ablaufleistung wird am Ende der

Vertragslaufzeit das Darlehen in einer Rate getilgt (daher der Name).

Dieses Modell ist für Eigennutzer einer Wohnimmobilie aber regelmäßig ungeeignet, weil die Zinsen bis zum Ende der Laufzeit für die gesamte Darlehenssumme anfallen, diese aber vom Eigennutzer – anders als beim Eigentümer einer vermieteten Wohnimmobilie – nicht als Werbungskosten angerechnet werden können. Ein zusätzliches Risiko entsteht aus den Unwägbarkeiten des Kapitalmarkts, auf dem auch Versicherungsgesellschaften ihr Geld anlegen. Sinken die Zinsen dauerhaft, ist das zwar für den Darlehensnehmer günstig, wirkt sich aber auf den Anlageerfolg einer Lebensversicherungspolice, mit der am Ende der Laufzeit ein endfälliges Darlehen getilgt werden soll, negativ aus: Entspricht die Ablaufleistung nicht dem Wert, der für die Tilgung erforderlich ist, steht der Darlehensnehmer unvermittelt vor einer Deckungslücke, die erheblich sein kann.

Finanzieren ohne Geld?

Das Stichwort lautet „Muskelhypothek". Das ist eine schöne Umschreibung für Eigenleistungen am Bau. Vorsicht, Vorsicht und nochmals Vorsicht!

- Das erste „Vorsicht" gilt dem Haus, das Sie gekauft oder geerbt haben oder gerade zu kaufen beabsichtigen. Im Interesse der Gebäudesubstanz ist zu hoffen, dass nicht allzu viel an diesem Haus von den Vorbesitzern über Muskelhypotheken „finanziert" worden ist. Denn die Eigen-

leistungen der Vergangenheit sind leider oft die Sanierungskosten der Zukunft. Zu viel traute sich mancher Bauherr seinerzeit zu. Und den Preis für nicht ganz fachgerecht gebaute Kellerwände, die in Eigenleistung entstanden, „weil man sie ja nicht sieht", haben Sie als Neubesitzer vielleicht mit erhöhten Sanierungskosten zu tragen.

- Das zweite „Vorsicht" gilt Ihrer eigenen möglichen Selbstüberschätzung. Lassen Sie bei Ihren Eigenleistungen die Finger von allem, wozu man eine Fachausbildung braucht, die Sie nicht haben. Lassen Sie sich von Ihrem „Hausarzt" erklären, welche Art von „Therapie" Sie bei Sanierungs- und Modernisierungsarbeiten am Haus durchführen können, ohne anderen „Fachärzten" im Weg zu stehen oder gar das „Leiden" des Hauses zu verschlimmern.

- Das dritte „Vorsicht" gilt der Darstellung Ihrer Eigenleistungen gegenüber der finanzierenden Bank. Wenn Sie forsch Eigenleistungen für 40 000 Euro anbieten, ohne diese Eigenleistungen konkret darstellen zu können, wird das vermutlich Fragen auslösen.

Eine genaue Spezifizierung der Eigenleistungen und ihre Darstellung in Gestalt eingesparter Eurobeträge ist eigentlich erst in der Phase der Ausschreibung und Vergabe möglich, wenn klar ist, welche konkreten Tätigkeiten (zum Beispiel Abbrucharbeiten) Sie in Eigenleistung übernehmen und welchen Preis sie kosten würden, wenn ein Fachbetrieb sie erledigte. Auch darum ist es nötig, bereits bei Schritt 2, der Vermögensanalyse, möglichst eng mit dem „Hausarzt" zusammenzuarbeiten.

Wer fördert was?

Wohnungsbau wird auf unterschiedlichen Ebenen der Länder, des Bundes und der Europäischen Union gefördert. Oft sind die verschiedenen Programme schwer durchschaubar, und die Konditionen ändern sich auch von Jahr zu Jahr. Welche Förderung für Sie konkret infrage kommt, und welche Programme gegebenenfalls miteinander kombinierbar sind, wird Ihnen nur der Fachmann verbindlich beantworten können.

Für nahezu alle Förderprogramme gilt aber: Es besteht kein Rechtsanspruch auf Inanspruchnahme. Das bedeutet: Wenn der „Fördertopf" leer ist, dann ist er eben leer, und es gibt keine Zuschüsse oder zinsvergünstigte Darlehen mehr. Der Antragsteller muss dann bis zum nächsten Haushaltsjahr oder bis zur Auflage eines neuen Förderprogramms warten.

Die grundlegenden Instrumente der Förderung sind:
- Zuschüsse als nicht zurückzuzahlende Geldbeträge
- Im Vergleich zum Kapitalmarkt zinsvergünstigte Darlehen
- Eigenkapitalhilfen in der Form von Ausfallbürgschaften (in der Regel durch Landesbanken oder die KfW-Bankengruppe)
- Immobilienbezogene Altersvorsorgeprodukte

Die Ziele der Wohnbauförderung, die auch für den Erwerber einer gebrauchten Immobilie interessant sein können, sind:
- Bessere Wärmedämmung und weitere Maßnahmen zur Senkung des Energieverbrauchs
- Belebung von Ortsteilen und Erhaltung historisch gewachsener Siedlungsräume
- Versorgung bestimmter Bevölkerungsgruppen (zum Beispiel Alleinerziehende oder Familien mit Kindern) mit Wohnraum
- Altersgerechter Umbau von Bestandsimmobilien (Erreichen weitgehender Barrierefreiheit)

Förderprogramme der Bundesländer

Die Wohnungsbauförderung der Länder ist zwar aufgrund der angespannten Haushaltslage stark zurückgefahren. Berlin hat bereits 2004, Bremen 2007 die Wohnungsbauförderung aus Landesmitteln „bis auf Weiteres" eingestellt. In den meisten Ländern bestehen aber durchaus noch Chancen, in den Genuss der Wohnungsbauförderung zu kommen. Die Fördermittel der Länder unterstützen vornehmlich Alleinerziehende und Familien mit Kindern.

Anders als früher wird nicht mehr nur der Neubau gefördert, sondern auch der Erwerb und/oder die Modernisierung von bestehendem Wohnraum. Auch hierin zeigt sich eine stärkere Gewichtung der Bestandsimmobilien gegenüber dem Neubau. So fördert selbst das finanzschwache Mecklenburg-Vorpommern „Maßnahmen an Wohngebäuden, die vor dem 1. Januar

1970 fertig gestellt wurden und maximal vier Wohnungen haben und sich in Gemeinden mit mehr als 5 000 Einwohnern befinden, wenn zum antragstellenden Haushalt mindestens ein Kind gehört." Gefördert werden kann danach zum Beispiel der nachträgliche Anbau beziehungsweise der Ersatz von maroden Balkonen an Bestandsimmobilien.

Über die Förderprogramme der einzelnen Bundesländer informieren Sie sich am besten auf der Webseite der Verbraucherzentralen www.baufoerderer.de. Hier können Sie feststellen, ob Sie in Ihrem Land überhaupt zum Kreis der Geförderten gehören, welche Maßnahmen konkret gefördert werden und wie die Förderung beantragt werden muss.

Auf dieser Seite finden Sie auch einen Förderrechner, der Ihnen aufgrund Ihrer Angaben zu Familien- und Einkommensverhältnissen darstellt, welche Förderprogramme in dem jeweiligen Bundesland für Sie infrage kommen. Dabei werden nicht nur die Förderungen der Länder, sondern auch die Förderinstrumente der bundeseigenen Kreditanstalt für Wiederaufbau (KfW) berücksichtigt.

Wohnungsbauförderung des Bundes

Da der Wohnungsbau im Wesentlichen Ländersache ist, tritt der Bund als Förderer nicht besonders auffällig in Erscheinung. Er unterstützt aber den Bau und den Kauf selbstgenutzter Wohnimmobilien mit den Instrumenten der Riester-Förderung, der Wohnungsbauprämien für Bausparverträge und der Arbeitnehmersparzulage.

Darüber hinaus kann die Kreditanstalt für Wiederaufbau (KfW) im Rahmen ihrer Inlandförderung möglicherweise helfen. Ihre Programme greifen auch da, wo Landesmittel für die Wohnbauförderung nicht mehr oder nur unzureichend zur Verfügung stehen.

KfW-Kredite werden von der Kreditanstalt für Wiederaufbau nicht direkt an den Antragsteller ausgereicht, sondern über die Banken und Sparkassen. Dafür bekommen diese Kreditinstitute zwar eine geringe Mittlerprovision, aber das motiviert die meisten Banken und Sparkassen nur selten, KfW-Mittel aktiv anzubieten. In erster Linie wollen sie ihre eigenen Finanzprodukte an den Bauherrn bringen und kümmern sich um die KfW-Förderung oft nur, wenn sie Ihnen zugleich eine Bankfinanzierung „verkaufen" können. Hier sind hartnäckiges Nachfragen und selbstbewusstes Verhandeln angesagt – es gibt schließlich nicht nur eine Bank in Deutschland.

Auf den ersten Blick mögen die Zinskonditionen der KfW nicht sonderlich attraktiv erscheinen, kann doch das Baugeld mancher Bank sogar billiger sein. Dabei ist indes zu beachten, dass die günstigen Zinskonditionen der finanzierenden Bank in der Regel nur für erstrangige Darlehen gelten. Und erstrangig besichert werden meist nur 60 Prozent des Beleihungswerts oder 50 Prozent der Anschaffungskosten der Immobilie.

Für ein nachrangiges Darlehen über diesen Rahmen hinaus werden oft erheblich höhere Zinsen berechnet. Entweder erhöht die Bank den Zinssatz für das gesamte Darlehen um 0,10 bis 0,30 Prozentpunkte (je nachdem, wie weit die Darlehenssumme über den Beleihungswert hinausgeht), oder sie splittet das Darlehen auf und berechnet für ein zweites, nachrangiges Darlehen 0,20 bis 0,80 Prozentpunkte mehr als für das erstrangige Darlehen.

Die Zinskonditionen der KfW gelten hingegen auch für nachrangige Darlehen. Um die Gesamtzinsbelastung Ihrer Eigenheimfinanzierung so niedrig wie möglich zu halten, könnten Sie in den Verhandlungen mit der Bank auf ein Darlehenssplitting abzielen:
- für den erstrangigen Teil (zum Beispiel 50 Prozent der Anschaffungskosten) ein zinsgünstiges Annuitätendarlehen der Bank
- für den nachrangigen Teil (zum Beispiel 20 Prozent der Anschaffungskosten) ein zinsgünstiges KfW-Darlehen.

Wenn Ihnen die Bank in den Verhandlungen auch für den nachrangigen Teil Konditionen anbieten, die günstiger als die KfW-Darlehen sind – umso besser! Nachrechnen lohnt sich auf jeden Fall.

Noch interessanter als die Zinskonditionen der KfW für nachrangige Darlehen sind die direkten Zuschüsse, welche die KfW unter bestimmten Umständen gewährt. Diese Fördermöglichkeit ist für den Erwerb und die Modernisierung von Bestandsimmobilien besonders interessant. Diese direkten Zuschüsse können gewährt werden:
- für den Kauf eines sanierten Ein- oder Zweifamilienhauses oder einer Eigentumswohnung,
- für eine umfassende Sanierung, die Ihr Wohneigentum zum KfW-Effizienzhaus macht oder
- für die Durchführung einzelner Sanierungsmaßnahmen, die den technischen Mindestanforderungen entsprechen.

Die umfassende Sanierung einer Bestandsimmobilie zum KfW-Effizienzhaus entspricht den politischen Zielen (sinkender Energieverbrauch, sinkende CO_2-Emissionen).

Wird die Einhaltung der Programmanforderungen der KfW nachgewiesen, können für die Sanierung Ihres gebrauchten Hauses zum KfW-Effizienzhaus die in der Übersicht Seite 55 dargestellten Investitionszuschüsse gewährt werden. Die Maßstäbe bilden die Anforderungen hinsichtlich des Energiebedarfs, den die Energieeinsparverordnung (EnEV) in der Fassung von 2009 an einen Neubau stellt.

„KfW-Effizienzhaus 100" bedeutet demzufolge, dass der künftige Energiebedarf Ihres Hauses nach der Sanierung zu 100 Prozent dem Neubaustandard entspricht. Doch auch noch bei einer Überschreitung des Neubau-Normwerts um bis zu 15 Prozent können Fördermittel für die energetische Sanierung beantragt werden. Bis zu 7,5 Prozent der förderfähigen Investitionskosten (und maximal bis 5 625 Euro) können als Zuschuss gewährt werden. In der höchsten Förderstufe (KfW-Effizienzhaus 55) kann der Zuschuss maximal 13 125 Euro betragen.

Um einen Zuschuss auf diesem Förderweg zu beantragen, müssen Sie auch nicht einmal Ihre finanzierende Bank bemühen. Den Antrag richten Sie direkt an die Kreditanstalt für Wiederaufbau.

 ZUSCHÜSSE DER KFW VOR BAUBEGINN BEANTRAGEN!

Wichtig! Anträge auf Zuschüsse sind unbedingt vor Beginn der Sanierung oder vor Erwerb einer bereits sanierten Immobilie an die KfW zu richten. Nicht gefördert werden: Wohneigentum, für das nach dem 1. Januar 1995 Bauantrag gestellt oder Bauanzeige erstattet wurde; bereits begonnene oder bereits abgeschlossene Vorhaben; Ferien- und Wochenendhäuser; ausschließlich gewerblich genutzte Flächen.

Für KfW-Kredite, die für die energetische Sanierung Ihrer Bestandsimmobilie in Anspruch genommen wurden, gewährt die KfW Tilgungszuschüsse. Deren Höhe richtet sich, wie bei den direkten Zuschüssen – nach der Energieeffizienzklasse, die Ihre Immobilie nach der Sanierung erreicht. Sie betragen für das

- KfW-Effizienzhaus 55: 12,50 Prozent
- KfW-Effizienzhaus 70: 10,00 Prozent
- KfW-Effizienzhaus 85: 7,50 Prozent
- KfW-Effizienzhaus 100: 5,00 Prozent
- KfW-Effizienzhaus 115: 2,50 Prozent

des jeweiligen in Anspruch genommenen Darlehensbetrags.

Die KfW gibt sogar Zuschüsse für die professionelle Baubetreuung – für Schritt 10 auf unserem „Weg der Elf Gebote".

Voraussetzung dafür ist, dass die Programme 151 (Energieeffizient sanieren – Kredit KfW Effizienzhaus), 152 (Energieeffizient sanieren – Kredit KfW Einzelmaßnahmen oder Maßnahmekombinationen) oder 430 (Energieeffizient sanieren – In-

INVESTITIONSZUSCHÜSSE DER KFW (ENERGETISCHE SANIERUNGEN)

KfW-Effizienzhaus	Anteil an förderfähigen Investitionskosten	Zuschuss max.
KfW-Effizienzhaus 55 (EnEV2009)	17,50 %	13 125 Euro
KfW-Effizienzhaus 70 (EnEV2009)	15 %	11 250 Euro
KfW-Effizienzhaus 85 (EnEV2009)	12,50 %	9 375 Euro
KfW-Effizienzhaus 100 (EnEV2009)	10,00 %	7 500 Euro
KfW-Effizienzhaus 115 (EnEV2009)	7,50 %	5 625 Euro

BILD 1

BILD 2

vestitionszuschuss) in Anspruch genommen werden. In dem Fall können bis zu 2 000 Euro Zuschuss zu den Kosten für die professionelle Baubegleitung gewährt werden. Der Antrag dafür wird ausnahmsweise einmal nicht vor Beginn der Sanierungsmaßnahmen, sondern bis spätestens drei Monate nach deren Abschluss eingereicht.

Die verschiedenen Förderprogramme (inklusive einer großen Anzahl Formulare, Checklisten und Onlinerechner finden Sie auf der Internetpräsenz der Kreditanstalt für Wiederaufbau www.kfw.de/kfw_/kfw/de/Inlandsfoerderung.

Fördermöglichkeiten gibt es nicht nur für junge Familien – unseren ersten Musterbauherrn (siehe Seiten 26 ff.), sondern auch für unseren zweiten Musterfall, das Seniorenehepaar. Für den altersgerechten Umbau von Bestandsimmobilien stehen besondere Förderprogramme bereit. Mit ihrem Programm 155 (Altersgerecht umbauen – Kredit) fördert die Kreditanstalt für Wiederaufbau bauliche Maßnahmen, die das Wohnen im Alter angenehmer machen und ein dauerhaftes, selbstbestimmtes Leben ohne Einschränkungen ermöglichen, zum Beispiel

■ Anpassung von Wohnungsgrundrissen, um Bewegungsflächen zu schaffen
■ Verbreiterung von Türöffnungen
■ Erweiterung der Wohnfläche, zum Beispiel durch Ausbau von Dachgeschossen
■ Umbau von Sanitärräumen
■ Verbesserte Zugänge zu Gebäuden, Wohnungen, Balkonen und Terrassen durch Überbrückung von Stufen und Ähnliches
■ Einbau technischer Einrichtungen wie Gegensprechanlagen, Türantriebe, Aufzüge und Treppenlifter und anderes mehr.

Kosten, die mit dem altersgerechten Umbau verbunden sind, können zu 100 Prozent von der KfW bis zu einer maximalen Kreditsumme von 50 000 Euro finanziert werden.

In einem weiteren Programm bietet die KfW auch direkte Zuschüsse an. Für die gleichen Maßnahmen, die nach Programm 155 gefördert werden, kann ein Zuschuss von 5 Prozent der förderfähigen Kosten beantragt werden, sofern mindestens 6 000 Euro investiert werden. Der Höchstbetrag liegt bei 2 500 Euro Zuschuss; das entspricht einer Investitionssumme von 50 000 Euro.

BILD 1+2 Zuschüsse und günstige Darlehen für Umbau- und Sanierungsmaßnahmen können aus den unterschiedlichen Förderprogrammen der EU, des Bundes und der Länder fließen.

Und schließlich muss auch das Leben auf dem Land – unser dritter Modellfall – nicht ohne Förderung auskommen. Hier greifen insbesondere Landesmittel. Aber auch bundesweit stehen Förderinstrumente bereit, und gegebenenfalls können auch Fördermittel genutzt werden, die von der Europäischen Union bereitgestellt werden. Hierzu drei Beispiele:

1. Die Landwirtschaftliche Rentenbank (www.rentenbank.de) vergibt zinsgünstige Darlehen für „Investitionen, die den Wohn- und Lebenswert ländlich geprägter Gebiete erhöhen." Gefördert werden damit – neben anderen Maßnahmen der Dorferneuerung und Ortsbildgestaltung – Erwerb, Erhaltung und Erweiterung von landwirtschaftlich oder ehemals landwirtschaftlich genutzter Bausubstanz zur Eigennutzung als Wohnraum sowie der Wohnungsbau von Landwirten zur Eigennutzung. Ziel dieser Förderung ist es, die Wohn- und Lebensbedingungen in ländlichen Regionen Deutschlands zu erhalten und zu verbessern.

2. Das Land Baden-Württemberg fördert mit dem „Entwicklungsprogramm Ländlicher Raum" schwerpunktmäßig das Wohnen auf dem Land. Förderziel ist hierbei die „Schaffung von Wohnraum innerhalb der historischen Ortslage durch Umnutzung vorhandener Gebäude und ortsbildgerechte Neubauten in Baulücken sowie Vorhaben zur Erreichung zeitgemäßer Wohnverhältnisse (umfassende Modernisierung, Wohnumfeldverbesserung) einschließlich Grunderwerb und vorbereitenden Vorhaben wie Baureifmachung von Grundstücken." Besonderes Gewicht haben hierbei Vorhaben zur Stärkung des Ortskerns, zur Umnutzung bestehender Gebäude, die Verwendung erneuerbarer Energien bzw. nachwachsender Rohstoffe und die Anwendung umweltfreundlicher Bauweisen. Das Förderprogramm setzt ganz bewusst nicht bei flächenfressenden Neubaugebieten, sondern bei der Erhaltung und Entwicklung von Bestandsimmobilien an. Private Vorhaben im Förderschwerpunkt Wohnen können mit Zuwendungen in einer Höhe von 30 Prozent der zuwendungsfähigen Ausgaben und je Wohnung (einschließlich Grunderwerb) bedacht werden; im Falle einer Umnutzung ehemals landwirtschaftlich genutzter Gebäude mit Zuwendungen bis zu 40 000 Euro.

3. Niedersachsen hat das Programm „Dorferneuerung" aufgelegt. Ziel dieses Programms sind die „Dorferneuerung, -entwicklung und notwendige Vorarbeiten, Vorhaben zur Bewahrung und Entwicklung der Dörfer als Wohn-, Sozial- und Kulturraum und Stärkung des innerörtlichen Gemeinschaftslebens sowie zur Erhaltung des Orts- und Landschaftsbilds." Darunter fallen auch Maßnahmen zur Erhaltung, Gestaltung und Verbesserung landschaftstypischer Bausubstanz sowie Maßnahmen zur Umnutzung landschaftstypischer Anlagen (zum Beispiel Leucht- und Wassertürme, Wasser- und Windmühlen usw.). Gefördert werden in Niedersachsen nur Vorhaben in Orten mit weni-

ger als 10 000 Einwohnern. Bei denkmal-geschützten oder das Ortsbild prägenden Gebäuden wird eine Abstimmung mit der Denkmalpflege vorausgesetzt. Weitere Einzelheiten dazu lesen Sie auf der Web-präsenz des Niedersächsischen Ministe-riums für Ernährung, Landwirtschaft, Ver-braucherschutz und Landesentwicklung (www.ml.niedersachsen.de) unter dem Menüpunkt „Themen" im Untermenü „Entwicklung des ländlichen Raumes".

Die Fördervoraussetzungen und -instru-mente sind in den verschiedenen Bundes-ländern so unterschiedlich, dass sich eine genaue Recherche (auch mithilfe Ihres „Hausarztes") lohnt. Das Bundesministe-rium für Wirtschaft und Technologie hat eine Förderdatenbank zusammengestellt, in der Sie nach Fördermöglichkeiten auf den verschiedenen Ebenen und in ver-schiedenen Regionen recherchieren kön-nen: www.foerderdatenbank.de.

Steuerliche Förderung

Neben Wohn-Riester-Zulagen, die der Tilgung von Wohn-Riester-Darlehen die-nen, der Bausparförderung durch Woh-nungsbauprämien und Arbeitnehmer-sparzulagen fördert der Bund noch durch steuerliche Gestaltungsmöglichkeiten in gewissen Umfang Investitionen in die eigene Immobilie. So können etwa ange-rechnet werden:

■ Handwerkerkosten (20 Prozent der an-teiligen Lohnkosten auf Handwerkerrech-nungen, maximal bis 1 200 Euro pro Jahr) als Abzug von der Steuerschuld; am bes-ten separaten Ausweis der Lohnkosten von Anfang an vereinbaren.

■ Haushaltsnahe Dienstleistungen (20 Prozent der Lohnkosten, maximal 4 000 Euro pro Jahr) als Abzug von der Steuer-schuld.

■ Kosten von Baumaßnahmen bei denk-malgeschützten Immobilien und Gebäu-den in ausgewiesenen Sanierungsgebie-ten (sofern sie selbst bewohnt werden) durch Abzug von steuerlich abzugsfähigen Sonderausgaben (10 Jahre lang jeweils 9 Prozent der Herstellungskosten).

■ Der Kostenanteil für das häusliche Ar-beitszimmer, sofern kein anderer Arbeits-raum außer Haus zur Verfügung steht, bis 1 250 Euro jährlich, auch wenn das häusli-che Arbeitszimmer nicht der alleinige Mittelpunkt Ihrer Arbeitstätigkeit ist, als Sonderausgaben. Voll absetzbar sind die anteiligen Kosten für das häusliche Ar-beitszimmer, wenn es den alleinigen Mit-telpunkt der gesamten selbstständigen Tätigkeit darstellt.

Förderung aus EU-Mitteln

Wer in seinem Haus auf dem Land nicht nur wohnt, sondern auch Arbeitsräume für seine freiberufliche Tätigkeit oder für sein Gewerbe einrichtet, sollte prüfen, ob sich nicht eine Kofinanzierung mit Mitteln aus dem EU Programm „Regionale Wettbewerbsfähigkeit und Beschäftigung" herstellen lässt. Die Strukturförderung der Europäischen Regionalpolitik soll die Attraktivität der Regionen und Städte für Investitionen und als Arbeitsstandort erhöhen, Innovation und wissensbasierte Wirtschaft fördern und mehr und bessere Arbeitsplätze schaffen helfen. Warum also nicht das Architekturbüro mitsamt den Mitarbeitern aufs Land verlegen?

Lastenzuschuss

Eine besondere Förderung von Wohneigentum, die von den zuständigen Kommunen geleistet wird, aber auf Bundesrecht beruht, ist der Lastenzuschuss. Er kommt Immobilienbesitzern mit geringem Einkommen zugute und ist vergleichbar mit dem Wohngeldzuschuss für Mieter. Der Lastenzuschuss kann als Zuschuss zur monatlichen Belastung für Kapitaldienst und Bewirtschaftung gewährt werden. Die Höhe des Lastenzuschusses ist abhängig vom Familieneinkommen, von der Haushaltsgröße und der jeweiligen Mietenstufe der Gemeinde, in welcher der Antragsteller wohnt. Lastenzuschuss wird nur für die zu eigenen Wohnzwecken genutzten Teile des Wohneigentums gewährt, nicht für eventuell damit verbundene Wirtschaftsgebäude (zum Beispiel bei Bauernhöfen) oder gewerblich genutzte Räume. Die Berechnung richtet sich nach den maßgeblichen Kosten des Wohnens,

die das Wohngeldgesetz (WoGG) und die Wohngeldverordnung festlegen. Ein Nachrechnen lohnt sich. Besonders in Fällen, wo vorübergehend nur ein Familienmitglied Einkommen zur Familienkasse beisteuern kann oder durch Berufswechsel vorübergehende oder auch dauerhafte Einkommenseinbußen eintreten.

In einem „amtlichen" Rechenbeispiel darf bei einem Vierpersonenhaushalt in einer Gemeinde der höchsten Mietstufe (6) – zum Beispiel Garmisch-Partenkirchen, München, Wiesbaden oder Buchholz in der Nordheide – mit nur einem Verdiener, der Steuern sowie Beiträge zur Kranken- und Rentenversicherung zahlt, das monatliche Bruttoeinkommen (ohne Kindergeld) 2 714 Euro betragen, um noch in den Genuss des Lastenzuschusses für die selbstgenutzte Wohnimmobilie zu kommen.

Die Wohngeldverordnung einschließlich Anhang mit den Mietstufen aller deutschen Kommunen finden Sie unter: www.gesetze-im-internet.de/wogv/index.html.

 ERST DIE FINANZIERUNG, DANN DAS PROJEKT

Unterschreiben Sie keine Verträge, Verpflichtungen, Erklärungen, selbstschuldnerische Bürgschaften oder Ähnliches, bevor Ihre Gesamtfinanzierung auf soliden Beinen steht. Die Finanzanalyse ist noch nicht die Finanzierung. Erst nach der Gebäudeanalyse wissen Sie genauer, welche weiteren finanziellen Belastungen aufgrund von Sanierungsmaßnahmen auf Sie zukommen können.

SCHRITT 3: EXPERTENSUCHE

Finden Sie einen Altbauexperten – Ihren „Hausarzt"! Schon in den beiden vorangegangenen Schritten hat sich immer wieder herausgestellt, dass man ohne Expertenhilfe nicht weiterkommt.

Zwei Fragen harren also zunächst der Beantwortung:

- Welche Experten brauche ich?
- Wie finde ich sie?

Die richtigen Partner

Wozu wird jetzt ein Experte benötigt? Was geht nicht ohne ihn? Oder was ist ohne ihn zumindest sehr riskant?

Im günstigsten Fall erwerben Sie ein fast neues Haus. Das ist dann zwar auch eine gebrauchte Immobilie, aber mit ihr verhält es sich so wie mit dem Jahreswagen in der Menge der Gebrauchtwagen. Dieses „Jahreshaus" hat noch nicht allzu viel auf dem Tacho. Und wenn es keine gravierenden Herstellungsfehler gibt, dürften sich der Sanierungs- und Modernisierungsbedarf in Grenzen halten. Aber gerade die gravierenden Baumängel sind bedauerlicherweise auch bei neuen Bauten nicht auszuschließen. Der Gang durch das Haus sollte also auch bei einem neueren Gebrauchthaus nicht ohne einen Experten angetreten werden. Vielleicht nehmen Sie sich – wenn Sie weiter gehende Wünsche zur Innenraumgestaltung haben – einen Innenarchitekten zur Hilfe.

Architekten

Einen Architekten zur Besichtigung mitzunehmen, ist nicht umsonst. Das gilt in des Wortes Doppelsinn. Der Stundensatz von 65 bis 95 Euro, von dem Sie üblicherweise ausgehen können, ist gut angelegtes Geld. Denn selbst wenn in einem fast neuen Haus auch noch fast alles in Ordnung ist, wird kompetenter Rat Ihnen helfen, die neuralgischen Punkte Ihres neuen – gebrauchten – Hauses zu finden. Auf diese Weise lernen Sie Ihr Haus besser kennen, als Sie es sonst kennen gelernt hätten, und Sie können sich eine Liste der wichtigsten Stellen erarbeiten, die Sie in den nächsten Jahren besonders im Auge behalten müssen.

Wenn das Haus älter als 20 Jahre ist, werden sich mit Sicherheit Bauteile und Teile der Gebäudetechnik in einem Zustand befinden, der einen Modernisierungs- und Sanierungsbedarf in naher Zukunft erwarten lässt. Risse im Mauerwerk, Schäden an der Dachhaut, Feuchtigkeitsprobleme in der Dachzone oder im Keller nehmen zu, je älter ein Haus ist. Die Beurteilung der Substanz und eine erste Abschätzung der Instandsetzungsmöglichkeiten und -kosten sollte ein Architekt vor der Kaufentscheidung vornehmen. Aber auch, wenn Sie schon Eigentümer der Immobilie sind oder im Erbgang gerade im Begriff stehen, in den Besitz eines gebrauchten Hauses zu kommen: Verzichten Sie nicht darauf, Ihr Haus zusammen

mit einem Architekten zu begehen. Hängt gar Ihre Kaufentscheidung davon ab, dass bestimmte Umbauten vorgenommen werden, um Ihr Raumprogramm umzusetzen, kann Ihnen ein Architekt bei der Erstbegehung schon vor Ort sagen, ob Sie Luftschlösser bauen oder ob realistische Aussichten bestehen, Ihre Vorstellungen umzusetzen. Das gilt in besonderem Maße, wenn eingreifende Veränderungen an der Immobilie vorgenommen werden müssen, damit sie den Anforderungen einer teilgewerblichen Nutzung gerecht wird. Dank der Fähigkeit, Veränderungen in der architektonischen Struktur und in der Gebäudenutzung, die vielleicht erforderlich sein werden, kreativ vorwegzunehmen, empfiehlt sich der Architekt als „Hausarzt".

Bauingenieure

Bauingenieure sind akademisch (an Universitäten oder Fachhochschulen) ausgebildete und graduierte Fachkräfte, die sich mit Planung, Konstruktion und Berechnung, Herstellung und Betrieb von Bauwerken des Hoch-, Tief- und Wasserbaus beschäftigen. Bauingenieure werden in verschiedenen Spezialisierungsrichtungen ausgebildet. Im Hochbau ist der Spezialist für konstruktiven Ingenieurbau gefragt. Hier ist er für die Tragwerksplanung verantwortlich, wobei es dabei wiederum Spezialisten für Massivbau, Stahlbau und Holzbau gibt.

Gestalterische und ästhetische Parameter sowie Besonderheiten der Nutzung werden dem Bauingenieur in der Regel vom Architekten vorgegeben und in Zusammenarbeit mit ihm auch umgesetzt – oft auch innerhalb eines Büros.

Eine wichtige Spezialisierung im Bauingenieurwesen ist die Richtung „Baubetrieb und Bauleitung". Der Bauingenieur übernimmt dabei die Leitung des Projekts (oder eines Projektteils) und geleitet die Baumaßnahmen durch die einzelnen Projektphasen. Er koordiniert und kontrolliert die einzelnen Bauabläufe und Gewerke. Daneben zählen auch die Ausschreibung, Vergabe und Bauabrechnung zu den Kompetenzfeldern dieser Spezialisierung. Er kalkuliert Baupreise und stellt Ausschreibungsunterlagen zusammen. Gerade dank dieser Befähigung zu kalkulieren, die Bauabläufe zu koordinieren und zu kontrollieren sowie Abrechnungen zu erstellen, könnte auch ein Bauingenieur zum idealen „Hausarzt" für Sie werden.

KOMBINIERTE KOMPETENZEN

Die Entscheidung, einen Architekten oder einen Bauingenieur zu suchen, muss kein Entweder-oder sein. Genauso wie niedergelassene Ärzte nicht nur in einer Einzelpraxis agieren, sondern sich in Praxisgemeinschaften (etwa aus Allgemeinmediziner und Internist) zusammenschließen, so finden Sie auch Architekturbüros, die unterschiedliche Kompetenzen (Architektur, verschiedene Disziplinen des Bauingenieurwesens, Vermessung, Zeichnung) bündeln und Ihnen ihren gesamten Kompetenzfächer zur Verfügung stellen.

Wie finden Sie Ihren „Hausarzt"?

Wenn Sie einen „Hausarzt" für Ihre Immobilie suchen, erwarten Sie zu Recht fachlichen Sachverstand und soziale sowie menschliche Kompetenz. Es ist nützlich, sich bei der Suche nach einem Experten für Ihr Haus an ähnlichen Kriterien zu orientieren wie bei der Suche nach einem Mediziner, der sich um Ihre Gesundheit und das gesundheitliche Wohlergehen Ihrer Familie kümmert.

Sie müssen ein Vertrauensverhältnis zu Ihrem „Hausarzt" herstellen. Auf welcher Basis soll dieses Vertrauen aufgebaut werden? Selbstverständlich kann Sie dieser Ratgeber nicht zu einem Kontrolleur von Altbauexperten qualifizieren. Dieser Ratgeber ersetzt auch nicht das Fachwissen, über das ein Altbauexperte verfügt – anders gesagt: Das Buch macht den Experten nicht überflüssig.

Vertrauen zu einem Altbauexperten kann sich nur einstellen, wenn Sie wissen, was Ihr „Hausarzt" tut, warum er es tut und wie er es tut. Transparenz herzustellen ist also die erste und entscheidende vertrauensbildende Maßnahme.

Auf den ersten Blick scheint es einfach zu sein, einen „Hausarzt" für die eigene Immobilie zu finden. Genügt nicht ein einfacher Blick in die „Gelben Seiten", um einen Sachverständigen vor Ort zu finden?

Das Bauwesen – namentlich die Wertermittlung von bebauten und unbebauten Grundstücken sowie die Begutachtung von Bauschäden – gehört in Deutschland zu den klassischen Domänen des Sachverständigenwesens. Der Begriff „Sachverständiger" ist aber in Deutschland, Österreich und Liechtenstein nicht geschützt. Jeder darf sich hier Sachverständiger nennen, der sich in der Lage fühlt, „einen Nachweis der besonderen Sachkunde" zu führen. Unübersichtlich wird die Lage in Deutschland, weil es mehrere Ebenen der Anerkennung und Zertifizierung gibt und auch innerhalb dieser Ebenen zahlreiche Behörden und Verbände miteinander konkurrieren. Man unterscheidet in Deutschland:

■ EU-zertifizierte Sachverständige gemäß ISO 17024. Seit 1. Januar 2010 ist die Deutsche Akkreditierungsstelle (DAkkS) die einzige nationale Institution. Vorgängerinstitutionen wie der Deutsche Kalibrierdienst und die Trägergemeinschaft für Akkreditierung sind in der DAkkS aufgegangen; dadurch gelten deren Zertifizierungen bis zu ihrem Ablauf weiter. Die von der DAkkS vorgenommenen Personenzertifizierungen gelten in Deutschland als die höchste erreichbare Qualifikation in Bezug auf Niveau und Aktualität des Fachkundenachweises. EU-zertifizierte Sachverständige unterwerfen sich aufgrund privatrechtlicher Verträge der Überwachung durch eine Zertifizierungsstelle, die oft strenger ist als die öffentlich-rechtliche Überwachung.

■ Staatlich anerkannte Sachverständige. Sie unterliegen staatlicher Aufsicht und nehmen hoheitliche Aufgaben wahr. Ihr Titel ist gesetzlich geschützt. Staatlich anerkannte Sachverständige gibt es in

Deutschland zum Beispiel für Schall- und Wärmeschutz, für die Prüfung der Standsicherheit in den Fachrichtungen Massivbau, Metallbau und Holzbau, für die Prüfung des Brandschutzes, für Erd- und Grundbau.
- Öffentlich bestellte und vereidigte Sachverständige. Ihr Titel ist gesetzlich geschützt. Zu ihren Grundpflichten gehören Objektivität, Unparteilichkeit und Weisungsfreiheit. In Gerichtsverfahren werden im Regelfall öffentlich bestellte und vereidigte Sachverständige beauftragt. Ihre Bestellung kann durch die Kammern (zum Beispiel IHK, Handwerkskammer, eine Architekten- oder Ingenieurkammer) oder durch das Regierungspräsidium eines Landes erfolgen. Hinsichtlich Sachkunde und Eignung muss sich der öffentlich bestellte und vereidigte Sachverständige gesetzlich vorgeschriebenen Standards unterwerfen;
- Verbandsanerkannte Sachverständige arbeiten als freie Sachverständige und genießen die Anerkennung renommierter Berufsverbände. Dazu gehören unter anderem die Deutsche Sachverständigen Gesellschaft, der Bundesverband deutscher Sachverständiger und Fachgutachter, der Berufsfachverband für das Sachverständigen- und Gutachterwesen.
- Freie Sachverständige verfügen entweder über eine Qualifizierung als Meister (für handwerksbezogene Gutachten) oder ein abgeschlossenes Ingenieurstudium (für technische und bautechnische Fragen) und sollten neben langjähriger Berufserfahrung auch einen fortgesetzten Praxisbezug und aktuelle Kenntnisse der geltenden Normen und technischen Standards des jeweiligen Spezialgebiets dokumentieren können.
- Behörden können kraft ihrer Berechtigung, hoheitliche Aufgaben wahrzunehmen, auch in der Rolle von Sachverständigen auftreten.

Architekten und Ingenieure, die als Sachverständige tätig werden, können in Deutschland eine Zulassungsprüfung absolvieren, die ihnen das Tragen des Titels „staatlich anerkannter Sachverständiger" erlaubt. Eine Voraussetzung, um als Sachverständiger arbeiten zu dürfen, ist diese staatliche Anerkennung allerdings nicht – und sie kann auch nicht als absolutes Qualitätsmerkmal herangezogen werden.

Darüber hinaus lassen sich nicht nur einzelne Personen, sondern Planungs- und Ingenieurbüros zertifizieren; dadurch wird deren Qualifikation vergleichbaren Standards unterworfen.

Diese allgemeinen, formellen Qualifikationen reichen aber nicht aus, um die tatsächliche Eignung eines Experten für Ihren persönlichen Immobilienplan zu gewährleisten. Sie sollten bei der Suche nach Ihrem „Hausarzt" vor allem von einer Grundvoraussetzung ausgehen: Besitzt der Experte eine hinreichend dokumentierte Qualifikation und Erfahrung im Altbau?

Um beim Beispiel aus der Humanmedizin zu bleiben: Mit Zahnschmerzen werden

Sie einen Zahnarzt aufsuchen, keinen Orthopäden, mag der Orthopäde auch ein noch so hoch qualifizierter Spezialist sein.

Eine zweite Frage ist: Reicht eine Gebäudediagnose in Form eines Sachverständigengutachtens aus? Brauchen Sie nicht vielmehr auch einen Therapievorschlag? Und – wie beim Zahnarzt bei prothetischen Leistungen üblich – einen Kostenplan, die Sie über die anstehenden finanziellen Belastungen informiert?

Die Tabelle „Kompetenzerwartung" (siehe Seite 65) dient nicht dazu, den Altbauexperten, die Sie in die engere Wahl ziehen, Schulnoten zu geben. Sie soll nur als eine Art Gedächtnisstütze fungieren, mit deren Hilfe Sie die Eindrücke, die Sie aus den ersten Gesprächen mit Experten gewinnen, ein wenig systematisieren können. Ob der Architekt wirtschaftlich kompetent ist, werden Sie nicht auf die Schnelle umfassend beurteilen können; wohl aber können Sie notieren, ob Wirtschaftlichkeitsüberlegungen bei ihm eine Rolle spielen und ob seine Rechenexempel für Sie transparent werden. Welchen ästhetischen Rang Ihr „Hausarzt" als Architekt, als „Baukünstler" hat, können Sie selbst nicht umfassend beurteilen, aber ob seine architektonische Ästhetik zu Ihnen passt, können Sie in der Tabelle notieren.

Wenn Sie auf die Suche nach Ihrem „Hausarzt" gehen, nutzen Sie am besten selbst alle Möglichkeiten der Vernetzung. Informieren Sie sich im Internet: Architekten, die sich auf Bauen im Bestand spezialisiert haben, werden mit ihrem Spezialwissen nicht hinter dem Berg halten und ihre Altbauerfahrung durch Referenzen nachweisen. Schauen Sie sich diese Referenzobjekte genauer an. Suchen Sie Kontakt zu Bewohnern, Nutzern oder Bauherren der Referenzobjekte. Es ist mit einem Architekten wie mit dem Arzt oder dem Rechtsanwalt des Vertrauens: Wer mit ihm zufrieden ist, empfiehlt ihn auch gern weiter. Die Praxis ist das ausschlaggebende Kriterium.

Wie wichtig die möglichst frühzeitige Einschaltung eines Altbauexperten beim Bauen im Bestand ist, hat etwa die Architektenkammer Thüringen dargestellt. Nach ihrer Berechnung sind fast 80 Prozent aller Folgekosten, die durch Sonderlösungen oder durch zeitlichen Verzug im Bauablauf ausgelöst werden, letztlich auf mangelnde oder unzureichende Bestandsaufnahmen vor Beginn des Umbaus oder der Sanierungsmaßnahme zurückzuführen.

◥ FACHWISSEN FÜR DIE KAUFVERHANDLUNG

Beraterhonorare für einen Architekten oder Bauingenieur, der Sie bereits von der ersten Besichtigung an begleitet, sind im Regelfall schon allein deshalb gut angelegtes Geld, weil Ihnen das Expertenwissen in den Verhandlungen mit dem Verkäufer eine wesentlich festere Position gibt, als wenn Sie allein als kaufinteressierter Laie auftreten. Achten Sie aber darauf, dass Sie den Verkäufer nicht gleich zu massiv unter Druck setzen, er könnte sich sonst auch „über den Tisch gezogen" fühlen und die Verhandlungen mit Ihnen abbrechen.

·Der Bundesarbeitskreis Altbauerneuerung (BAKA e.V.) unterhält auf seiner Seite **www.bakaberlin.de** eine Datenbank mit Architekten, die für den Umgang mit Altbauten besonders qualifiziert sind.

Auch die Architektenkammern der Länder präsentieren auf ihren Webseiten in den meisten Fällen spezielle Informationen für Bauherren. Meistens liegen diese Informationen servicefreundlich ziemlich leicht sichtbar an der Oberfläche der Navigation, in wenigen Fällen muss man etwas länger suchen. Oft werden auf diesen Bauherrenseiten auch Architekten- und Sachverständigenverzeichnisse gepflegt und für Recherchen angeboten.

Weitere Informationen und Links, die Sie bei der Suche nach dem richtigen Experten unterstützen, finden Sie im Anhang ab Seite 161.

KOMPETENZERWARTUNG AN DEN „HAUSARZT"						
	-1 un- wichtig	**0** wenig wichtig	**1** wichtig	**3** sehr wichtig	**Punkte SOLL**	**Punkt IST**
Spezialausbildung / Berufsbild					3	
Erfahrung im Altbau					3	
Referenzen (mindestens 3)					3	
Qualifiziert als Architekt					3	
Qualifiziert als Bauingenieur					3	
Experte für Energieeffizienz					3	
Experte für Nachhaltigkeit					3	
Gebäude-Diagnosefähigkeit					3	
Soziale Kompetenz					3	
Wirtschaftliche Kompetenz					3	
Netzwerk und Mitgliedschaften					3	

TRAUMHAUS –
ABER WIE?

Bis zu diesem Zeitpunkt sollte noch nichts Unumkehrbares passiert sein. Denn jetzt kommt der entscheidende Schritt an der Wegscheide zwischen Ja oder Nein zum gebrauchten Haus.

SCHRITT 4: GEBÄUDEDIAGNOSE

Diesen Schritt können Sie nicht ohne Ihren „Hausarzt" beziehungsweise Bauexperten gehen. Er analysiert den Ist-Zustand des Gebäudes. Er findet Stärken und auch mögliche Schwachstellen. Gesichtspunkte wie Zustand der Bausubstanz und der Tragstruktur, Funktionstüchtigkeit einzelner Bauteile und der technischen Ausrüstung gehen in seine Diagnose ein. Nur mittels dieser Diagnose ist es möglich, alle Risiken (beispielsweise die verbleibende Lebensdauer der verschiedenen Bauteile, die Belastbarkeit des Tragwerks oder eventuellen Schädlingsbefall) zu erkennen und auszuschließen. Ihr Baufachmann untersucht die konstruktiven und bauphysikalischen Eigenschaften des Hauses und macht Ihnen Therapievorschläge, die auch Ideen umfassen, wie vorhandene Konstruktionen und Bauteile sinnvoll in die Planung

einbezogen und für die neue Nutzung des historischen Bestands aktiviert werden können.

Auch wenn Sie das Haus bereits besitzen, verschließen Sie die Augen nicht vor der Wirklichkeit! Wohl spielen – zum Beispiel bei einer ererbten Immobilie – nicht nur sachlich-wirtschaftliche, sondern auch emotionale Faktoren eine große Rolle, doch kann das Ignorieren angegriffener Bausubstanz sehr schnell zu einem wirtschaftlichen Desaster werden.

Selbst wenn Sie das Haus schon jahrelang bewohnen: Vielleicht beschleicht Sie erst jetzt das unsichere Gefühl, dass am Haus „etwas gemacht" werden müsste. Unsichere Gefühle sind ein schlechter Ratgeber für Investitionsentscheidungen. Vor jeder Sanierung oder Modernisierung sollte eine Begutachtung durch den Fachmann stehen. Fassen Sie nichts an! Das können Sie wörtlich und im übertragenen Sinn verstehen.

Als gesundheitsbewusster Mensch werden Sie sich mehr oder weniger regelmäßig einer Vorsorgeuntersuchung unterziehen. Sie tun das, weil Sie selbst kein Arzt sind und wissen, dass es Erkrankungen gibt, die sich unbemerkt anschleichen, ohne dass man selbst deutliche Krankheitsanzeichen bemerkt.

Als Autofahrer bringen Sie Ihr Fahrzeug regelmäßig zur Inspektion. Sie tun das nicht nur, weil das Gesetz Sie dazu verpflichtet, sondern weil Sie wissen, dass Verschleißerscheinungen und verdeckte Schäden unmerklich die Verkehrs- und Betriebssicherheit des Fahrzeugs herabsetzen können, ohne dass gleich etwas klappert oder ein Blech abfällt.

Ein gebrauchtes Fahrzeug werden Sie wahrscheinlich auch nicht allein deshalb kaufen, weil Ihnen der Lack besonders gut gefällt und der Eigentümer versichert, dass der technische Zustand „wie neu" sei: Sie werden vielmehr wenigstens einen Blick unter die Motorhaube werfen, an den kritischen Stellen nach Rost oder „verschleiernden" Reparaturen suchen, den Wagen auf eine Bühne fahren und von unten betrachten und auf einer Probefahrt bestehen. Am sichersten fahren Sie aber, wenn Sie auf dieser Probefahrt den Wagen in einer Werkstatt vorstellen.

Warum sollten Sie sich beim Kauf eines gebrauchten Hauses anders verhalten? Es mag immer noch Menschen geben, die eine Immobilie nach Verkaufsprospekt oder Exposé des Maklers kaufen, ohne je vor Ort gewesen zu sein und auch nur einen Blick auf das Anwesen geworfen zu haben. Aber das ist bei einer Investition dieses Ausmaßes überaus fahrlässig.

Besichtigen und entscheiden?

Am Ende dieses vierten Schrittes soll eine Entscheidung stehen. Damit ist klar, dass Sie sich jetzt die Kriterien erarbeiten müssen, anhand derer Sie Ihre Entscheidung fällen.

Einen Teil der Vorarbeit haben Sie schon geleistet. Sie haben ein Raumprogramm aufgestellt und den Rahmen Ihrer finanziellen Möglichkeiten gecheckt. Sie haben sich mit Ihrem persönlichen Bauherrenprofil beschäftigt und einen „Hausarzt" für Ihr gebrauchtes Haus gefunden. Jetzt muss das Gebäude selbst darauf hin abgeklopft werden, ob es zu Ihnen passt und ob es den Anforderungen, die Sie in Ihrem Raumprogramm in Schritt 1 formuliert haben, gerecht werden kann.

Vom Keller bis zum Dach

Die erste und wichtigste Grundregel für die Gebäudeanalyse lautet: Fassen Sie nichts an! Das gilt besonders dann, wenn Sie das Haus schon besitzen und sich nachträglich zu einer Gebäudeanalyse entschließen. Es ist ein Irrtum zu meinen, Sie müssten alles erst einmal schön durchputzen, bevor Sie den Gutachter ins Haus lassen. Schon das Ausfegen des Dachbodens oder die Grundreinigung des Kellers kann

Befunde verfälschen oder verschleiern. Vielleicht sind die vermeintlichen Spinnweben, die Sie beseitigen, ja in Wirklichkeit das Myzel des Echten Hausschwamms? Lassen Sie Ihren „Hausarzt" den Patienten so sehen, wie Sie ihn selbst vorgefunden haben. Für den „Hausarzt" ist auch die konkrete Fundsituation wichtig. Darin besteht eine gewisse Ähnlichkeit zur Archäologie: Nicht nur das historische Artefakt selbst ist wichtig, sondern auch die Lage, in der es gefunden wurde, erlaubt Rückschlüsse auf Zusammenhänge. Archäologen pflegen daher die Fundsituation zunächst genau zu dokumentieren, bevor sie das Fundstück selbst aus der Erde heben. Auch der Kriminaltechnik ist das Vorgehen des Hausarztes verwandt.

Wenn Sie das Haus zusammen mit Ihrem Hausarzt begehen, wird er vermutlich nicht schweigend hinter Ihnen her trotten, sondern er wird sprechen – und was er sagt, wird Sie vielleicht nicht unbedingt erfreuen – und Sie auf den einen oder anderen Schaden aufmerksam machen. Das ist der Auftakt zur Gebäudediagnose, ohne die Sie keine seriöse Basis für Entscheidungen haben. Weder können Sie ohne Gebäudediagnose entscheiden, ob das Haus wirklich allen Anforderungen genügt, die Sie in Ihrem Raumprogramm gestellt haben, noch ob es in den nächsten Jahrzehnten „in Treue zu Ihnen steht". Weder können Sie einen konkreten Sanierungsbedarf angeben noch eine realistische Kostenschätzung über die Sanierungskosten anstellen.

 **GEBRAUCHT WIRKLICH GÜNSTIGER?**

Wenn Sie ein gebrauchtes Haus überwiegend wegen der geringeren Anschaffungskosten erwerben wollen, müssen Sie nach der Gebäudediagnose unbedingt noch einmal nachrechnen. Die Sanierungskosten müssen auf den Quadratmeter Nutzfläche umgelegt werden. Der Vergleich mit dem Neubau hinkt dennoch meist, weil die Altbauqualität in einem individuellen Neubau viel teurer bezahlt werden müsste als beim Standard-Neubau.

Eine erste Besichtigung des Hauses bringt keinen endgültigen Aufschluss über seine Beschaffenheit, aber sie lässt erste Hinweise darauf zu. Wenn Sie die Schrittfolge eingehalten haben, die wir Ihnen hier vorschlagen, dann haben Sie bereits mithilfe einer Checkliste (unter Punkt 7) innerhalb Ihres Bauherrenprofils Vorarbeit geleistet; sollten Sie bis jetzt noch nicht dazu gekommen sein, ist jetzt der richtige Zeitpunkt, die Checkliste bei einer Begehung zu nutzen.

Rund um das Haus

Die unmittelbare Umgebung des Hauses und des Grundstücks bestimmen schon einmal den ersten Eindruck, den man von einer Immobilie gewinnt.

Vernachlässigen Sie nicht die nähere Umgebung Ihres Hauses. Beginnen Sie Ihre Inspektion generell mit einer Besichtigung des Grundstücks. Sofern Ihnen Pläne vorliegen, vergleichen Sie die Zeichnung mit

BILD 1

BILD 2

BILD 3

der Wirklichkeit. Ist alles zu finden, was in den Plänen steht? Befinden sich Objekte auf dem Grundstück, die nicht auf dem Plan verzeichnet sind?

Die ersten genaueren Blicke gelten auch dem Äußeren des Hauses. Neben dem Zustand der Fassade kommen die Dachdeckung, die Entwässerung, die Fenster und die Haustür sowie die Beschaffenheit des Sockels in den Blick.

■ Feuchte Stellen und Ausbesserungen bedeuten Probleme mit der Isolierung.

■ Risse im Sockel treten besonders bei älteren Häusern auf; genauer wäre zu untersuchen, ob Setzungsrisse vorliegen.

■ Allen „besonderen" Fassadenteilen (Balkon, Vordächer, Erker) und den Öffnungen (Fenster, Türen) sowie Terrassen und Anbauten (Garagen, Nebengebäude) gilt besondere Aufmerksamkeit.

Keller

In größeren Häusern befinden sich im Keller die früher so genannten Nebennutzflächen (Lager- und Vorratsräume, Waschküche und ähnliche) und die technischen Funktionsflächen (Heizung). Für Kellerräume sind Feuchteschäden typisch. Auch wenn man nicht damit rechnen darf, einen ungeheizten Keller „wohnraumtrocken" vorzufinden, hinterlassen doch beispielsweise anstehende Bodenfeuchte und nichtstauendes Sickerwasser ebenso ty-

pische Schadenbilder (gleichmäßige oder fleckenförmige, meist bis fast zur Geländehöhe reichende Durchfeuchtung der Wand) wie von außen drückendes Wasser oder aufstauendes Sickerwasser (Feuchtigkeitsränder im Bodenbereich).

Die Keller der meisten bis etwa 1950 gebauten Häuser haben einen Boden aus Lehm oder Stampfbeton, der weder wärmegedämmt noch gegen Erdfeuchte isoliert ist. Überall, wo Holzteile mit durchfeuchteten Bauteilen in Berührung kommen, ist besondere Aufmerksamkeit angezeigt: Hier herrschen günstige Lebensbedingungen für den Echten Hausschwamm und andere Holz zerstörende Pilze.

Kellerfenster und Lüftungsöffnungen sind oft ein Problemfall in den Kellern alter Häuser. Nicht selten findet man Lüftungsöffnungen nachträglich verstopft, Kellerfenster hingegen als Einfallstore für Feuchtigkeit vor. Besondere Aufmerksamkeit verdienen im Keller verlegte Rohre und Kabelbäume: einerseits hinsichtlich ihrer Beschaffenheit (Material und eventuelle Korrosionsschäden), andererseits wegen der Art der Verlegung und Isolation (Schwitzwasser).

Die einzelnen Geschosse

In den einzelnen Etagen des Hauses achtet man gewöhnlich zuerst auf den Zustand der Wände, Böden und Decken,

Bild 1–3 Bauteile aus Holz sind – auch hinter Putz! – anfällig für Feuchtigkeit und Schädlingsbefall und bedürfen einer besonders sorgsamen Sanierung und Konservierung.

sodann meist auf die Fenster und Türen. Nicht vergessen werden dürfen die Sanitäreinrichtungen und die Elektroinstallationen. Oft deutet schon der Augenschein auf einen gewissen Wartungsstau hin. Zwar lässt sich bei einer äußerlich tadellos gepflegten Installation nicht mit Sicherheit ausschließen, dass es noch verdeckte Mängel geben kann. Aber wenn umgekehrt schon der Augenschein diverse Schäden erkennen lässt, wird niemand ernsthaft davon ausgehen können, dass alles tipptopp ist.

■ Einfach verglaste und zudem nicht dicht schließende Fenster bedeuten regelmäßig einen großen Energieverlust, also enorme Heizkosten.

■ Lassen Sie sich einen nach der Energieeinsparverordnung (EnEV) in ihrer jeweils neuesten Fassung ausgestellten Energieausweis vorlegen.

■ Besonders viel Aufmerksamkeit muss aufgewendet werden, wenn das Haus noch möbliert ist. Schadstellen an den Dielen können sich unterm Teppich verbergen, ohne dass der Vorbesitzer das arglistig verschweigen wollte. Auch hinter Möbeln bilden sich Schadstellen oft unbemerkt.

■ Wie sehen die elektrischen Installationen aus? Wie viele Anschlüsse gibt es? Welche Kabel wurden verlegt?

■ Stimmen die angegebenen Raumgrößen? Wenn Sie die Begehung gemeinsam mit Ihrem Hausarzt durchführen, wird er sicher ein elektronisches Messinstrument dabei haben, das eine schnelle Kontrolle der angegebenen Raumgrößen erlaubt, ohne dass Sie umständlich Maßband oder Zollstock bemühen müssen.

■ Wie laut ist die Treppe? Knarren die Dielen deutlich hörbar? Was kann man an Geräuschen aus dem Nebenzimmer wahrnehmen? Mit anderen Worten: Wird eine zusätzliche Schalldämmung erforderlich sein? Einen ersten unmittelbaren, gleichsam sinnlichen Eindruck bekommen Sie so – auch ohne exakte Messungen – von den Schallverhältnissen im Haus.

Dachgeschoss und Dach

Das typische Dach eines unsanierten Altbaus sieht so aus, wie man es aus alten Filmen kennt, in denen Kinder auf Dachböden spielen und Geheimnisvolles entdecken. Der Dachboden wird zum Wäschetrocknen verwendet, weil er gut unterlüftet ist, und zum Lagern von allerlei Kram – in manchen Regionen heißt er darum auch Speicher.

Die oberste Geschossdecke ist in der Regel nicht gedämmt, das Dach selbst auch nicht – der einzige Vorteil des ungedämmten Daches ist, dass man Schäden in der Deckung – zum Beispiel nach heftigen Stürmen – sofort von innen bemerkt.

Die Dämmung des Daches ist ein relativ junges Kind der Baugeschichte. Beispielsweise ist das Anbringen von Kunststoffdachbahnen erst seit etwa 1970 aufgekommen. Manche dieser Kunststoffbahnen sind mittlerweile verschlissen oder undicht. Manchmal hat eine unsachgemäße Verarbeitung von Dämmstoff und

Folien das Sanierte bereits wieder zu einem neuen Sanierungsfall werden lassen. Ein gedämmtes Dach gibt seine Fehler und Schwächen oft nicht dem Augenschein preis; untersuchen lassen muss es sich aber trotzdem.

Technische Anlagen / Installationen

Die technischen Anlagen, die Sanitär- und Elektroinstallation sind oftmals gravierende Schwachpunkte in einem alten Haus. Insbesondere bei den Heizungsanlagen schreitet die Technik so rasch voran, dass 20 Jahre alte Kessel heute bereits als veraltet gelten müssen. Anlagen, die vor dem 1.10.1978 gebaut wurden, dürfen bis auf wenige Ausnahmen nicht mehr betrieben werden. Auch der Zustand der (ungedämmten) Rohrleitungen entspricht oft nicht mehr dem heutigen Stand der Technik. Hier treten erhebliche Energieverluste auf. Schließlich müssen auch noch Klima- und Lüftungsanlagen beachtet werden. Gerade ältere Klimaanlagen sind ausgesprochene Energiefresser.

Systematische Gebäudediagnose

Die systematische Gebäudediagnose beginnt mit einer detaillierten Zustandsanalyse. So viele Details wie möglich so exakt wie möglich – dieser Grundsatz muss die Diagnose immer beherrschen. Denn davon hängt die Qualität möglicher Erneuerungsmaßnahmen an Altbauten entscheidend ab.

Mittels der Gebäudediagnose wird nicht nur der gegenwärtige Zustand des Gebäudes beschrieben, sondern gleichsam eine „Patientenakte" angelegt, die das Gebäude über seinen gesamten Lebenszyklus hinweg begleitet. Die Gebäudediagnose stellt also nicht nur die Kauf- und Sanierungsentscheidung auf eine solide, sachbezogene Basis, sie erlaubt auch überhaupt erst, den weiteren Lebenszyklus der Immobilie strategisch zu planen und zu begleiten. Das reicht von der ersten Entwurfsplanung über die Finanzierung bis zur Bewirtschaftung. Wie jeder gute Mediziner wird auch der „Hausarzt" nicht nur die akuten Beschwerden seines Patienten diagnostizieren und therapieren, sondern auch daran interessiert sein, dass sein Patient ein langes Leben bei guter Gesundheit führen kann.

Erstes Zwischenziel der qualifizierten Gebäudediagnose ist DAS SCHWÄCHEN-STÄRKEN-PROFIL (SSP). In diesem Profil werden so unterschiedliche Gegebenheiten wie

- Schwachstellen und Bauschäden
- besondere Risiken
- verwendete Materialien
- Nutzungsanforderungen
- Erhaltenswertes und immaterielle Werte

erfasst, beurteilt und gegeneinander abgewogen.

Damit wird es zum Ausgangspunkt für einen konkreten Sanierungsfahrplan, der auch Eigenleistungen, Fördermittel und Energiesparpotenziale einbezieht. Das Schwächen-Stärken-Profil (Abbildung siehe Seiten 74/75) widmet sich sieben unterschiedlichen Diagnosekomplexen:

■ A – Abdichtung/Feuchtigkeit: Hier werden alle Bauteile erfasst, die gegen Feuchtigkeit geschützt und isoliert werden müssen.

■ B – Fassade/Außenhaut: Hier werden die Hülle des Gebäudes und die thermischen Eigenschaften erfasst.

■ C – Konstruktion/Mauerwerk/Decken: Tragende und nicht tragende Bauteile innerhalb der Gebäudehülle werden analysiert und Oberflächen beschrieben.

■ D – Gebäudetechnik (Heizung, Sanitärtechnik, Lüftung, Elektrotechnik)/Ausstattung: Hier wird der Zustand der technischen Anlagen dokumentiert.

■ E – Außenanlagen: Hier findet der Zustand von Garten und Einfriedung sowie der Grundleitungen Eingang.

■ F – Grundstück und Erschließung: Hier werden neben der städtebaulichen Situation vor allem die Erschließung durch Straßen und Wege sowie die Erschließung durch Medien dargelegt.

■ G – Immaterielle Wertigkeit/Architektur/Raumgrößen: Hier können Angaben zur Architektur und/oder zu künstlerisch gestalteten Bauteilen gemacht werden.

Für die Einschätzung gilt jeweils: Je breiter der rote Balken verläuft, desto bedenklicher ist die Substanz der untersuchten Bauteile; Investitionen werden absehbar notwendig sein.

Je breiter der blaue Balken verläuft, desto besser ist die Substanz erhalten und desto geringer folglich der Sanierungs- und Renovierungsbedarf.

Ziel der Sanierungsmaßnahmen muss es also sein, den Zustand aller Bauteile möglichst in den blauen Bereich zu versetzen. Im Einzelnen bedeuten die Noten:

–5: Zustand mangelhaft bis katastrophal. Substanz nicht mehr verwendbar. Bauteil nicht mehr vorhanden oder nicht mehr funktionsfähig. Schadensgrad größer als 75 Prozent. Gebrauchstauglichkeit nicht mehr vorhanden. Erneuerung/Austausch einzelner Elemente oder kompletter Bauteile erforderlich (z. B. Installation, Leitungen, Geräte, Apparate, Fenster usw.).

–4: Zustand sehr bedenklich. Substanz größtenteils nicht mehr verwendbar. Schadensgrad bis zu 75 Prozent. Gebrauchstauglichkeit nicht mehr sichergestellt. Weitere Schäden nicht auszuschließen, Erneuerung erforderlich.

–3: Zustand bedenklich. Schadensgrad bis zu 50 Prozent. Reparatur, Erneuerung oder Sanierung erforderlich. Eventuell Teilsubstanz – unter Berücksichtigung weiterer Untersuchungen – noch verwendbar, jedoch Erneuerung beziehungsweise Teilerneuerung angeraten.

–2: Zustand mit höherem Reparaturrückstau. Bauwerksunterhaltung nicht erkennbar. Schadensgrad bis zu 25 Prozent.

–1: Zustand leicht bedenklich. Schadensgrad bis zu 10 Prozent

✛ Weitere Untersuchungen sind erforderlich, um genauere Aussagen zu treffen. Wird darauf verzichtet, sind weitere Mängel und Schwächen nicht auszuschließen. Erhöhter Risikofaktor in der noch nicht näher untersuchten Bausubstanz.

S-S-P-110216

Schwächen - Stärken - Profil ®

Schwächen	Stärken

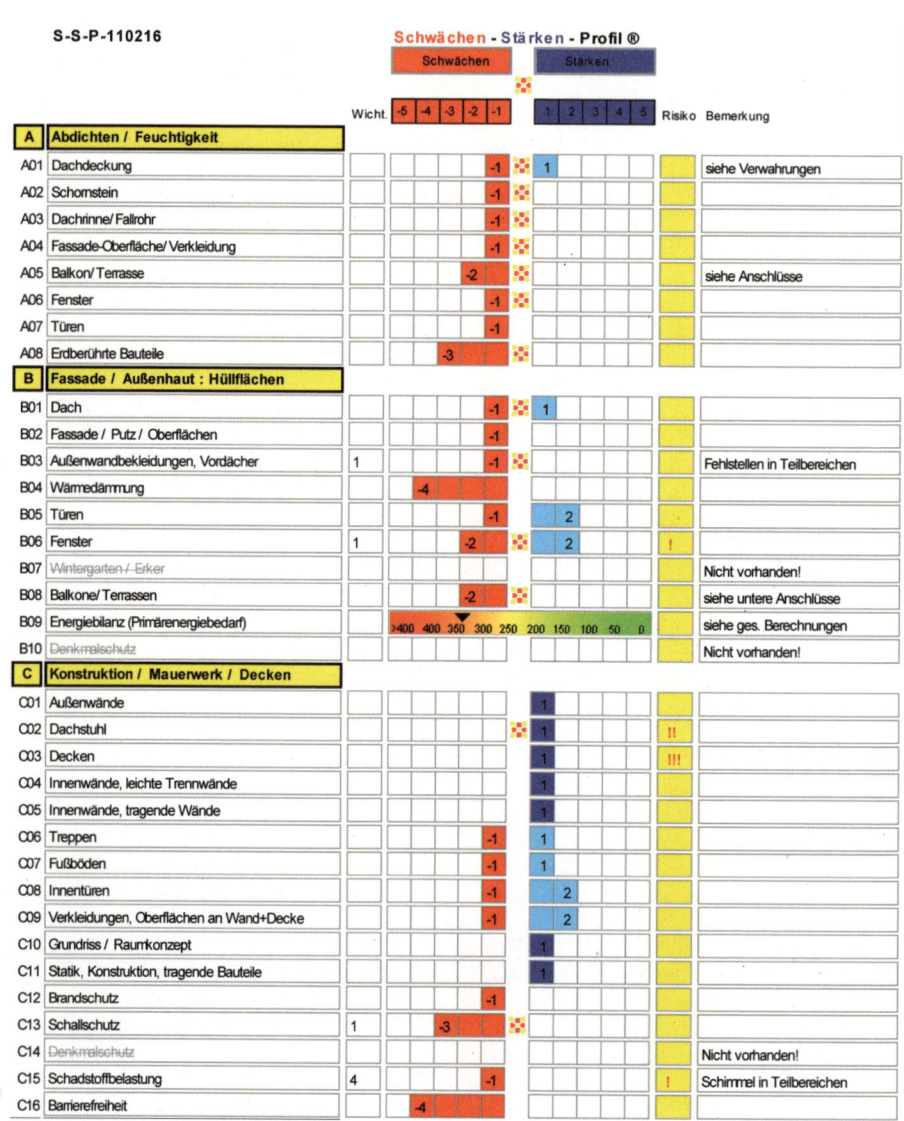

		Wicht.	-5	-4	-3	-2	-1		1	2	3	4	5	Risiko	Bemerkung
A	**Abdichten / Feuchtigkeit**														
A01	Dachdeckung						-1		1						siehe Verwahrungen
A02	Schornstein						-1								
A03	Dachrinne/ Fallrohr						-1								
A04	Fassade-Oberfläche/ Verkleidung						-1								
A05	Balkon/ Terrasse					-2									siehe Anschlüsse
A06	Fenster						-1								
A07	Türen						-1								
A08	Erdberührte Bauteile				-3										
B	**Fassade / Außenhaut : Hüllflächen**														
B01	Dach						-1		1						
B02	Fassade / Putz / Oberflächen						-1								
B03	Außenwandbekleidungen, Vordächer	1					-1								Fehlstellen in Teilbereichen
B04	Wärmedämmung			-4											
B05	Türen						-1			2					
B06	Fenster	1				-2				2				!	
B07	Wintergarten / Erker														Nicht vorhanden!
B08	Balkone/ Terrassen					-2									siehe untere Anschlüsse
B09	Energiebilanz (Primärenergiebedarf)		>400 400 350 300 250 200 150 100 50 0												siehe ges. Berechnungen
B10	Denkmalschutz														Nicht vorhanden!
C	**Konstruktion / Mauerwerk / Decken**														
C01	Außenwände								1						
C02	Dachstuhl								1					!!	
C03	Decken								1					!!!	
C04	Innenwände, leichte Trennwände								1						
C05	Innenwände, tragende Wände								1						
C06	Treppen						-1		1						
C07	Fußböden						-1		1						
C08	Innentüren						-1			2					
C09	Verkleidungen, Oberflächen an Wand+Decke						-1			2					
C10	Grundriss / Raumkonzept								1						
C11	Statik, Konstruktion, tragende Bauteile								1						
C12	Brandschutz						-1								
C13	Schallschutz	1			-3										
C14	Denkmalschutz														Nicht vorhanden!
C15	Schadstoffbelastung	4					-1							!	Schimmel in Teilbereichen
C16	Barrierefreiheit			-4											

Ideal S-S-P

D — Gebäudetechnik

Code	Bezeichnung	Bewertung	Kommentar
D01	Heizung	2 … -2 …	! siehe Rohrnetz und Heizkörper
D02	Sanitär	-1	!! Überprüfung der Steigleitungen
D03	Elektro	-1 … 1	
D04	Lüftung		keine mech. Lüftung vorh.
D05	Technische Gebäudeausstattung		Nicht vorhanden!
D06	Energiebilanz (Anlagenaufwandszahl)	>2,4 2,4 2,2 2,0 1,8 1,6 ▼1,4 1,2 1,0 0,8	
D07	Brandschutz		Keine Bewertung!

E — Außenanlagen

Code	Bezeichnung	Bewertung
E01	Gartenanlage/ Bäume/ Pflanzen	-1 … 1
E02	Einfriedung	-1 … 1
E03	Grundleitungen/ Wasser/ Abwasser	(weitere Untersuchung)

F — Grundstück und Erschließung

Code	Bezeichnung	Bewertung
F01	Städtebauliche Situation	2
F02	Lage Grundstück	2
F03	Umfeld zu Grundstück/ Gebäude	2
F04	Erschließung Straße	2
F05	Erschließung Medien	2

G — Immaterielle Wertigkeit - Architektur

Code	Bezeichnung	Bewertung
G01	Architektur	1
G02	Ausstrahlung / Ambiente	2
G03	Raumklima / Behaglichkeit	1
G04	Raumgröße / Raumhöhe	2
G05	Dach (Form, Anordnung)	2
G06	Fenster (Größe, Proportion, Aufteilung)	2
G07	Türen (Zierelemente / Ornamente)	2
G08	Wände (Zierelemente / Kunst, Stuck, Marmor)	2
G09	Decken (Zierelemente/Kunst, Stuck, Holz))	2
G10	Schadstoffe / Immission	1 (weitere Untersuchung)

▦ - Weitere Untersuchungen notwendig   ! - Risiko

+1: Bauteil funktionsfähig. Restlebensdauer wahrscheinlich gering. Größere Schönheitsfehler ohne Einfluss auf die Funktion des Bauteils. Abnutzungsgrad 5 bis 10 Prozent. Derzeit keine Maßnahmen erforderlich.

+2: Bauteil funktionsfähig. Lebensdauer eingeschränkt. Einzelne Schönheitsfehler ohne Einfluss auf die Funktion des Bauteils. Abnutzungsgrad bis zu 5 Prozent. Derzeit keine Maßnahmen erforderlich.

+3: Zustand gepflegt. Bauteil teilweise erneuert, bereits modernisiert oder auch komplett erneuert. Stand der Technik erreicht. Keinerlei Mängel. Lebenserwartung durchschnittlich. Abnutzungsgrad 0 Prozent. Mittlere Qualität ohne Einschränkung der Nutzbarkeit.

+4: Zustand gepflegt. Bauteil teilweise erneuert, bereits modernisiert oder auch komplett erneuert. Stand der Technik erreicht. Keinerlei Mängel. Lebenserwartung überdurchschnittlich. Abnutzungsgrad 0 Prozent. Gehobene Qualität ohne Einschränkung der Nutzbarkeit. Wartungsindex gering.

+5: Zustand gepflegt. Bauteil teilweise erneuert, bereits modernisiert oder auch komplett erneuert. Stand der Technik erreicht. Keinerlei Mängel. Lebenserwartung

überdurchschnittlich. Abnutzungsgrad 0 Prozent. Gehobene Qualität ohne Einschränkung der Nutzbarkeit. Wartungsindex gering bis 0. Bei Abnahme nach Sanierung: Ergebnis in Qualität und Optik ohne Mangel, Ausführung von besonderer Qualität.

Auch der Experte wird sich zunächst auf die groben Elemente des Gebäudes beschränken. Und sofern zum Zeitpunkt der Begehung nicht alle Bauteile einsehbar sind, kann vorerst nur das Risiko eines möglichen Schadens bewertet werden. Indem er bestimmte Risikofaktoren (in der S-S-P auf Seiten 74/75 dargestellt durch „!") und Wichtungsfaktoren berücksichtigt, kann der Experte eine strategisch wirkende Maßnahmenplanung und eine Kostenschätzung vornehmen. Bei dieser ersten Untersuchung wird festgehalten, an welchen Bauteilen exakte Detailuntersuchungen zwingend erforderlich sind.

Das Gesamtbild sowohl positiver als auch negativer Merkmale der Immobilie wird in einem Schwächen-Stärken-Profil dargestellt. Wichtig ist es, die Schwächen und Stärken des jeweiligen Bauteils gleichzeitig zu bewerten. Denn hier beginnt die – oft kriminalistisch anmutende – Spurensuche nach Bauschäden, verdeckten Mängeln und Missständen, aber auch nach positiven Merkmalen und nach Erhaltenswertem in der vorhandenen Bausubstanz.

DIE FOTOGRAFISCHE DOKUMENTATION

Zweckmäßig ist es, wenn der „Hausarzt" die Merkmale und Befunde beim Schwächen-Stärken-Profil nicht nur verbal festhält, sondern den einzelnen Beschreibungen auch Fotos zuordnet. Dies ist umso wichtiger, als man auf diese Weise den Zustand vor und nach der Sanierung auch visuell dokumentieren kann.

Bewertung der Bauteile

Nicht immer treten Bauschäden für jeden offensichtlich zutage. Eine Besichtigung Ihres Hauses, die dem Augenschein nach keinen Befund ergibt, darf Sie also nicht allzu sicher machen. Hier ist das Wissen eines Experten erforderlich, der Erfahrungen mit Materialien, Handwerkstechniken und Bauweisen hat, wie sie an einem Altbau (oder einem nicht mehr ganz taufrischen Neubau) typischerweise zu finden sind. Denn fundierte Kenntnisse von Normen und Vorschriften im Umgang mit dem baulichen Bestand und die Fähigkeit, Systemlösungen anzubieten, sind unverzichtbar.

Umgekehrt aber lässt sich sagen: Wo Sie offensichtliche Bauschäden bemerken, wird auch tatsächlich ein Problem zu lösen sein, und Sie gehen sicher nicht fehl, dahinter in dem einen oder anderen Fall Folgeschäden zu vermuten. Wo das Dach sichtbare „Fehlstellen" aufweist, wo vielleicht schon jahrelang Feuchtigkeit eingedrungen ist, kann nicht ausgeschlossen werden, dass sich der Echte Hausschwamm in dieser Atmosphäre im wahrsten Sinn des Wortes häuslich eingerichtet hat. Wenn man bedenkt, dass sich der Echte Hausschwamm über Sporen verbreitet und dass ein einziger gut ausgewachsener Fruchtkörper, der sich unter einem Stapel Altholz im Keller möglicherweise jahrelang unbemerkt ausbreiten konnte, Millionen dieser Sporen produziert und an die Umgebungsluft abgibt, dann wird deutlich, wie hoch die Infektionsgefahr für Ihr Haus ist. Nicht umsonst ist der Befall mit Echtem Hausschwamm in einer Reihe von Bundesländern meldepflichtig.

Mit einem ersten Besichtigungsprotokoll, mit dem Sie den Zustand des Hauses aus Ihrer Sicht beschreiben, geben Sie dem Experten bereits wichtige Hinweise, denen er bei seiner detaillierten Gebäudediagnose nachgehen kann.

Nacheinander oder alles auf einmal?

Möglicherweise hat die Einschätzung Ihres „Hausarztes" Sie ernüchtert. Die therapeutischen Maßnahmen, die er Ihnen vorgeschlagen hat, sind möglicherweise mit höheren Geldausgaben verbunden, als Sie anfangs vermutet haben. Darum stellen sich Fragen wie:

■ Welche Sanierungsschritte sind zwingend notwendig und in welcher Reihenfolge durchzuführen?

Bild 1+2 Echter Hausschwamm an einer stark befallenen Holzkonstruktion. Zerstörtes Holz weist die typischen Würfelbruch-Muster auf. Die starken Myzelstränge sind in der Lage, viele Meter holzfreier Bauteile zu überwinden, sich unter Putz auszubreiten sowie durch Mauer und sogar durch älteren Beton hindurchzuwachsen.

- Muss alles auf einmal geschehen oder kann man die Sanierungsmaßnahmen auch über einen längeren Zeitraum verteilen?
- Reicht in dem einen oder anderen Fall nicht auch eine provisorische Reparatur?
- Was geschieht eigentlich, wenn ich den Sanierungsbedarf ignoriere?

Um mit der letzten Frage zu beginnen: Erst einmal geschieht gar nichts. Aber wenn Sie beispielsweise einen Hausschwammbefall ignoriert, die Fruchtkörper von der Mauer gekratzt und über den befallenen Balken einfach mal ein Brett genagelt haben, damit man den Schaden nicht sieht, kann es passieren, dass sich eines Nachts Ihr Schlafzimmer aus dem ersten Stock ins Erdgeschoss begibt – und zwar ziemlich schlagartig. Das klingt drastisch, ist aber ein wahrscheinliches Szenario. Niemand vermag vorherzusagen, wann genau es zum finalen Schlag kommt.

Zusätzlich kann aber das Ignorieren eines solchen Befalls für viele andere unangenehme Folgen haben. Ein solches Beispiel wird in einem Forenbeitrag im Internet beschrieben: „In den Kellerräumen einer Weingroßhandlung, in einem Altbau, wurde im Bereich der Deckenkappen sehr starker Hausschwammbefall festgestellt. Fruchtkörper bis zu einer Größe von einem Meter Durchmesser hingen an der Unterseite. Die Sporen derselben fielen auf die darunter gelagerten Weinkartons. Hunderte von diesen Pappschachteln waren mit einer roten Sporenschicht überzogen."

Als der Berichterstatter des Forums nach drei Jahren den Keller wieder besichtigte, stellte er verwundert fest, dass keine Sanierung erfolgt war. „Das Haus sollte zunächst verkauft werden, um es dann später in Wohneinheiten aufzuteilen. Durch den Besitzerwechsel wurde die Sanierung über einen Zeitraum von mehr als drei Jahren hinausgezögert! Die Weinhandlung wurde jedoch weitergeführt, so dass bei mehrmaligem Warenumschlag innerhalb dieser Zeitspanne eine Unmenge sporenbehafteter Weinkartons in die verschiedenen Keller der Kunden gelangt ist. Ein Großteil der Keller eignet sich mit Sicherheit bei feuchten Umweltbedingungen hervorragend für die Ausbreitung des Hausschwamms."

Auf diese Weise kann sich der Echte Hausschwamm wie eine Infektionskrankheit über zahlreiche weitere Gebäude ausbreiten. Experimentell hat man nachgewiesen: Befallenes Holz (zum Beispiel Kiefernsplintholz) verliert im ersten Monat des Befalls zirka vier Prozent an Gewicht, nach zwei Monaten hat es bereits 27 Prozent an Gewicht verloren. Der Schwamm ernährt sich vom Zelluloseanteil des Holzes. Befallene Holzteile erkranken an sogenannter Braunfäule. Das führt zu den charakteristischen Querrissen im Holz und schließlich zu sogenannten Würfelbrüchen. Der Echte Hausschwamm ist der gefährlichste Holzzerstörer an Gebäuden. Er ist zugleich derjenige Schwamm, der am schwersten zu bekämpfen ist. Für den Laien ist er von anderen, weniger gefähr-

BILD 1   BILD 2

lichen Schwammarten schwer zu unterscheiden.

In allen Fällen einer erheblichen Schädigung, wie sie beispielsweise durch den Befall mit Echtem Hausschwamm eintreten kann, hilft keine – wie immer geartete – provisorische Maßnahme. Erst recht nicht, wenn solche Maßnahmen darin bestehen, den Fruchtkörper des Hausschwamms, den man unter einem Stapel Altholz gefunden hat, kurzerhand abzuschneiden. Das ist, als würde man die Zeiger einer Uhr abmontieren, um damit die Zeit anzuhalten. Provisorische Maßnahmen können allenfalls einen gewissen kurzfristigen Zeitgewinn bringen, aber sie lösen nicht das zugrunde liegende Problem. So kann man vielleicht durch eine Verbesserung des Raumklimas das Wachstum des Hausschwamms verlangsamen, aber man hat ihn damit noch nicht beseitigt. Und auch die Schäden, die er bereits angerichtet hat, bestehen fort.

Wie sollen also die Sanierungsschritte erfolgen? Einzelmaßnahmen, die aus dem Gesamtzusammenhang des Sanierungskonzepts herausgelöst wurden, verursachen unter Umständen neue Probleme. Nur ein paar typische Beispiele:

■ Die Heizungsanlage wurde erneuert; sie arbeitet jetzt energieeffizient, ist aber zu schwach für das nicht gedämmte Gebäude.

■ Die Gebäudehülle wurde bei der Fassadensanierung nach den Vorschriften der Energieeinsparverordnung isoliert; die alte Heizungsanlage arbeitet dafür aber viel zu verschwenderisch.

■ Die oberste Geschossdecke (zum Dach hin) wurde isoliert, aber der etwas später erfolgende Ausbau des Dachgeschosses machte diese Maßnahme obsolet.

■ Das Dach wurde neu gedeckt und dabei gedämmt; der nachträgliche Ausbau des Dachgeschosses und der Einbau von Dachgauben machen den teilweisen Rückbau der Dämmung erforderlich.

Feuchtigkeit hat immer oberste Priorität. Hier gilt: Erst trockenlegen, dann weiterdenken. Man sollte aber auch nicht vergessen, alle Sanierungsmaßnahmen, die erforderlich sind, auch in das Finanzierungskonzept einzubeziehen

Etwas anderes ist es natürlich, wenn Sie ein Haus in einem teilsanierten Zustand vorfinden (oder bereits erworben haben). Dann wäre es sicher nicht zu rechtfertigen, eine jüngst erneuerte Heizungsanlage gleich wieder herauszureißen, weil es mittlerweile noch bessere und effektiver arbeitende gibt. Vielmehr wird es die Aufgabe des Altbauexperten sein, hier ein Vorgehen zu entwickeln, das die brauchbaren und erst kürzlich sanierten Bauteile in das Gesamtkonzept einbezieht.

Wie lange hält was?

Wenn Sie verunsichert sind, was mit dem neuen alten Haus auf Sie zukommt, finden Sie einen gewissen Anhaltspunkt, wenn Sie sich die einzelnen Bauteile etwas genauer anschauen. Jedes Bauteil und jeder Baustoff hat eine „durchschnittliche Lebenserwartung". Dieser Durchschnitt wird gebildet aus jahrzehntelanger Erfahrung der Experten mit Bauteilen und Baustoffen. Die tatsächliche Lebensdauer eines Bauteils wird verständlicherweise stark beeinflusst von

- der Qualität des verwendeten Materials
- der Qualität der Verarbeitung / des Einbaus
- der Belastung, der das Bauteil während des Gebrauchs ausgesetzt ist
- der Pflege und Wartung, die man dem Bauteil angedeihen lässt.

Ein solider Marmorbelag, der sachgemäß gepflegt wird, hat eine höhere Lebenserwartung als ein billiger Kunststeinboden. Und die Treppe in einer Wohnanlage ist höheren Belastungen ausgesetzt als die Treppe in einem Einfamilienhaus. Darum dienen die Werte in der Tabelle auf Seite 82 / 83 lediglich als Anhaltspunkt.

Von der Diagnose zur Therapie

Wenn Sie das Schwächen-Stärken-Profil als visualisierte Diagnose betrachten, dann muss darauf logischerweise ein Therapievorschlag folgen.

Wichtig ist, dass der Therapievorschlag für Sie transparent und nachvollziehbar ist, das heißt, dass Sie den Zusammenhang zwischen Gebäudediagnose und den vorgeschlagenen Sanierungsmaßnahmen nachvollziehen können.

Auswertung des Schwächen-Stärken-Profils

Das auf den Seiten 74 / 75 abgebildete Schwächen-Stärken-Profil bezieht sich auf ein frei stehendes Haus mit ursprünglich zwei Wohneinheiten, das jedoch als Einfamilienhaus genutzt wird. Das Haus wurde 1903 gebaut und in den Neunzigerjahren bereits einmal teilweise saniert.

Nach 20 Jahren ergibt sich daher jetzt an den sanierten Teilen ein vergleichsweise geringer Nachbearbeitungsbedarf.

So werden beim DIAGNOSEKOMPLEX A (Abdichtung / Feuchtigkeit) an der Dacheindeckung nur kleine Teilbereiche nachzuarbeiten sein. Firste, Grate, Kehlen und Ähnliches werden überprüft und gegebenenfalls instandgesetzt, einzelne Dachstellen ausgetauscht und der Moosbewuchs von der Dachfläche entfernt.

Auch der Schornstein erfordert nur geringe Nacharbeiten: Querschnitt, Kaminkopf und Anschlüsse werden kontrolliert, Moosbildung und ähnliche eher optische Mängel beseitigt.

An den Dachrinnen und Fallrohren müssen ebenfalls nur kleine Teilbereiche – wie etwas Lötstellen nachgearbeitet und einzelne Formteile ausgetauscht werden.

An Balkon und Terrasse fallen die Abnutzungserscheinungen bereits stärker ins Gewicht. Alle Beläge und Abdichtungen müssen überarbeitet, Flächen gereinigt und gegebenenfalls Fugen und Anschlüsse erneuert werden. Kleine Fehlstellen werden ergänzt.

Die Fenster erwiesen sich bei der Diagnose allesamt als funktionsfähig. Kleine Fehlstellen werden überarbeitet und die Beschläge gegebenenfalls nachjustiert. Anschlüsse, Übergänge und äußere Abdichtungen müssen komplett überarbeitet werden. Eine Oberflächenerneuerung wird empfohlen. Auch die Haustür war funktionstüchtig und dicht. Die Beschläge werden überprüft und gegebenenfalls nachjustiert.

Bei den erdberührten Bauteilen sah es weniger gut aus. Die Abdichtung ist in Teilbereichen unbrauchbar geworden; vereinzelt treten innen an den Bauteiloberflächen bereits Wasserränder und Ausblühungen auf. Etwa 50 Prozent der Innenflächen sind betroffen.

Im **DIAGNOSEKOMPLEX B** (Fassade / Außenhaut: Hüllflächen) ergibt sich ein passabler Zustand am Dach, an der Fassadenoberfläche und an den Außenwandbekleidungen (Balkon, Vordächer). Überwiegend sind Schönheitsreparaturen auszuführen und kleine Fehlstellen zu ersetzen, jedoch wird eine genauere Prüfung der Anschlüsse zu Balkon und Terrasse empfohlen.

Die Türen überzeugten mit schlichten Formen und gediegener Funktionalität. Einfache Architektur und Gesamterscheinung, die Verwendung einfacher Materialien und wenig aufwendige Details charakterisieren diese Bauteile.

Die Fenster, obgleich überwiegend funktionstüchtig, bedürfen noch einer genaueren Überprüfung. Der Schadensgrad an diesen Bauteilen ist unterschiedlich hoch (bis 25 Prozent). Entsprechend wird geringer bis mittlerer Reparaturaufwand zu kalkulieren sein.

Balkon und Terrasse weisen einen etwas höheren Reparaturrückstau auf. Der Schadensgrad beträgt hier bis zu 25 Prozent. Die Konstruktion ist überholungsbedürftig, vereinzelt müssen Teile erneuert und die Oberflächen überarbeitet werden. Die Überprüfung der Fußboden- sowie der Deckenanschlüsse wird empfohlen.

Das gravierende Problem in diesem Diagnosekomplex stellt die Wärmedämmung dar. Sie fehlt an mehreren Stellen, ist zerstört oder nicht mehr funktionsfähig. Die meisten Bauteile weisen eine sehr schlechte Wärmedämmeigenschaft auf.

DURCHSCHNITTLICHE LEBENSDAUERN VON BAUTEILEN

Deckenkonstruktionen

	Beton	80 Jahre
	Weichholz	80 Jahre
	Hartholz	80 Jahre
	Stahl	80 Jahre
	Ziegel	80 Jahre

Dach

	Dachpfanne aus Beton	60 Jahre
	Pappdach	20 Jahre
	Zinkblecheindeckungen	25 Jahre
	Kupferblechabdeckungen	80 Jahre
	Schornsteinköpfe	30 Jahre
	Tragende Dachkonstruktion	100 Jahre

Decken- und Bodenbeläge

	Estrich, schwimmend	40 – 80 Jahre
	Zementestrich	80 Jahre
	Trockenestrich	40 – 80 Jahre
	Naturstein	80 Jahre
	Hartholz, Keramik	60 Jahre
	Weichholz	40 Jahre

	PVC	30 Jahre
	Linoleum	20 Jahre
	Textil	15 Jahre
	Laminat	20 Jahre
	Parkett	80 Jahre
	Fliesen	50 Jahre
Putze und Anstriche		
	Wärmedämmverbundsysteme (WDVS)	bis 60 Jahre
	Außenputz	50 Jahre
	Verblendmauerwerk	80 Jahre
	Außenanstrich	10 Jahre
	Innenputz	80 Jahre
	Innentüren	60 Jahre
Treppen		
	Geschosstreppen	80 Jahre
	Holztreppen	60 Jahre
	Außentreppen	60 Jahre
Fenster		
	Holzfenster	40 – 60 Jahre
	Kunststofffenster	40 Jahre
	Metallfenster	40 Jahre

Mithilfe der energetischen Sanierung kann der Energiebedarf drastisch gesenkt werden. Im abgebildeten Beispiel sank der Bedarf von 39,4 Liter auf 1,22 Liter Heizöl pro Quadratmeter und Jahr (S: 85 rechts).

Die Energiebilanz ist schlecht. Der Primärenergiebedarf, der errechnet werden konnte, erreicht 350 kWh pro Quadratmeter im Jahr und entspricht der Energieeffizienzklasse H. Das Gebäude insgesamt ist als energetisch mangelhaft einzustufen. Es erfüllt nicht (oder nur in kleinen Teilbereichen) die heutigen Mindestanforderungen. Die wärmetechnische Ertüchtigung der Gebäudehülle ist dringend erforderlich.

Im **DIAGNOSEKOMPLEX C** (Konstruktion/Mauerwerk/Decken) ergibt sich ein überwiegend freundliches Bild. Die Konstruktion entspricht im Ganzen den Regeln der Technik. Die Außenwände sind in einem akzeptablen Zustand. Kleine optische Mängel sind zwar erkennbar, aber sie erfordern derzeit keine Maßnahmen der Erhaltung oder Sanierung.

Auch der Dachstuhl – das Dachgeschoss ist ausgebaut – entspricht den Regeln der Technik und ist in einem funktionsfähigen Zustand. Kleinere, die Funktion nicht beeinträchtigende Missstände sind zwar erkennbar; Reparaturmaßnahmen sind aber derzeit nicht erforderlich.

Die Decken sind überwiegend in gutem Zustand. Kleinere Deformationen an der Decke und optische Mängel, welche die Funktion nicht beeinträchtigen, sind zwar erkennbar, erfordern aber keine Maßnahmen. Auch die tragenden und nicht tragenden Innenwände sind in einem guten Zustand. Lediglich kleinere Risse und Abrisse zu angrenzenden Bauteilen sind vorhanden. Sie beeinträchtigen nicht die Funktionsfähigkeit und erfordern keine weiteren Maßnahmen

Die Treppen überzeugen durch solide, aber einfache Konstruktion mit schlichter Geometrie ohne besondere Ausformungen. Der Gesamteindruck ist ausreichend. Abnutzungserscheinungen und einzelne Deformationen sind erkennbar, leider auch Spuren umfangreicher Reparaturen geringer handwerklicher Qualität mit erkennbaren Unterschieden in Struktur und Material. Der Erhaltungszustand ist leicht bedenklich. Kleinere Teile der Treppenanlage und der Geländer sind reparaturbedürftig, obwohl die Schäden (Schadensgrad bis 10 Prozent) die Funktion noch nicht beeinträchtigen.

Auch an den Fußböden sind die Spuren umfangreicher Reparaturen in geringer handwerklicher Qualität erkennbar, die deutliche Unterschiede in Struktur und Material aufweisen. Abnutzungserscheinungen und geringe Schädigungen in Teilbereichen sind erkennbar. Kleinere Teilbereiche müssen repariert werden.

Die Innentüren weisen trotz einfacher Konstruktion ansatzweise besondere Ausformungen auf. Qualitätsvolle historische Beschläge wurden angetroffen. Reparatu-

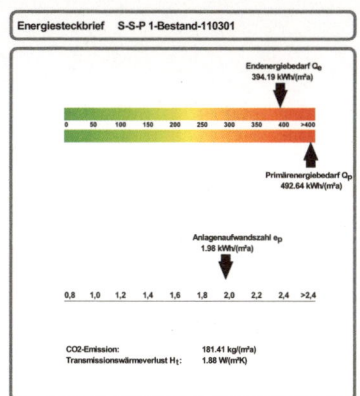

Energiesteckbrief   S-S-P 1-Bestand-110301

Endenergiebedarf Q_E
394.19 kWh/(m²a)

0 50 100 150 200 250 300 350 400 >400

Primärenergiebedarf Q_P
492.64 kWh/(m²a)

Anlagenaufwandszahl e_P
1.98 kWh/(m²a)

0,8 1,0 1,2 1,4 1,6 1,8 2,0 2,2 2,4 >2,4

CO2-Emission: 181.41 kg/(m²a)
Transmissionswärmeverlust H_T: 1.88 W/(m²K)

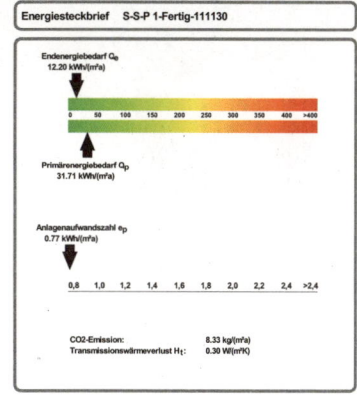

Energiesteckbrief   S-S-P 1-Fertig-111130

Endenergiebedarf Q_E
12.20 kWh/(m²a)

0 50 100 150 200 250 300 350 400 >400

Primärenergiebedarf Q_P
31.71 kWh/(m²a)

Anlagenaufwandszahl e_P
0.77 kWh/(m²a)

0,8 1,0 1,2 1,4 1,6 1,8 2,0 2,2 2,4 >2,4

CO2-Emission: 8.33 kg/(m²a)
Transmissionswärmeverlust H_T: 0.30 W/(m²K)

ren sind in der Vergangenheit in angemessener handwerklicher Qualität ausgeführt worden und zeigen kaum Farb-, Struktur- oder Materialunterschiede. Nur kleinere Teilbereiche der Innentüren sind derzeit reparaturbedürftig.

Die Innenraumverkleidungen sowie die Oberflächen an Wand und Decke sind in einfacher Ausführung angelegt und in einem guten Zustand. Vereinzelte Reparaturen sind in angemessener handwerklicher Qualität (ohne auffallende Struktur- und Materialunterschiede) ausgeführt worden. Geringer Reparaturbedarf (bei einem Schadensgrad bis zu 10 Prozent) besteht.

Die Grundrisssituation ist zufriedenstellend, aber in kleinen Teilbereichen verbesserungswürdig. Anpassungen oder Änderungen könnten mit wenig Aufwand und ohne konstruktive Eingriffe vorgenommen werden.

Hinsichtlich Statik, Konstruktion und tragender Bauteile in ihrer Gesamtheit ist festgehalten worden: Das Tragwerk zeigt geringe optische Missstände aus ehemaligen Gebäudebewegungen im Bereich der Decken und des Daches. Die Tragfähigkeit befindet sich am unteren Limit. Die Restnutzungsdauer ist wahrscheinlich gering. Weitere Überprüfung wird empfohlen.

Die Schadstoffbelastung des Gebäudes (Belastungsgrad bis 10 Prozent) fällt relativ gering aus. Schimmelbildung an wenigen Teilbereichen von Wand und Decke angetroffen. Die Ursachen sollten weiter untersucht werden.

Das größte Defizit im Diagnosekomplex C musste hinsichtlich der Barrierefreiheit verzeichnet werden. Das Gebäude ist derzeit in allen Teilen nicht barrierefrei (Barrierefreiheit nur bis 10 Prozent). Die heute üblichen Mindestanforderungen an barrierefreies Bauen (nach DIN 18030) könnten durch bauliche Maßnahmen nur mit sehr hohem Kostenaufwand (vergleichbar mit Neubaukosten) und auch nur in einzelnen Bereichen beziehungsweise Geschossen realisiert werden.

Wäre die fehlende Barrierefreiheit des Hauses ein K.O.-Kriterium für den Nutzer, dann dürfte an dieser Stelle seine Entscheidung höchstwahrscheinlich gegen den Erwerb der Immobilie fallen.

Im **DIAGNOSEKOMPLEX D** (Gebäudetechnik) wurde zunächst der Zustand der Heizungsanlage beurteilt. Sie ist im Ganzen gesehen funktionstüchtig. Die Anlagen zu Wärmeerzeugung und -verteilung (Kessel, Brenner, Pumpen, Ventile) müssen aber geprüft und gegebenenfalls neu eingestellt werden.

Ein Austausch beziehungsweise eine Erneuerung einzelner Elemente ist vorgesehen. Das Rohrnetz entspricht nicht heutigen technischen Standards; ein hydrau-

lischer Abgleich ist nicht möglich beziehungsweise nicht energieeffizient.

Bei den Sanitärinstallationen wurde ein gewisser Wartungsrückstau festgestellt. Die Wasserfilter waren verschmutzt, die Perlatoren verkalkt, ansonsten waren die Anlagen funktionstüchtig, wenn auch technisch nicht mehr auf dem neuesten Stand. Vereinzelte Sanitärobjekte sollten ausgetauscht werden. Ergänzungen an der Installation sind jedoch nur in ganz geringem Umfang (Schadensgrad bis 10 Prozent) erforderlich.

Die Elektroinstallation hinterließ einen befriedigenden Gesamteindruck; sie war bereits umfangreich nachgerüstet beziehungsweise erneuert worden. Mängel oder Schäden waren nur gering. Die Anlage war voll funktionstüchtig, lediglich in bestimmtem Umfang ergänzungsbedürftig. Zusätzlich sollten die einzelnen Absicherungen nach heutiger Vorschrift (VDE, DIN) überprüft werden.

Die vorgefundene Lüftungsanlage ist in großen Teilen defekt oder unwirtschaftlich. Von einem Schadensgrad bis 50 Prozent ist auszugehen. Eine mechanische Lüftung ist nicht vorhanden.

Für Gebäudetechnik wurde eine Anlagenaufwandszahl von 1,8 bis 2,0 errechnet (siehe Glossar Seite 154). Die Gebäude- und Betriebstechnik ist in jüngster Vergangenheit bereits überarbeitet wor-

den, die vorgenommenen Maßnahmen sind jedoch ergänzungsbedürftig; ein Teilaustausch in geringem Umfang sollte eingeplant werden.

Im DIAGNOSEKOMPLEX E (Außenanlagen) ergab sich ein überwiegend positives Bild. Das Gesamtbild wird geprägt von einer einfache Anlage, deren Bestand teilweise überaltert ist. Die Grundstücksfläche (690 Quadratmeter) lässt nur wenige Pflanzflächen zu. Für Wege zu Zufahrten wurden einfache Materialien verwendet. Reparaturen und Ergänzungen hinterließen Farb- oder Strukturunterschiede, was aber die Nutzung nicht einschränkt. Ein Instandsetzungsaufwand bis zu 10 Prozent sollte veranschlagt werden.

Über die Grundleitungen (Wasser/Abwasser) konnte keine genauere Aussage getroffen werden. Das ist erst nach weiterer Untersuchung möglich. Wird auf eine weitere Untersuchung verzichtet, sind weitere Mängel oder Schwachstellen nicht auszuschließen. Der Risikofaktor in der noch nicht weiter untersuchten Bausubstanz ist zu beachten.

Im DIAGNOSEKOMPLEX F (Grundstück und Erschließung) konnten überwiegend positive Noten vergeben werden. Die städtebauliche Situation ist gut und das Umfeld dem Nutzungscharakter des Gebäudes angemessen. Die Lage des Grundstücks ist gut; die Anforderungen des Bauherrn

konnten angemessen umgesetzt werden. Auch das Umfeld zum Grundstück und zum Gebäude selbst entspricht in fast allen Punkten den Anforderungen der Gebäudenutzung, die der Bauherr in seinem Profil formuliert hatte. Der Umfang der Forderungen des Bauherren, die das Umfeld nicht erfüllen kann, halten sich in einem akzeptablen Rahmen.

Art und Zustand der Erschließungsstraße sind gut; geringe Mängel sind vorwiegend optischer Natur und erfordern keine besonderen Maßnahmen. Das trifft auch auf den Zustand der Medienerschließung zu, der keine Mängel erkennen lässt, welche die Funktion beeinträchtigen könnten.

Für den gesamten **DIAGNOSEKOMPLEX G** (Immaterielle Wertigkeit / Architektur) werden ebenfalls keine Verbesserungen zwingend notwendig sein; wo sie im Einzelnen wünschenswert sind, können sie für die Zukunft ins Auge gefasst werden.

Der Gesamteindruck der Ausstrahlung und des Ambientes des Gebäudes ist gut, einige geringfügige optische Mängel können noch verbessert werden. Raumklima und Behaglichkeit im Gebäude werden als akzeptabel eingeschätzt. Die Raumhöhen und Raumgrößen entsprechen im Wesentlichen den Vorstellungen, die der Bauherr im Raumprogramm niedergelegt hat; im Hinblick auf die Nutzung können noch

einzelne Verbesserungen vorgenommen werden.

Form und Anordnung des Daches sind gut; das Dachgeschoss ist ausgebaut und erfüllt die Nutzungsanforderungen des Bauherrn. Optimierungen sind perspektivisch noch möglich.

Fenster und Türen werden hinsichtlich Größe, Proportion und Aufteilung als gut bewertet. Gute bis sehr gute Detailarbeit an den historischen Elementen ist anzutreffen. Einzelne gestalterisch-funktionelle Verbesserungen werden empfohlen.

Wände und Decken wirken hinsichtlich ihres Zustands und Architektureindrucks sowie auch hinsichtlich der verwendeten Materialien (Stuck, Marmor, Holz) gut und überzeugen durch Qualität und solide handwerkliche Ausführung des Ganzen und der Details.

Energiebilanz

Für das soeben betrachtete Gebäude ließ sich der Bauherr einen Energieberatungsbericht erstellen. Das beheizte Volumen des Gebäudes beträgt 762 m^3 (ermittelt gemäß EnEV aus den Außenmaßen). Das Gebäude wird ausschließlich mittels Fensterlüftung belüftet.
Für die Berechnungen der Energiebilanz wurden Werte zugrunde gelegt, welche die EnEV als Standard-Nutzerverhalten definiert:

BILD 1

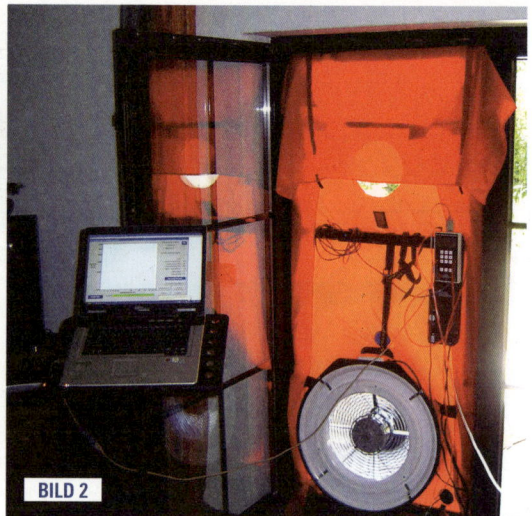

BILD 2

- Mittlere Innentemperatur: 19,0 °C
- Luftwechselrate. 0,70 /h
- Interne Wärmegewinne 8 899 kWh/a
(Kilowattstunden pro Jahr)
- Warmwasser-Wärmebedarf:
3 049 kWh/a (Kilowattstunden pro Jahr)

Aus den Berechnungen ergab sich: Energie geht vor allem über die Gebäudehülle und bei der Erzeugung und Bereitstellung für Heizung und Warmwasserbereitung verloren.
Im Einzelnen wurden errechnet:
- Anlagenverluste: 17 171 kWh/a
- Lüftungsverluste: 12 094 kWh/a
- Transmissionsverluste: 60 555 kWh/a

Die Anlagenverluste werden zu annähernd gleichen Teilen von Heizung und Warmwasserbereitung verantwortet; dazu kommt noch ein kleiner Anteil Hilfsenergie für die Aggregate. Für die Transmissionsverluste sind zu etwa zwei Dritteln die ungedämmten Außenwände verantwortlich. Das übrige Drittel teilen sich zu fast gleichen Teilen Keller, Fenster und Dach.
Dem stehen gegenüber:
- Solare Gewinne: 7 098 kWh/a
- Interne Gewinne: 8 899 kWh/a

Daraus errechnet sich ein zusätzlicher Energiebedarf (Verluste abzüglich Gewinne), der allein für den Ausgleich der bauartbedingten Energieverluste des Gebäudes aufgewendet werden muss, von:
73 823 kWh/a.
Umgerechnet in einen Wärmepreis von 10 Cent pro kWh (so angegeben in „Kontrollierte Wohnungslüftung" des Hessischen Ministeriums für Umwelt, Energie, Landwirtschaft und Verbraucherschutz) bedeutet das einen Verlust von jährlich rund 7 382 Euro, die buchstäblich durch die Wand gehen, aus dem Fenster fliegen und aus den Rohren entweichen.
Die Energiebilanz gibt Aufschluss darüber, in welchen Bauteilgruppen derzeit die meiste Energie verloren geht – und wo folglich zurzeit die größten Einsparpotenziale für das Gebäude liegen. Aus der Gebäudediagnose und dem Energieberatungsbericht wird dann ein Maßnahmenkonzept zu entwickeln sein, das den Primärenergiebedarf (Qp) deutlich senkt.

Energieeffizient im Altbau – ein Ausblick

Begriffe wie „Energiewende", „Energieeffizienz" und „Energieeinsparpotenziale"

BILD 1 + 2 Fenster- und Türanschlüsse sind häufig kritische Stellen des Wärmeverlusts. Mit einer Differenzdruckmessung mittels Blower-Door-Gerät kommt man Leckagen zuverlässig auf die Spur.

sind heute in aller Munde. Die Europäische Union hat bis 2020 Energiespar- und Klimaziele postuliert, die das Bauwesen der Mitgliedstaaten erheblich unter Druck setzen.

Schon die Wärmeschutzverordnung von 1995 schrieb vor: „Soweit die wärmeübertragende Umfassungsfläche durch Verschalungen oder gestoßene, überlappende sowie plattenartige Bauteile gebildet wird, ist eine luftundurchlässige Schicht über die gesamte Fläche einzubauen, falls nicht auf andere Weise eine entsprechende Dichtheit sichergestellt werden kann. Die sonstigen Fugen in der wärmeübertragenden Umfassungsfläche müssen entsprechend dem Stand der Technik dauerhaft luftundurchlässig abgedichtet sein."

Das galt zwar seinerzeit nur für Neubauten, mittlerweile geht es aber auch den Altbauten energetisch an den zugigen Kragen.

Je dichter und gedämmter die Häuser werden – und mithilfe der Blower-Door-Tests kann man praktisch jede Leckage finden und sie nahezu hermetisch abdichten –, desto größer wird das Fragezeichen hinter der Frage: Was geschieht mit dem Raumklima, wenn sich Menschen in einem luftdichten Haus aufhalten? Wie lüftet man denn ein komplett gedämmtes und abgedichtetes Haus? Reicht es aus, zwei- oder dreimal am Tag die Fenster zu öffnen? Muss es sechsmal täglich sein? Darf man dann eigentlich noch in Urlaub fahren und arbeiten gehen? Oder entsteht hier

ein ganz neuer Dienstleistungsberuf im Billiglohnsektor: der Fensterlüfter? Wird demnächst mit der Hausordnung auch ein verbindlicher Lüftungsplan Teil des Mietvertrags? Darüber streiten sich die Parteien schon vor Gericht, und sie werden sich künftig noch häufiger darüber streiten, wie man Schimmelbildung in einem komplett gedämmten und abgedichteten Haus zu vermeiden hat.

Kontrollierte Wohnraumlüftung

Die Lösung scheint in der „Kontrollierten Wohnraumlüftung" (KWL) zu liegen. Schwarzseher meinen schon, wer morgens in seinem Schlafzimmer vom Gesang der Vögel geweckt werden will, muss sich dafür ein anderes Land suchen. Die Fenster bleiben zu! Lüften war gestern. Belüftung ist in. Zwar gibt es noch keine direkte gesetzliche Vorschrift zum Einbau einer Lüftungsanlage mit Wärmerückgewinnung, aber möglicherweise sind die angestrebten Energieziele ohne KWL gar nicht mehr zu erreichen. Und das gilt auch für das Bauen im Bestand.

Fassadendämmung

Die EU-Richtlinie für energieeffiziente Gebäude schränkt zwar ein, dass die EU-Staaten nur dann Mindestnormen einhalten müssen, wenn „größere Änderungen" vorgenommen werden. Allerdings bestimmt jedes Land selbst, was es als „größere Änderung" definiert. Die deutsche Energieeinsparverordnung in der Fassung von 2009 greift bei der Modernisie-

rung der Gebäudehülle nur dann, wenn
die sanierte Bauteilfläche – Außenwand,
Fenster, Dach, Decke – 10 Prozent der gesamten entsprechenden Bauteilfläche des
Gebäudes übersteigt und wenn die Art
der Renovierung in der Anlage „Anforde-
rung bei Änderung von Außenbauteilen"
gelistet ist.

Erweiterung, An- und Ausbau

Wird das gebrauchte Haus eingreifend
verändert, umgebaut oder durch Umbau
erweitert, müssen die Normen der Energieeinsparverordnung (EnEV) eingehalten
werden. Wird die Nutzfläche an beheizten
Räumen durch An- oder Ausbau um mehr
als 50 Quadratmeter erweitert, müssen
die Außenbauteile so beschaffen sein,
dass der neue Gebäudeteil hinsichtlich
Jahres-Primärenergiebedarf und Wärmeschutz der Gebäudehülle die Neubauvor-
schriften der EnEV erfüllt.

Darüber hinaus sind bei der Umsetzung
der EU-Gebäuderichtlinie 2010 nicht nur
die energierelevanten Vorschriften für Neubauten, sondern auch die Bestimmungen
für das Bauen im Bestand weiter verschärft
worden. Die EU-Richtlinie empfiehlt, dass
auch bei größeren Renovierungen im Bestand jeweils geprüft werden soll, ob
hocheffiziente alternative Systeme wie
■ dezentrale Energieversorgungssysteme
auf der Grundlage von Energien aus erneuerbaren Quellen,
■ Geothermie
■ Solarthermie
■ Kraft-Wärme-Kopplung,

■ Wärmepumpen,
■ Fern-/Nahwärme, insbesondere, wenn
sie ganz oder teilweise auf Energie aus
erneuerbaren Quellen beruht,
eingesetzt werden können, sofern dies
technisch, wirtschaftlich und ökologisch
realisierbar ist.

Energieausweis im Bestand

Heute hat jeder Immobilieninteressent, der
ein Haus oder eine Wohnung kauft, das
Recht, vom Verkäufer einen Energieausweis zu verlangen. Der Verkäufer muss
dem Kaufinteressenten diesen Energieausweis umgehend zugänglich machen.

Die Novelle der EU-Richtlinie von 2010
geht noch einen Schritt weiter: Künftig
sollen Verkäufer (oder Vermieter) von
vornherein verpflichtet sein, ihren Kunden
einen Energieausweis auch ohne Aufforderung vorzulegen und auszuhändigen.
Bei kommerziellen Anzeigen für Vermietung und Verkauf muss künftig der Kenn-
wert der Gesamtenergieeffizienz und des
Primärenergiewerts mitgeteilt werden.
Ihre Position als Käufer eines gebrauchten
Hauses wird damit auf jeden Fall weiter
gestärkt werden.

Achtung, Energieausweis!

Die Erfahrungen von Eigentümern, Mie-
tern und Vermietern mit Energieausweisen sind unterschiedlich. Auch die Qualität
der Energieausweise selbst ist sehr unterschiedlich.

Das Bundesinstitut für Bau-, Stadt- und
Raumforschung hat im Januar 2011 eine

interessante Studie veröffentlicht. Sie untersuchte insgesamt 94 Energieausweise, die auf der Basis der Energieeinsparverordnung (Fassung 2007) ausgestellt worden sind. Auch wenn die schmale Datenbasis keine repräsentativen Aussagen erlaubt, geben doch die einzelnen Fallstudien Grund zum Staunen.

Die Studie beschäftigt sich sowohl mit Energieausweisen auf Grundlage des ingenieurtechnisch errechneten Energiebedarfs als auch solchen auf Grundlage des gemessenen Energieverbrauchs. Nur in 29 Prozent der Fälle stimmten die ausgewiesenen Kennwerte mit dem tatsächlichen Energieverbrauch wenigstens annähernd überein. Verbrauchsausweise erreichten dabei eine signifikant höhere Trefferquote und geringere Abweichungen als Bedarfsausweise. „Der eigentlich als höherwertiger geltende Bedarfsausweis hat in der Praxis eine unzureichende Zuverlässigkeit", resümiert die Studie.

Seit 2008 ist der Energieausweis auf Grundlage des Energiebedarfs verbindlich vorgeschrieben für Wohngebäude mit maximal vier Wohnungen, für die der Bauantrag vor dem 1. November 1977 gestellt wurde (Ausnahmen: Gebäude, die schon bei der Fertigstellung die Anforderungen der Wärmeschutzverordnung 1977 erfüllt haben oder nachträglich auf diesen Stand gebracht wurden).

Kritikwürdig sind auch die Verfahren, mittels derer die Energieausweise mitunter ausgestellt wurden. Die Studie berichtet von einem Eigentümer, der aufgrund des Werbeprospekts eines Energieunternehmens einen Energieausweis im Internet bestellte. Dem Eigentümer war nicht einmal klar, ob es sich dabei um einen Verbrauchs- oder um einen Bedarfsausweis handelte. Er füllte ein Onlineformular zur Datenerfassung aus – nach bestem Wissen und Gewissen, aber ohne jede Fachkenntnisse. Ohne Besichtigung oder Nachfrage, das heißt ohne jeglichen weiteren Kontakt mit dem Antragsteller übersandte das Energieunternehmen den Energieausweis per Post.

Zur möglichst objektiven Berechnung des Primärenergiebedarfs dient ein virtuelles Referenzgebäude gleicher Geometrie und Abmessungen bei definierten technischen Eigenschaften.

Der vollständige Text der Studie mit dem Titel „Evaluierung ausgestellter Energieausweise für Wohngebäude nach EnEV 2007" kann von der Seite www.bbsr.bund.de im Menüpunkt Veröffentlichungen als PDF abgerufen werden.

Der Bedarfsausweis allein ist noch kein Garant für die Zuverlässigkeit der Energieverlaufsprognose. Die Vorschriften für die Bedarfsberechnung abstrahieren vom realen Nutzerverhalten. Prüfen Sie gemeinsam mit Ihrem Bauexperten,

■ von wem der Energieausweis ausgestellt wurde,

■ wie die Datenerhebung und die Berechnung zustande kamen,

■ ob die Daten, auf deren Basis der Energieausweis erstellt wurde, eingesehen werden können.

Da bei Energiebedarfsberechnungen eine Immobilie nach Aussage einiger Studien etwas schlechter abschneiden kann, als sie es nach einer Verbrauchsmessung tatsächlich wäre, rechnen Hausverkäufer auch schon einmal sehr großzügige Einsparpotenziale vor, um den Wert eines relativ frisch sanierten Hauses zu erhöhen – Einsparpotenziale, die sich bei realer Nutzung des Hauses meist gar nicht realisieren lassen.

BERECHNUNGSDATEN FÜR DEN ENERGIEAUSWEIS

In den wenigsten Fällen werden zusammen mit dem Energieausweis auch die Daten, die ihm zugrunde liegen, dokumentiert und abgelegt. Das ist zwar gesetzlich auch nicht vorgeschrieben, aber Sie sollten vom Verkäufer verlangen, dass Ihnen neben dem gestempelten Formular auch die Unterlagen und Daten, auf deren Basis der Energieausweis errechnet wurde, ausgehändigt werden. Dies kann unter anderem in einem Konfliktfall noch von Bedeutung sein.

Maßnahmenkonzept und Kostenplanung

Der Hausarzt hatte für das soeben betrachtete Gebäude einen Kostenrahmen für die Sanierung definiert, der sich zwischen 66 000 Euro und 165 000 Euro bewegt. Die Dringlichkeit der Sanierungsmaßnahmen wird nicht in erster Linie von energiewirtschaftlichen Erwägungen diktiert, sondern von der Bauphysik. Die Trocknung der Kellerwände und die Abdichtungen an Balkonen und Terrasse besitzt daher mit der Wichtung A die oberste Priorität (siehe Tabelle rechts).

Die Sanierung der Fassade wäre eigentlich – allein den Bauzustand als Maßstab genommen – noch nicht nötig, aber sie lohnt sich! Allein die Dämmung der Außenwände reduziert den derzeitigen Endenergiebedarf um 32 611 kWh pro Jahr. Zum Vergleich wieder ein Preis für eine Kilowattstunde Strom von 21 Cent angelegt, bedeutet das eine Ersparnis von jährlich 6 850 Euro. Dabei sind die zinsgünstigen Kredite und die möglichen Zuschüsse der Kreditanstalt für Wiederaufbau für energetische Sanierungen noch gar nicht einberechnet.

Von Ihrem „Hausarzt" dürfen Sie aber erwarten, dass er Ihnen auch die entsprechenden Förderwege aufweist, die für bestimmte Sanierungsmaßnahmen zu beschreiten sind.

Gemessen an der Gesamtwohnfläche von 220 Quadratmetern verteuern die Maßnahmen der Sanierung, die in diesem Konzept vorgeschlagen werden, den Quadratmeterpreis des Hauses um 655 Euro. Das ist keine Kleinigkeit. Ob dies für den Bauherrn eine tragbare Belastung ist, muss er selbst nachrechnen – und entscheiden. Was er dafür bekommt, ist allerdings auch weit mehr als nur eine kosmetische Retusche – also wahrlich keine Kleinigkeit.

Einige Positionen, die wünschenswert, aber nicht dringend erforderlich sind, ste-

BEISPIEL FÜR EIN MASSNAHMENKONZEPT

Maßnahme	Kostenvoranschlag	Wichtung
Trockenlegung Untergeschoss / Wände	25 000 EUR	A
Abdichtung / Kontrolle Balkone, Terrasse	12 000 EUR	A
Sanierung Fenster	12 000 EUR	
Luftdichtigkeit / Dach herstellen	25 000 EUR	
Dämmung der Außenwände, WDVS	32 000 EUR	
Heizsystem	18 000 EUR	
Heizsystem Option Erdwärme	nach Absprache	
Anpassung / Ergänzung Sanitärsystem		
Lüftungssystem	nach Absprache	
Sonstiges	20 000 EUR	
Summe der Maßnahmen mit Kostenschätzung	**144 000 EUR**	

hen im Kostenvoranschlag mit der Bemerkung „nach Absprache". Hierunter fällt beispielsweise, da die vorhandene Lüftung als unbrauchbar beziehungsweise nicht vorhanden diagnostiziert wurde, die Möglichkeit, eine kontrollierte Wohnraumlüftung mit Wärmerückgewinnung einzubauen. Der Einbau wird möglich, wenn eine ausreichende Dichtigkeit des Daches und der übrigen Gebäudehülle – einschließlich der Fenster und ihrer jeweiligen Anschlüsse – gegeben ist. Dafür müssten Kosten von weiteren rund 7 000 Euro eingeplant werden. Dafür würden aber die Heizkosten noch weiter sinken.

Des Weiteren wäre im beschriebenen Fall zu überlegen, ob der Einbau eines Luft-Wärmetauschers technisch und wirtschaftlich realisierbar ist. Ein solcher Wärmetauscher wärmt im Winter die Außenluft mittels Erdwärme an, während im Sommer die warme Außenluft durch das dann kühlere Erdreich vorgekühlt wird. Das erspart vor allem im Sommer, wenn zahlreiche innere Quellen (Computer, Haushaltgeräte) die Raumluft zusätzlich erwärmen, den Einsatz energiefressender Klimageräte. Im Winter wiederum spart das Vorwärmen der kalten Außenluft mittels Erdwärme Heizenergie – und das sogar in nennenswertem Umfang. Ein Berechnungsbeispiel des hessischen Umweltministeriums finden Sie im Anhang auf Seite 173.

Das Europäische Testzentrum Wohnungslüftungsgeräte (TZWL) prüft seit 1995 regelmäßig die am Markt gängigen Lüftungsanlagen und hat seither 131 Prüfun-
gen der Wohnungslüftungsgeräte von 39
verschiedenen Herstellern durchgeführt.
Im „TZWL-Bulletin" (www.tzwl.de/markt_
und_verbraucherinformationen/tzwl_bulle-
tin) werden wichtige Kenndaten der am
Markt befindlichen Geräte verglichen und
produzentenneutral bewertet und auch
die Art der verwendeten Antriebe erfasst.

Nachrechnen

Gehen wir noch einmal zu unserem Rechenbeispiel der jungen Familie aus Schritt
2 (siehe Seite 33) zurück. Dort war von
einem Nettokaufpreis von 400 000 Euro
(ohne Kaufnebenkosten und ohne vorläu-
fig kalkulierte Sanierungskosten) ausgegangen worden.

Das Haus hat 180 Quadratmeter Wohnfläche in mittlerer Ausstattung. Es könnte
in Hannover in mittlerer Wohnlage stehen.
Setzen wir eine Grundstücksgröße von
500 Quadratmetern zum Quadratmeterpreis von 240 Euro voraus, splittet sich
der Kaufpreis von 400 000 Euro folgen-
dermaßen:

- Grundstückswertanteil: 120 000 Euro
- Gebäudewertanteil: 280 000 Euro
- Kosten pro m^2 Wohnfläche: 1 555 Euro

Die Sanierungs- und Renovierungskosten
haben wir mit 40 000 Euro angesetzt:

- Grundstückswertanteil: 120 000 Euro
- Gebäudewertanteil: 280 000 Euro
- Sanierungskosten: 40 000 Euro
- Kosten pro m^2 Wohnfläche: 1 778 Euro

Wenn man mit diesem Quadratmeterpreis
auch schon fast den Neubaupreis für ein
Einfamilienhaus vergleichbarer Größe in
mittlerer Ausstattung (inklusive Architek-
tenkosten, Erschließungskosten usw.) erreicht, scheint das gebrauchte Haus nach
der Sanierung fast genauso teuer zu sein
wie ein Neubau. Das bedeutet umgekehrt
aber: Sobald der Sanierungsbedarf größer
ist (wie bei älteren Häusern aus der Zeit
um 1900 nicht ungewöhnlich) und die Sanierungskosten sich folglich weiter erhöhen, übersteigt der Preis für dieses gebrauchte Haus leicht den für einen Neubau. Die Frage ist aber: Was für einen
Neubau wollen Sie dafür heranziehen? Ein
Neubau mit den Deckenhöhen einer Grün-
derzeitvilla zum Beispiel wäre bedeutend
teurer als ein übliches Einfamilienhaus.

Wer also allein unter dem Gesichts-
punkt des günstigeren Kaufpreises nach
einem gebrauchten Haus sucht, der stößt
an dieser Stelle auf sein K.O.-Kriterium,
das ihn im Grunde vom Kauf des Hauses
abhalten müsste.

Klar ist aber auch, dass viele Interessenten nicht – oder wenigstens nicht ausschließlich – unter Preisgesichtspunkten
nach einer Bestandsimmobilie suchen.
Schließlich gibt es genauso viele Mieter,
die sich nicht vorstellen können, in einem
Neubau zu wohnen, und die stattdessen
lieber höhere Kosten (etwa höhere Heizkosten für hohe Räume oder höhere Grund-

mieten für eine exklusive Lage) und möglicherweise dabei sogar Einbußen an Komfort (etwa das Fehlen eines Aufzugs im Mietshaus) in Kauf nehmen, um in einem Altbau zu leben. So gibt es auch Kaufinteressanten, die sich unter keinen Umständen dem Unternehmen Neubau aussetzen wollen und die nach einer Bestandsimmobilie suchen, die ihrem Lebensgefühl und ihren Raumbedürfnissen entspricht – selbst wenn sie dafür einen höheren Preis als für einen Neubau zahlen müssten.

Wie schon im Abschnitt „Der Fahrplan" (siehe Seiten 10 ff.) erwähnt: Neben allen wirtschaftlichen Erwägungen spielen viele immaterielle Dinge eine Rolle, wenn es um die Entscheidung für oder gegen eine Immobilie geht.

Da ist die Lage in einem gewachsenen Wohnumfeld, die sich im Grundstückspreis gegenüber einem frisch erschlossenen Neubaugebiet nicht unbedingt niederschlagen muss. Da sind die Raumhöhen einer alten Bestandsimmobilie, die heute einfach nicht mehr gebaut werden. Da ist vielleicht die alte Holztreppe, die den Geruch von 80 Jahren Bohnerwachs ausströmt ... Indes: Wie viel ihm dieses „Darüberhinaus" wert ist, kann jeder nur für sich selbst entscheiden.

■ Nachrechnen muss sein, damit man sich nichts vormacht.
■ Nachrechnen muss sein, damit Sie sich der Risiken, die Sie eingehen, auch bewusst sind.
■ Nachrechnen muss sein, damit Sie erkennen, was das Besondere, das Sie sich leisten, eigentlich wert ist.

Ohne nachzurechnen können Sie keine Entscheidung treffen.

Jetzt ist der Zeitpunkt, da Sie Ja oder Nein sagen können.

Es ist so weit

Der Schlüsselmoment: Sie halten jetzt zwar noch nicht die Schlüssel Ihres frisch rekonstruierten gebrauchten Hauses in den Händen, aber – vielleicht noch in den Gutachten und Dokumenten zur Gebäudediagnose versteckt – den Schlüssel zu Ihrer Entscheidung: Haus oder kein Haus? Darlehen oder kein Darlehen? Behalten und einziehen oder veräußern und wegziehen? Buch auf oder Buch zu?

Erfahrungsgemäß entstehen aus den Diagnosedokumenten und Gutachten viele neue Fragen – Fragen, die Sie mit Ihrem „Hausarzt" durchgehen sollten. Nehmen Sie sich Zeit für die innere und äußere

Diskussion, die von der Gebäudediagnose ausgelöst werden wird.

„Es ist so weit" heißt nicht, dass Sie jetzt zum allem und allen Ja sagen müssen. Im Gegenteil.

- Wenn der Makler Sie drängt, weil er angeblich exklusiv für Sie ein einmaliges, nie wiederkehrendes Schnäppchen zurückhält: Nein! Das ist nicht das einzige Haus, das für Sie infrage kommt. Und wenn der Makler nur dieses eine Haus für Sie hat, ist er kein guter Makler.

- Wenn der Verkäufer zu dem Termin, an dem Sie das Haus besichtigen, gleichzeitig noch zwei andere Interessenten einlädt, um seine Immobilie besonders interessant zu machen: Nein, Sie müssen dieses Spielchen nicht mitmachen; wenn die anderen Interessenten (sofern sie überhaupt echt sind) es mitmachen wollen, ist es deren Sache.

- Wenn die Bank Sie drängt, weil sie die wahnwitzig guten Zinskonditionen nur noch bis zum Ende der nächsten Woche aufrechterhalten kann: Nein, es ist nicht so, dass alle Bankgeschäfte Ende der nächsten Woche eingestellt würden. Lassen Sie sich in der übernächsten Woche ein neues Angebot geben, vielleicht ist es sogar günstiger als das aktuelle – und falls nicht: Nein, es gibt nicht nur eine Bank, die gern mit Ihnen eine Immobilie finanzieren würde.

Legen Sie also das Buch jetzt beiseite und nehmen Sie sich ganz bewusst Zeit für Ihre Entscheidung.

Der Notartermin

Wenn Sie sich zum Kauf entschlossen haben, wartet auf jeden Fall ein Notartermin auf Sie. Denn ein Immobilienkaufvertrag muss immer vor einem Notar geschlossen werden. Grundsätzlich können Sie einen Notar Ihrer Wahl mit der Beurkundung beauftragen; der Verkäufer hat dieses Recht ebenso, Sie müssen sich also mit ihm einigen.

DER NOTAR VERTRITT NICHT IHRE INTERESSEN!

Achtung! Der Notar ist nie Partei. Er vertritt nicht die Interessen der einen oder anderen Seite, sondern beurkundet lediglich das Rechtsgeschäft. Die Vertragsgestaltung richtet sich im Grundsatz nach dem Kaufvertragsrecht des Bürgerlichen Gesetzbuchs (§§ 433–453). Immer dann, wenn der Kaufvertrag ausdrücklich von Regelungen des BGB abweicht – beispielsweise der Ausschluss von Sach- und Rechtsmängeln vereinbart werden soll –, ist Vorsicht geboten. Wenn Ihnen Zweifel kommen, ziehen Sie besser einen Fachanwalt für Baurecht oder Vertragsrecht hinzu.

Grundbucheinsicht

Vor dem Notartermin sollten Sie unbedingt noch Einblick ins Grundbuch nehmen beziehungsweise vom Verkäufer einen beglaubigten Grundbuchauszug verlangen. Es gibt für den Verkäufer keinen Grund, Ihnen das zu verweigern, es sei denn, er hätte unredliche Absichten. Aus dem Grundbuchauszug können Sie ersehen, ob mit dem Grundstück „alles in Ordnung" ist. Auch die finanzierende Bank wird Ihnen keinen Euro leihen, wenn sie nicht vorher den Grundbuchauszug gesehen hat.

Man muss gar nicht allzu spitzfindig denken, um vorsichtig zu sein. So wie es viele verschiedene Motive geben kann, ein gebrauchtes Haus zu erwerben, so können beim Verkäufer auch die unterschiedlichsten Motive vorliegen, das Haus zu verkaufen. Da kann ein Familienstreit oder eine Erbauseinandersetzung ebenso den Hintergrund bilden wie ein Scheidungsurteil oder der Entschluss auszuwandern.

Was für Unannehmlichkeiten könnten Ihnen im Grundbuch begegnen?

In der Abteilung 2 des Grundbuchs werden „Lasten und Beschränkungen" eingetragen. So könnte dort bereits ein Vorkaufsrecht vermerkt sein: „Vormerkung zur Sicherung des Anspruchs auf Übertragung des Eigentums für die Stadt Musterstadt".

Eine Grunddienstbarkeit, die im Grundbuch eingetragen wird, ist das Wegerecht, das heißt das Recht eines anderen, sein Grundstück über Ihr Grundstück zu erreichen oder Leitungen (Strom, Wasser, Abwasser) vom öffentlichen Netz auf einHinterliegergrundstück zu führen.

Eingetragen werden auch persönliche Dienstbarkeiten, zum Beispiel: „Beschränkte persönliche Dienstbarkeit dahingehend: Die Stadtwerke Musterstadt sind berechtigt, auf dem Grundstück Erdkabel zu legen und zu betreiben. Gemäß Bewilligung vom …, eingetragen am …".

Auf ähnliche Weise könnte zum Beispiel auch das dauerhafte Wohnrecht der Schwiegermutter des Verkäufers im Grundbuch eingetragen sein.

Schließlich könnte im schlimmsten Fall der Nießbrauch eines Dritten am Grundstück eingetragen sein. Das geht viel weiter als das Wohnrecht in Form der beschränkten persönlichen Dienstbarkeit. Derjenige, dem der Nießbrauch zusteht, könnte das Haus nicht nur selbst bewohnen, sondern es auch an andere vermieten.

 WO LIEGT IHR GRUNDBUCH?

In 15 von 16 Bundesländern werden die Grundbücher von den zuständigen Amtsgerichten geführt. In Baden-Württemberg ist es bis 31.12.2017 noch etwas anders. Hier führen Staatliche Grundbuchämter die Bücher. Im Rechtsgebiet Badens befinden sich diese Staatlichen Grundbuchämter bei den Gemeinden. Zuständiger Grundbuchbeamter ist der Badische Amtsnotar im Landesdienst (und gegebenenfalls zusätzlich ein Rechtspfleger). In elf großen Gemeinden (Mannheim, Karlsruhe, Karlsruhe-Durlach, Freiburg i. Br., Heidelberg, Baden-Baden, Pforzheim, Konstanz, Offenburg, Lahr und Weinheim) befinden sich die Grundbuchämter direkt bei den Notariaten. Im Rechtsgebiet Württembergs führen sogenannte Bezirksnotariate die Grundbücher.
Elektronische Grundbücher lösen mehr und mehr die Papierform ab. Die internetbasierte Einsicht ist möglich, die Vor-

schriften der Grundbuchordnung (§ 133 II 2 GBO) werden angewendet (siehe http://dejure.org/gesetze/GBO/133.html). Baden-Württemberg und Nordrhein-Westfalen planen ab 2012 die schrittweise – Einführung des elektronischen Rechtsverkehrs in Grundbuchsachen.

Auflassungsvormerkung

Nach der Beurkundung des Kaufvertrags vor einem Notar muss der Eigentümerwechsel im Grundbuch eingetragen werden. Das kann einige Zeit dauern. Um in der Zwischenzeit Sicherheit zu schaffen – theoretisch könnte der bisherige Eigentümer das Grundstück so lange erneut verkaufen, wie er noch als rechtmäßiger Eigentümer im Grundbuch steht –, wird unmittelbar nach der notariellen Beurkundung des Eigentümerwechsels (der seit dem Mittelalter so genannten Auflassung) im Grundbuch regelmäßig eine Auflassungsvormerkung eingetragen. Besser

müsste sie Eigentumsvormerkung heißen, denn mit ihr wird nicht die Auflassung selbst (die ja bereits vor dem Notar vollzogen ist), sondern der Eigentumswechsel als künftige Rechtsänderung gesichert.

Mit dem Eintrag in das Grundbuch schließlich ist das Rechtsgeschäft Hauskauf vollzogen. Glückwunsch! Sie sind nun Eigentümer des Hauses mit allen Rechten und Pflichten und können sich umgehend an die eventuell notwendigen Umbau- und Sanierungsmaßnahmen machen.

PS.: Wenn Sie sich gegen ein bestimmtes Haus entschieden haben, muss Ihr „Projekt gebrauchtes Haus" ja hiermit nicht beendet sein. Wie beim Mensch-ärgere-dich-nicht-Spiel werden Sie warten, bis Sie wieder eine „6" würfeln, das heißt wieder eine geeignete Immobilie im Auge haben, und die Schrittfolge von Neuem beginnen. Sie wissen ja jetzt, worauf es ankommt.

SCHRITT 5: PLANUNG

Nachdem Sie die Entscheidung getroffen haben, das gebrauchte Haus Ihrer Wahl zu kaufen oder – wenn es Ihnen schon gehörte – zu behalten, müssen Sie anhand Ihres Raumprogramms und der Ergebnisse der Gebäudediagnose entscheiden, was und wie viel getan werden muss. Wenn Ihr gebrauchtes Haus tipptopp in Schuss ist und überdies ideal zu Ihrem eigenen Raumprogramm passt, können Sie beruhigt einziehen und die Housewarming-Party vorbereiten. Für alle anderen beginnt nun die Planungsphase.

Bestandspläne beschaffen

Für alle Umbau- und Sanierungsmaßnahmen sind exakte Planungsunterlagen erforderlich. Die Planung im Bestand muss aufgrund vorhandener Bestandspläne vorgenommen werden. Wenn Sie viel Glück haben, bekommen Sie bei der Übergabe Ihrer Immobilie auch die vollständigen Bestandspläne. Die meisten haben dieses Glück nicht.

Was Sie als Bauherr tun können?

Zunächst sollten Sie natürlich beim Verkäufer darauf bestehen, möglichst vollständige Unterlagen zu bekommen. Das ist im Idealfall eine komplette Bauakte, in der auch alle späteren Um- oder Einbauten dokumentiert sind. Dieser Idealfall ist selten. Häufig sind die erhalten gebliebenen Pläne lückenhaft – umso mehr, je

älter die Immobilie ist und je häufiger sie den Besitzer gewechselt hat.

Wenn gar keine oder nur unvollständige Unterlagen überliefert sind, sollte man sich dennoch die Mühe machen, nach ihnen zu suchen. Möglicherweise existiert das Architekturbüro oder die Firma des Bauträgers noch, die seinerzeit für den Neubau verantwortlich waren. Das ist umso wahrscheinlich, je neuer das Haus ist.

Eine weitere Möglichkeit ist, beim zuständigen Bauamt nach der Bauakte zu fragen. Mit etwas Glück wird man dort fündig, zumindest was den „amtlichen" Teil der Planungsunterlagen anbetrifft. Das ist, zumal wenn Kriegseinwirkungen oder andere widrige Zeitumstände die Pläne dezimiert oder vernichtet haben, die einzige Alternative zu „gar kein Plan".

 WELCHE GESCHICHTE HAT DAS HAUS?

Wenn Sie für Ihren „Hausarzt" die Unterlagen zusammenstellen: Suchen Sie nicht nur nach Zeichnungen. Auch Handwerkerrechnungen und Lieferscheine können weiteren Aufschluss geben, beispielsweise über die Art der abgerechneten Arbeiten bei früheren Sanierungs- oder Umbaumaßnahmen, über das verbaute Material usw.

Bestandspläne prüfen

Selbst eine augenscheinlich vollständige Bauakte – gewissermaßen das Handbuch

Vergleich einer Bestandszeichnung einer Doppelhaushälfte mit einer modernen CAD-Darstellung des gleichen Objekts (Abb. Seite 101)

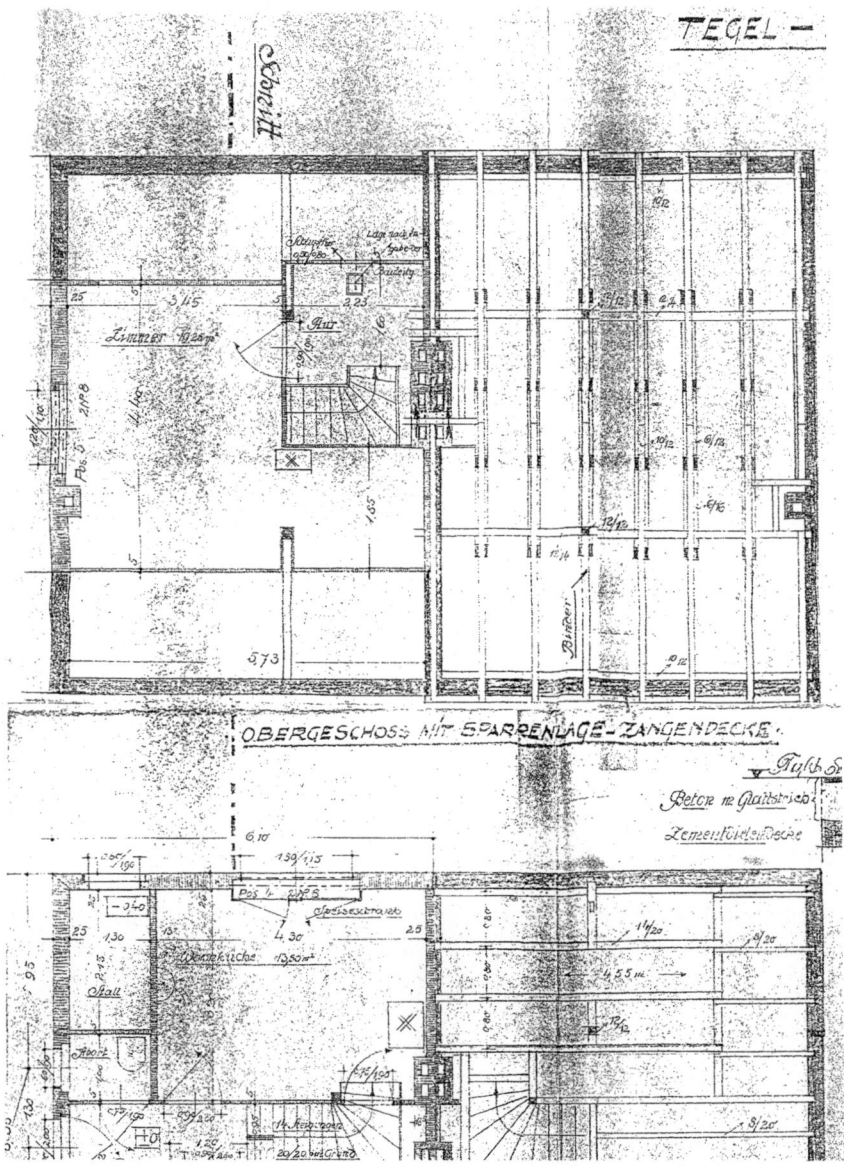

Legende

Ulrich Zink, Dipl.-Ing. (FH)
Freier Architekt, BDA VDA
Elisabethweg 10, D-13187 Berlin
Tel.: (030) 49 98 96 - 0
Fax: (030) 49 98 96 - 11
Funk: 0172 / 39 13 260
Internet: www.integraberlin.de
integra consulting
architekten & ingenieure

Projekt:
Umbau / Sanierung
Doppelhaushälfte

**Dachgeschoss
Planung Variante 1** | DG

1:100
06017
Maße verantwortlich prüfen ! | 13.09.06 | 6.3.1.7

Zimmer 5.05 m²
Bad 6.13 m²
Flur 2,7 m²
Zimmer 17,0 m²
Ankleide 5,21 m²

Legende

Ulrich Zink, Dipl.-Ing. (FH)
Freier Architekt, BDA VDA
Elisabethweg 10, D-13187 Berlin
Tel.: (030) 49 98 96 - 0
Fax: (030) 49 98 96 - 11
Funk: 0172 / 39 13 260
Internet: www.integraberlin.de
integra consulting
architekten & ingenieure

Projekt:
Umbau / Sanierung
Doppelhaushälfte

**Erdgeschoss
Planung** | EG

1:100
06017
Maße verantwortlich prüfen ! | 12.09.06 | 5.3.1.7

Terrasse 6.8 m²
Wohnen 16,8 m²
Küche optional
Essen 12,50 m²
Eingang
Flur 6,7 m²
Bad 5,7 m²
Zimmer 11,8 m²

zum Haus – bietet keine absolute Sicherheit, dass alles korrekt dokumentiert ist. Möglicherweise gab es schon während des Neubaus Änderungen gegenüber der Planung, die nicht dokumentiert wurden. Möglicherweise hatte einer der Vorbesitzer der Immobilie Grund, Abweichungen von der genehmigten Planung nicht zu dokumentieren. Sehr häufig tritt auch das umgekehrte Phänomen auf: Die Bauakte ist 100-prozentig korrekt, aber das Haus ist es nicht (mehr). Bauteile sind im Laufe der Zeit verschlissen und wurden nicht mehr ersetzt. Oder sie sind überflüssig geworden, wurden irgendwann abgebaut und man vergaß, die Dokumentation entsprechend nachzuhalten. Auch solche Diskrepanzen sind für den Hausarzt interessant. Kann doch zum Beispiel das Vorhandensein eines Vordachs in der ursprünglichen Planungszeichnung, das heute am Gebäude aber fehlt, Hinweise auf Eingriffe an der Außenwand geben, mit der das (nicht mehr vorhandene) Vordach einstmals verbunden war.

Der Abgleich der Bestandspläne mit der Wirklichkeit führt – jedenfalls bei älteren Immobilien – in der Regel dazu, dass neue, aktuelle Planungsunterlagen erstellt werden. Das muss mittels eines professionellen Aufmaßes (einer Neuvermessung) und einer computergenerierten CAD-Zeichnung erfolgen. Die technischen Möglichkeiten spezialisierter Ingenieurbüros erlauben es mittlerweile, klassische Pläne auf Papier zu digitalisieren und diese in die neue – digitale – Bauakte zu übernehmen.

NEUE BESTANDSPLÄNE ERSTELLEN

Alte Bestandspläne werden mit der Wirklichkeit abgeglichen und aktualisierte Bestandspläne angefertigt. Ein genaues Aufmaß des vorhandenen Baus ist dabei die Grundvoraussetzung für eine solide und wirtschaftliche Planung. Scheut der Bauherr die Mehrkosten für die Aufmaßarbeiten, spart er an der falschen Stelle. Das frühzeitige Erkennen unklarer Verhältnisse am Bau, die beim Bauen im Bestand regelmäßig auftreten, gleicht die zusätzlichen Kosten mehr als aus.

Was ist beim Aufmaß und bei der Bestandszeichnung zu beachten?

Lageplan

Zunächst ist ein exakter Lageplan erforderlich. Es kann sich als nützlich erweisen, einen amtlichen Lageplan zu haben, der dann die Außenmaße und die exakte Lage des vorhandenen Bauwerks verlässlich darstellt. Von Bedeutung ist das insbesondere dann, wenn Erweiterungen des Gebäudes geplant werden, die baurechtlich relevant sind (siehe Seite 113).

Grundrisse

Auch bei den Grundrissen müssen alle erforderlichen Informationen eingearbeitet werden, das heißt die Raumgrößen, die Türen und Fenster, die Konstruktionsarten, Raumhöhen, Deckenhöhen, Unterzüge, Wandstärken usw. – mit anderen Worten: möglichst alles, was aus bautechnischer Sicht relevant ist. Häufig haben sich im Laufe der Jahrzehnte durch Besitzerwech-

sel oder Nutzungsänderungen bauliche Veränderungen ergeben, die in den alten Bestandsplänen nicht exakt nachgehalten worden sind.

Schnitte und Ansichten

Die Ansichten bilden das Pendant zum Grundriss. Sie zeigen die erhabenen Teile des Gebäudes. Die Vorderansicht wird traditionell Aufriss genannt, die Seitenansicht von links Seitenriss oder Kreuzriss. Die Ansichten geben die äußere Gestalt des Gebäudes wieder; angegeben werden darin die Fenster und Türen sowie die Form des Daches. Auch die Anschlüsse an angrenzende Gebäude unter Angabe des vorhandenen und künftigen Geländes an den Eckpunkten der Außenwände sind anzugeben, ebenso die Höhenlage des künftigen Geländes sowie die Wandhöhe, bei geneigten Dächern auch die Dachneigung und die Firsthöhe.

In den Schnitten werden die Geschosshöhen, die lichten Raumhöhen, Treppen und Rampen sowie Anschnitte des vorhandenen und des künftigen Geländes eingezeichnet.

 ### BAUELEMENTE EINDEUTIG KENNZEICHNEN

Räume, Fenster und Türen sind die in einer Bauzeichnung wohl häufig vorkommenden Elemente. Um Irrtümer auszuschließen und später lange Erklärungen zu vermeiden, welches Fenster denn nun gemeint ist und welche Farbe in welchen Raum gehört, empfiehlt es sich von vornherein, Räume, Fenster und Türen methodisch zu nummerieren.

Flächenberechnung

Auch bei der Flächenberechnung wird sich Ihr Hausarzt nicht auf die vorhandenen Angaben alter Pläne verlassen. Falsch berechnete Flächen sind nicht nur für das Mietrecht ein immer wiederkehrendes Problem, das zu Rechtsstreiten führt. Auch der Besitzer eines Hauses will mög-

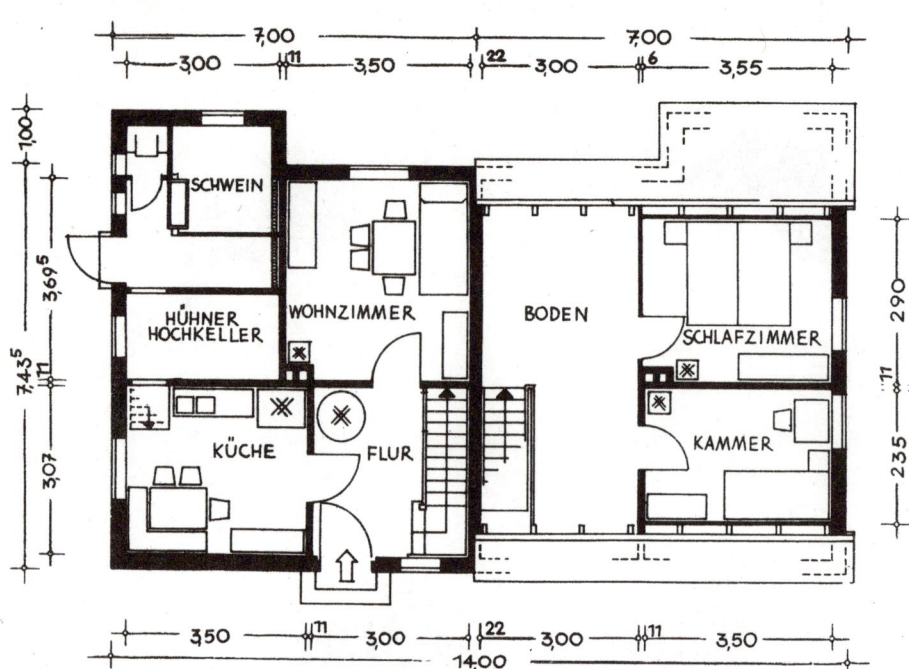

lichst genau wissen, welche Flächen er zur Verfügung hat und diese mit dem Raumprogramm, das er in Schritt 1 aufgestellt hat, abgleichen können. Die Ermittlung von Rauminhalten und Grundflächen bei Bauwerken erfolgt nach der Norm DIN 277. Grundsätzlich sollten alle – auch die derzeit nicht genutzten – Räume eines Hauses präzise ausgewiesen werden. Damit schafft man sich unter Umständen Optionen für eine weitergehende Nutzung oder für spätere Ausbauvarianten.

Vom Bestandsplan zum Entwurfsplan

Erst wenn die Bestandspläne vollständig vorliegen und sie präzise der gebauten Wirklichkeit des gebrauchten Hauses entsprechen, können Sie seriös abschätzen, ob das Haus den Vorstellungen und Bedürfnissen, die Sie vorab formuliert haben, entspricht. Es sollte schließlich nicht nur zu Ihrer gegenwärtigen Lebensweise passen, sondern auch mit Ihrer Lebenspla-

nung für morgen und übermorgen harmonieren.

An dieser Stelle kommt wieder das Bauherrenprofil mit Ihrem idealen Raumprogramm aus Schritt 1 (ab Seiten 16 ff.) ins Spiel. Anhand dieser Vorgaben müssen Sie prüfen, wie sich Ihre Wünsche und Bedürfnisse mit den tatsächlichen baulichen Gegebenheiten in Übereistimmung bringen lassen.

Grundsätzlich haben Sie ja zu Ihrer Immobilie schon einmal Ja gesagt. Gewiss hätten Sie sich die Mühe bis zu diesem fünften Schritt nicht gemacht, wenn Sie schon zu Anfang gesehen hätten, dass das Haus überhaupt nicht zu Ihnen passt.

Nun aber kommt es darauf an, mit einer pfiffigen Planung das Maximum aus dem Gebäude herauszuholen und dabei dennoch die Wesensmerkmale des Hauses hinsichtlich Baukultur, Architektur und Stil zu erhalten. Hier darf Ihr „Hausarzt" als Altbauexperte zeigen, was er kann. Gerade bei Gebäuden, die einmal landwirt-

Grundriss eines ländlichen Kleinsiedlungshauses von 1951

schaftlich genutzt waren – das dürfte für unsere Beispielnutzer interessant sein, die sich für das Leben auf dem Land entschieden haben (siehe Seite 115) –, lassen sich oft viele Räume für Wohnzwecke erschließen, die zuvor Wirtschaftszwecken vorbehalten waren. Allerdings besteht gerade hier auch oft der größte Sanierungsbedarf. Bauern- und Handwerkerhäuser entstanden seinerzeit oft in einfacher Bauweise. Kriegszeiten und Wirtschaftskrisen verhinderten eine rechtzeitige Erneuerung und Sanierung.

Im Osten Deutschlands verhinderten die „sozialistischen Eigentumsverhältnisse" und die damit verbundene Plan- und Mangelwirtschaft viel zu lange, dass private Hausbesitzer für ihre Immobilien tun konnten, was nötig gewesen wäre. Und schließlich sind viele „Verschönerungskuren", die nach 1990 eilig an manchen Altbauten vorgenommen wurden, heutzutage bereits wieder zum Sanierungsfall geworden.

Genehmigungsplanung

Die Genehmigung muss erfolgen, wenn für die erforderlichen Sanierungs-, Modernisierungs- und Umbaumaßnahmen ein Bauantrag eingereicht werden muss. Ziel des Bauantrags ist es, bei der zuständigen Behörde eine Baugenehmigung zu erwirken.

Daher der Name Genehmigungsplanung. Der Architekt oder Bauingenieur erstellt die Genehmigungspläne mit allen erforderlichen Angaben: Grundrisse, Ansichten und Schnitte im Maßstab 1:100, Lageplan im Maßstab 1:500 oder 1:1 000, Wohnflächenberechnung nach DIN 277. Im untersten Geschoss wird die Entwässerung dokumentiert.

Die Dokumente der Genehmigungsplanung werden vom Bauherren oder einem von ihm bevollmächtigten Dritten mit dem Bauantrag bei der Bauaufsichtsbehörde eingereicht.

Im Zuge der Vereinfachungen der Genehmigungsverfahren und der Verschlankung der behördlichen Bürokratie hat sich für bestimmte Bauvorhaben (meist über sogenannte Gebäudeklassen in den Landesbauordnungen definiert) die Praxis der Genehmigungsfreistellung durchgesetzt. Für dieses Freistellungsverfahren müssen die Planungsunterlagen aber dennoch erstellt und bei der Bauaufsichtsbehörde eingereicht werden. Denn die muss innerhalb einer relativ kurzen Frist (in Nordrhein-Westfalen zum Beispiel etwa ein Monat) entscheiden, ob die eingereichten Unterlagen die Genehmigungsfreistellung rechtfertigen oder ob aus unterschiedlichen Gründen dennoch ein Baugenehmigungsverfahren erforderlich ist.

SAN-RE-MO

Sanieren – Renovieren – Modernisieren sollte nach einem einheitlichen Konzept erfolgen. In dieser Phase müssen gegebenenfalls weitere Experten hinzugezogen und deren Mitwirkung in der Planung verankert werden.

SCHRITT 6: FACHLEUTE – SACHVERSTÄNDIGE – EXPERTEN

Relativ früh müssen Sie gemeinsam mit Ihrem „Hausarzt" klären, ob weitere Experten eingeschaltet werden müssen und welche das sein sollen – zum Beispiel Statiker, Holzschutzgutachter, Vermesser usw..
Je unübersichtlicher die bauliche Situation ist, desto eher sollte bei begründetem Verdacht ein „Facharzt" eingeschaltet werden.

Einen Schritt vor,
zwei Schritte zurück?

Werfen Sie einen Blick auf die Gebäudediagnose, die der „Hausarzt" in Schritt 4 erstellt hat (siehe Seiten 74/75.). Dort fanden sich auf dem Schaubild des Schwächen-Stärken-Profils noch zahlreiche ▒-Symbole. Sie bedeuteten, dass eine genauere Aussage erst nach weiterer Untersuchung möglich ist. Jetzt, wo die Planung voranschreitet, muss diese genauere Untersuchung erfolgen. Das Risiko, einen Schaden mit einer Modernisierungsmaßnahme" versehentlich zu überbauen, muss ausgeschlossen werden.

Im geschilderten Fall betraf das den gesamten Dachbereich, sämtliche Fassadenöffnungen (Fenster, Balkon- und Terrassentüren), die Außenwandbekleidungen, die Heizungs- und Sanitärinstallationen, die Grundleitungen (Wasser, Abwasser) und alle erdberührten Bauteile. Hier müssen den Sanierungsmaßnahmen genaue Untersuchungen vorausgehen, damit präzise festgestellt werden kann, was zu tun ist. Ebenso wichtig ist es, für gesunde Bauteile die Sicherheit zu gewinnen, dass sie tatsächlich gesund sind – und dass nichts gemacht werden muss.

An dieser Stelle werden Sie als Bauherr vielleicht das Gefühl haben, immer wieder auch einen Schritt zurück zu gehen. In der Tat ist auf unserem Elf-Schritte-Weg zum gebrauchten Haus ein einmal gegangener Schritt nicht ein für alle Mal abgehakt. Vielmehr muss in der Planungsphase der Abgleich mit der Finanzplanung erfolgen. Fördern genauere Untersuchungen neue Schäden zutage, deren Behebung einen erheblichen finanziellen Mehraufwand gegenüber dem kalkulierten Budget bedeuten würde, muss gemeinsam mit dem „Hausarzt" über Lösungen nachgedacht werden. Schließlich steht die Phase der Ausschreibung und Vergabe noch aus – und auch da lässt sich der eine oder andere Euro noch herausholen.

Auch das Raumprogramm muss gegebenenfalls noch einmal revidiert werden, sollte sich nämlich herausstellen, dass die „Fachärzte" eine ursprünglich geplante Veränderung nicht für realisierbar halten.

Architekt

Einen Architekten als „Facharzt" brauchen Sie wahrscheinlich nur, wenn Ihr „Hausarzt" kein Architekt ist. In diesen Fällen ist er als Spezialist erforderlich.

Tragwerksplaner (Statiker)

Einer der am häufigsten benötigten Bauspezialisten ist der Tragwerksplaner, auch Statiker genannt. Sollen Gebäudeteile, namentlich tragende Teile eingreifend verändert werden, muss der Statiker hinzugezogen werden, sofern Ihr „Hausarzt"

nicht selbst die Qualifikation hat. Ihm obliegt es in der Regel, den sogenannten Standsicherheitsnachweis zu führen. Bei allen Veränderungen am Haus, welche tragende Teile betreffen, wird der Architekt als „Hausarzt" häufig auch einen Statiker hinzuziehen.

Auch wenn das Umbauen jetzt noch gar nicht auf der Tagesordnung steht, muss es gedanklich doch schon vorweggenommen werden: Für den Fall, dass Sie Ihr Raumprogramm nur mit erheblichen Umbauten realisieren können, wird Ihnen ein Statiker schon vorab sagen können, was grundsätzlich möglich ist und was nicht – oder nur mit einem unvertretbar hohen Kostenaufwand.

Geotechniker

Steht das Haus auf einem schwierigen Untergrund – zum Beispiel an Hanglagen, vor Böschungen und Geländesprüngen oder in einem Bergbaufolgegebiet, kann unter Umständen ein Geotechniker der geeignete Spezialist sein, um Risikofaktoren für das Gebäude abzuschätzen und/oder Sicherungsmaßnahmen vorzuschlagen und zu planen.

Dass eine solche Vorsicht bei schwierigen Geländeverhältnissen nicht übertrieben und geologische Gefahren nicht aus der Luft gegriffen sind, beweist der katastrophale Erdrutsch vom Juli 2009 in Nachterstedt (Sachsen-Anhalt), der zwei Häuser in einen See riss, mehrere andere unbewohnbar machte und drei Menschenleben kostete. Das war sicher ein ziemlich einzigartiger Extremfall, aber Ihr „Hausarzt" wird Ihnen raten können, ob Sie einen Geotechniker als „Facharzt" hinzuziehen sollten.

Energieberater

Besonders unter steigenden Energiekosten auf der einen und den gesetzlichen Anforderungen der Energieeinsparverordnung (EnEV) und der 1. Bundes-Immissionsschutzverordnung (1.BImSchV) auf der anderen Seite werden Fragen der Energieeffizienz relevant, wenn Sie an den Kauf einer gebrauchten Immobilie denken.

„Energieberater" ist keine gesetzlich geschützte Bezeichnung. Auch der Baustoffhändler aus der Nachbarschaft kann sich Energieberater nennen, wenn er Ihnen einen Dämmstoff für Ihre Hausfassade anbietet. Vielleicht haben Sie Glück und Sie kaufen das Richtige. Vielleicht haben Sie Pech, und er berät Sie auch nur im eigenen wohl verstandenen Geschäftsinteresse. Wenn Sie Lust auf Glücksspiel haben, besuchen Sie lieber eine Spielbank und zocken Sie nicht ausgerechnet bei der energetischen Sanierung Ihres Hauses.

Für die Qualifizierung zum Energieberater gibt es keine bundeseinheitlichen Abschlüsse. Dennoch gibt es Kriterien, an denen Sie die Neutralität und Qualifikation einer Energieberatung erkennen können.

In der Bundesrepublik Deutschland beschäftigt sich als zentrale Behörde das Bundesamt für Wirtschaft und Ausfuhrkontrolle (BAFA) mit der Qualifikation der Energieberater. In dem Zusammenhang ist interessant, welche Anforderungen diese Bundesbehörde stellt, wenn die Vor-Ort-Beratung durch Energieberater gefördert werden soll. „Förderfähig ist eine Vor-Ort-Beratung, die sich umfassend auf den baulichen Wärmeschutz sowie die Wärmeerzeugung und -verteilung unter Einschluss der Warmwasserbereitung und der Nutzung erneuerbarer Energien bezieht. Zusätzliche Boni sind möglich, wenn die Beratung durch Empfehlungen zur Stromeinsparung, thermografische Untersuchungen oder Luftdichtigkeitsprüfungen nach DIN 13829 (sogenannte Blower-Door-Tests) ergänzt wird", heißt es in der Richtlinie.

Das Bundesamt legt strenge Maßstäbe an diejenigen Berater an, die berechtigt sind, Fördermittel zu beantragen. Antragsberechtigt sind der Richtlinie zufolge als Berater:

● Ingenieure und Architekten, die durch ihre bisherige berufliche Tätigkeit die für eine Energieberatung notwendigen speziellen Fachkenntnisse, insbesondere in den Teilbereichen Wärmebedarfsermittlung, Wärmeschutztechnik, Heizungstechnik, Erneuerbare Energien und Allgemeine Energiesparberatung erworben haben;

● Ingenieure und Architekten, die durch zusätzliche Fortbildungsmaßnahmen nach Anlage 3* der Richtlinie die für eine Energieberatung notwendigen speziellen Fachkenntnisse erworben haben;

● Absolventen der Lehrgänge der Handwerkskammern zum/zur geprüften „Gebäudeenergieberater/in (HWK)";

Thermografische Darstellung einer ungedämmten Hauswand (linker Gebäudeteil) im Vergleich zur bereits gedämmten Gebäudehülle (rechter Gebäudeteil). Rot und gelb erscheinen die „heißen" Zonen, die Wärmeverlust signalisieren.

■ Absolventen geeigneter Ausbildungskurse, deren Mindestinhalte und Eingangsvoraussetzungen in Anlage 3* der Richtlinie festgelegt sind.

(* Die genannte Anlage 3 regelt die Mindestanforderungen an die Durchführung von Aus-/Weiterbildungsmaßnahmen sowie deren Eingangsvoraussetzungen; sie ist, wie die gesamte Richtlinie für die Vor-Ort-Beratung, einzusehen unter der Adresse: www.bafa.de/bafa/de/energie/energiesparberatung/vorschriften/energie_vob_richtlinie_2009.pdf .)

Das Bundesamt legt größten Wert auf die Unabhängigkeit der Berater. Die Richtlinie legt daher ausdrücklich fest: „Als Berater ist nicht antragsberechtigt, wer mit der Beratung ein wirtschaftliches Eigeninteresse an bestimmten Investitionsentscheidungen des Beratenen haben kann und deshalb nicht unabhängig ist."

Hingegen hält es die Bundesbehörde nicht für erforderlich, dass ein Energieberater alles selbst kann. Für so spezielle Analysen wie thermografische Untersuchungen und Blower-Door-Tests (Luftdichtigkeitsprüfungen) kann er auch einen externen Spezialisten hinzuziehen, hat dessen Ergebnisse aber in seinem Gutachten zu verantworten.

Die von manchen Publikationen verbreitete Ansicht, die bei der BAFA registrierten Energieberater seien von der Bundesbehörde zugelassene Berater, trifft indes nicht zu. Die BAFA ist keine Zulassungsbehörde. Wer „in einem Unterneh-men tätig ist, das Leistungen oder Produkte im Bereich der Erstellung oder Sanierung von Gebäuden anbietet", ist bei der BAFA zwar nicht berechtigt, Fördermittel für die Energieberatung zu beantragen, kann aber dennoch ein hervorragender Energieberater sein, wenn er über die entsprechenden Qualifikationen verfügt.

Zu einem neuen Beratungsportal in Sachen Energieeffizienz haben sich der Bundesarbeitskreis Altbauerneuerung (BAKA), das Deutsche Energieberater-Netzwerk (DEN) und der Gebäudeenergieberater-Ingenieure-Handwerker Bundesverband (GIH BV) in Kooperation mit der KfW und der Deutschen Energie-Agentur (dena) zusammengeschlossen. Mithilfe von Kriterien, welche die Verbände gemeinsam mit der Kreditanstalt für Wiederaufbau und dem Bundesministerium für Verkehr, Bau und Stadtentwicklung entwickelt haben, wird die Qualifikation der dort eingetragenen Energieberater stets aktuell überprüft und damit die Qualität der Beratung dauerhaft gesichert. Mehr Informationen dazu unter www.energieberater-2020.de .

Spezialisten für Blower-Door-Tests und Thermografie

Unter den Energiefachleuten gibt es eigene Gruppe von Spezialisten, die Thermografiegutachten erstellen und Blower-Door-Tests durchführen. Diese Experten werden Sie wahrscheinlich nicht nur einmal am Bau brauchen, denn es wäre fatal, einen Blower-Door-Test erst am Ende der Baumaßnahmen kurz vor der Abnahme durch-

zuführen. Wenn dann nämlich Leckagen in der Gebäudehülle festgestellt und Wärmebrücken nachgewiesen werden, ist es schwer, die Schwachstelle zu finden und zu reparieren. Die ganze Wand, die gerade so fertig und so schön aussah, muss dann vielleicht noch einmal geöffnet werden. Die entsprechenden Untersuchungen sollten also baubegleitend durchgeführt werden und nicht erst, nachdem die Tapeten geklebt und die Wände gestrichen sind.

Mittels Thermografie macht man sichtbar, was das Auge normalerweise nicht sehen kann. Entsprechend fein kalibrierte Messsysteme vermögen selbst geringste Temperaturunterschiede zu erkennen. Unter anderem werden mittels Thermografie Fehlstellen am Wärmeschutz einer Gebäudehülle festgestellt (wie zum Beispiel Wärmebrücken, unzureichend ausgeführte Bauteilanschlüsse, schadhaft gewordene Dämmschichten im Dach usw.).

◣ ACHTUNG ZUSCHUSS!

Das Bundesamt für Wirtschaft und Ausfuhrkontrolle fördert Energiesparberatung vor Ort durch Zuschüsse: mit 300 Euro für Ein- und Zweifamilienhäuser, mit 360 Euro für Wohnhäuser mit mindestens drei Wohneinheiten. Werden Hinweise zur Stromeinsparung integriert, können 50 Euro Bonus gezahlt werden. Weitere Zusatzuntersuchungen lösen weitere Boni aus: für thermografische Aufnahmen 25 Euro pro Thermografie, aber höchstens 100 Euro, für den Blower-Door-Test nach DIN 13829 100 Euro (Blower-Door-Test und Thermografie sind in der Förderung aber nicht kombinierbar).

Beachten Sie bitte: Um Energieverluste durch die Gebäudehülle zu visualisieren, sollen thermografische Aufnahmen in der Regel in der Heizperiode durchgeführt werden; die Temperaturdifferenz zwischen beheiztem Wohnraum und Umgebung sollte wenigstens 10 Grad betragen.

Fachingenieure HLSE

Fachingenieure für Heizung, Lüftung, Sanitär- und Elektrotechnik werden hinzugezogen, wenn sich an den bautechnischen Installationen gravierende Probleme zeigen oder wenn ein völlig neues System – wie etwa die mechanische Belüftung – neu eingebaut werden soll. Im geschilderten Fall war im Schwächen-Stärken-Profil vermerkt worden, dass der Zustand der Grundleitungen einer weiteren Überprüfung bedarf. Auch wenn hausseitig alles ohne Befund zu sein schien, kann erst ein genauer Blick ins Rohr – mittels einer Kanalkamera – letzte Gewissheit geben, dass auch bis hin zum Anschluss ans öffentliche Netz alles in Ordnung ist.

Umweltingenieure

Erwirbt man ein altes Gebäude, hat man oft keinen genauen Überblick über die Reihe der Vorbesitzer und Vornutzer. Überall dort, wo über die vorangegangene Nutzung irgendetwas ungeklärt bleibt, wo Pläne und Unterlagen tatsächlich oder angeblich nicht aufzufinden sind, ist Vorsicht geboten. Ist in dem Haus in der Lohestraße tatsächlich früher einmal eine Gerberei betrieben worden, wie die Nachbarn behaupten? Trifft es zu, dass sich auf dem Hammergrundstück, auf dem das besonders günstig angebotene Einfamilienhaus steht, früher eine Müllgrube befand? In

den Sechzigerjahren wurde oft ohne viel Skrupel bebaut, was in den Zwanzigerjahren zugeschüttet worden war. So stand in Wiesbaden jahrzehntelang ein Kindergarten auf dem Grundstück des ehemaligen Gaswerks, das 1898 geschlossen und abgerissen worden war. In sieben Meter Tiefe befand sich eine große Teergrube, randvoll mit flüssigen und zähflüssigen Teerresten, die seinerzeit einfach zugeschüttet worden waren, aber die über Jahrzehnte hinweg an die Oberfläche ausdünsteten. Der Kindergarten musste geschlossen und abgerissen werden; die Bodensanierung nahm acht Monate in Anspruch und kostete 3,3 Millionen Euro. Damit es nicht erst so weit kommt und Ihnen dergleichen in Ihrem privaten Haus erspart bleibt, empfiehlt sich die Untersuchung durch einen Umweltingenieur, sobald sich ein Verdachtsmoment für eine ungeklärte Vornutzung Ihrer Immobile ergibt.

Holzschutzexperten

Was macht man mit einem defekten Balken? Und wie ist der Schaden überhaupt zu bewerten? War die Belastung einmalig oder besteht die Gefahr weiterer Schäden? Ihr „Hausarzt" muss kein Alleskönner sein, aber er wird an dieser Stelle den richtigen Spezialisten einschalten, einen Holzschutzgutachter, einen Sachverständigen für Holz- und Bautenschutz.

SACHKUNDENACHWEIS HOLZSCHUTZ AM BAU

Der „Sachkundenachweis Holzschutz am Bau" dokumentiert eine erfolgreich abgelegte Sachkundeprüfung. Der Inhaber verfügt demnach über die in DIN 68 800, Teil 4 geforderten Kenntnisse und Fertigkeiten entsprechend dem Stand von Wissenschaft und Technik für die Vorbereitung, Anleitung, Durchführung und Prüfung von gesundheitlich unbedenklichen und umweltverträglichen Holzschutzmaßnahmen zur Bekämpfung holzzerstörender Pilze und Insekten sowie sonstiger Einflüsse.

Vermesser

Öffentlich bestellte und vereidigte Sachverständige für Vermessungswesen beschäftigen sich mit der messtechnischen Erfassung von relevanten Punkten auf der Erdoberfläche, in Räumen und an Objekten (zum Beispiel Gebäuden), welche zu einem bestimmten Zweck benötigt werden. Sie sind zuständig für den amtlichen Lageplan und werden immer dann gebraucht, wenn das Grundstück neu zu vermessen ist, wenn die Grundstücksgrenzen nach ihrem tatsächlichen Verlauf geprüft und vor Ort fixiert werden müssen oder die aktuelle Bebauung von Grundstücken festzustellen ist. Dies wird im weitesten Sinn als Katastervermessung verstanden. Daraus werden Karten im Maßstab 1:1 000 oder 1:500 erstellt. Auch wenn Anbauten eingeplant werden, muss mit dem Bauantrag ein Lageplan eingereicht werden.

Ingenieursvermessungen können notwendig werden, wenn die An- und Umbaumaßnahmen einen größeren Umfang erreichen. Dann können unter Umständen Maßermittlungen, das Abstecken von Bauachsen und -höhen sowie als baubegleitende Maßnahme Setzungsmessungen und weitere Kontrollmessungen erforderlich werden. Die Übersicht auf Seite 114 hilft Ihnen, den Einsatz der „Fachärzte" zu disponieren.

Ist guter Rat teuer?

Das kommt auf die Maßstäbe an, die man selbst setzt. Guter Rat in unserem Sinn ist Expertenwissen, das auf neuesten Erkenntnissen und auf langjähriger Erfahrung beruht, das sich auf Netzwerke und auf technische Hilfsmittel stützt, die auch nicht umsonst zu haben sind.

Viele Immobilienkäufer scheuen sich vor diesen „Nebenkosten", den Planungskosten. Aber auch Kompetenz und Erfahrung haben ihren Preis. Wer hier ein Schnäppchen machen will, muss mit Folgen rechnen, die am Ende viel kostspieliger ausfallen können. Bei der Auswahl der richtigen Fachleute muss man von Anfang an auch an die Honorare denken.

Prüfen Sie gemeinsam mit Ihrem Baubegleiter die Leistungsangebote der Experten. Mitunter werden einfach mal Leistungen weggelassen, um sich kostengünstiger darzustellen. Aber würden Sie sich ein Auto mit drei Rädern kaufen – in der Hoffnung, es würde am Ende auch schon irgendwie fahren?

WELCHER PLANER – FACHPLANER

	Nicht nötig	Ggf. nötig	In jedem Fall	Beauftragt
Vermessungsingenieur				
Architekt				
Tragwerksplaner				
Fachingenieur für HSLE				
Energieberater / Gutachter				
Thermografiegutachter				
Holzschutzgutachter				
Sachverständiger für Schadstoffe / Umweltingenieur				
Geotechniker				

Die richtigen „Fachärzte" haben ihren Preis. Deren Leistungen sollten möglichst exakt beschrieben werden, um damit ein konkretes Angebot ableiten zu können.

Für Planungsleistungen gibt es in der Honorarordnung für Architekten und Ingenieure (HOAI) Positionen, an denen man sich orientieren kann. Die Volltextfassung ist im Internet unter www.hoai.de/online/HOAI_2009/HOAI_2009.php zu finden.

Zwei sehr wichtige Neuerungen gibt es in der aktuellen Fassung von 2009:

Erstens gelten als Basis für die Honorierung aller Leistungsphasen nun die Kostenberechnungen. Damit werden die Honorare von den tatsächlichen Baukosten abgekoppelt, was verhindert, dass mit steigenden Kosten während der Bauzeit automatisch die Honorare steigen.

Zweitens werden Honorare für Beratungsleistungen nun frei vereinbart. Die in der Anlage 1 zur HOAI gegebenen Honorarrahmen für Beratungsleistungen gelten lediglich als Empfehlungen. Das betrifft unter anderem

- Leistung Umweltverträglichkeitsstudie
- Leistungen für Thermische Bauphysik
- Leistungen für Schallschutz und Raumakustik
- Leistungen für Bodenmechanik, Erd- und Grundbau
- Vermessungstechnische Leistungen.

Erfahrungswerte aus der Praxis sind:
- Gebäudediagnose: 650 – 1 500 Euro (Wohnhaus ca. 200 qm)
- Planungsleistungen: ca. 10 – 15 % der Bausumme
- Tragwerksplaner: ca. 2 – 5 % der Bausumme
- Holzschutzgutachten: nach Aufwand 1 000 – 4 000 Euro

SCHRITT 7: MASSNAHMEN- UND LEISTUNGSBESCHREIBUNG

Nach dem ersten Maßnahmenkonzept, das aus dem Schritt 4 resultierte, geht nun die Planung vom Allgemeinen ins Besondere und ins Einzelne. In diese Planung müssen jetzt alle Wünsche einfließen, die der Bauherr hat, um sein Raumkonzept durchzusetzen.

Wohnen auf dem Land – mit Hindernissen

Eine Bauherrenfamilie hatte sich entschlossen, den alten Familiensitz in Brandenburg wieder in Schuss zu bringen, eine ausgedehnte Hofanlage mit Wohn- und Wirtschaftsgebäuden.

Etwas von oben herab hätte man urteilen können: Das Positivste, was sich über die Gebäude sagen ließ, war, dass sie noch standen. Das Hauptmotiv aber, das die Bauherrenfamilie zu einem klaren „Ja" zur Altimmobilie bewog, war die starke emotionale Bindung an den landschaftlichen und geschichtlichen Raum – und an das Anwesen selbst, das der Familie seit dem 13. Jahrhundert gehört.

Die Gebäudesubstanz, die hier zu bewerten war, stammt aus dem Jahr 1881. Wie nicht anders zu erwarten, blieb seinerzeit die Qualität der Bauausführung im ländlichen Raum hinsichtlich des verwendeten Materials, des architektonischen Entwurfs und der Bauausführung des Ganzen und der Details hinter repräsentativen Bauten in den Großstädten der Gründerzeit zurück.

Gebäudediagnose

Die systematische Gebäudediagnose ergab in den sieben Diagnosekomplexen (siehe Seiten 116/117) besonders bei der Gebäudetechnik großen Erneuerungsbedarf. Die Komplexe A (Abdichtung/Feuchtigkeit), B (Fassade/Außenhaut) und C (Konstruktion/Mauerwerk/Decken) deckten alsbaldigen Handlungsbedarf auf.

Die Diagnose ergab im Einzelnen für den Diagnosekomplex A (Abdichtung Feuchtigkeit) einen relativ geringen Überarbeitungsbedarf bei der Dacheindeckung, an Dachrinne und Fallrohren sowie an Balkon/Terrasse und an den Fenstern, Türen (Schadensgrad bzw. Reparaturstellen bis 10 Prozent) und am Schornstein (Schadensgrad bis 25 Prozent). Die Fassadenoberfläche musste als verbraucht bewertet werden; einzelne Risse und Fehlstellen sowie Wasserränder im Bereich von Konsolen und Gesimsen lassen einen Schadensgrad bis 25 Prozent erkennen.

Dramatisch schlecht ist die Situation indes an den erdberührten Bauteilen. Das Schadensbild mit erheblichen Schäden durch aufsteigende Feuchtigkeit, Putzabplatzungen und Ausblühungen an den Bauteiloberflächen innen und außen – zeigt, dass hier die Abdichtung – sowohl horizontal als auch vertikal – mangelhaft bzw. unbrauchbar geworden oder überhaupt nicht vorhanden ist. Mauerwerksrisse mit Wassereintritt stellen die Gebrauchsfähigkeit dieser Bauteile infrage. Der Schadens-

S-S-P 1-Bestand-110301

Schwächen - Stärken - Profil ®

Schwächen	Stärken

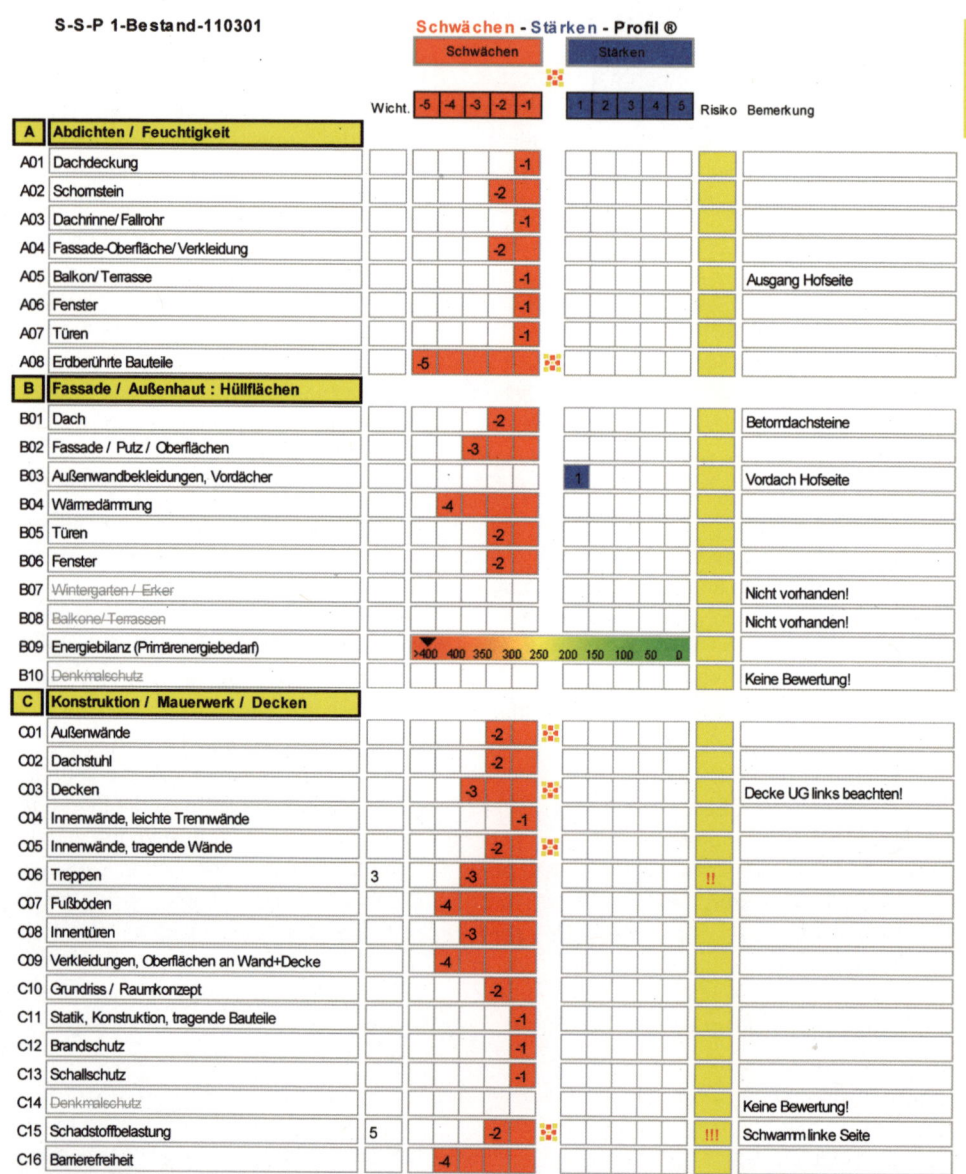

		Wicht.	-5	-4	-3	-2	-1	1	2	3	4	5	Risiko	Bemerkung
A	**Abdichten / Feuchtigkeit**													
A01	Dachdeckung						-1							
A02	Schornstein					-2								
A03	Dachrinne/ Fallrohr						-1							
A04	Fassade-Oberfläche/ Verkleidung					-2								
A05	Balkon/ Terrasse						-1							Ausgang Hofseite
A06	Fenster						-1							
A07	Türen						-1							
A08	Erdberührte Bauteile		-5											
B	**Fassade / Außenhaut : Hüllflächen**													
B01	Dach					-2								Betondachsteine
B02	Fassade / Putz / Oberflächen				-3									
B03	Außenwandbekleidungen, Vordächer							1						Vordach Hofseite
B04	Wärmedämmung			-4										
B05	Türen					-2								
B06	Fenster					-2								
B07	Wintergarten / Erker													Nicht vorhanden!
B08	Balkone/ Terrassen													Nicht vorhanden!
B09	Energiebilanz (Primärenergiebedarf)		>400	400	350	300	250	200	150	100	60	0		
B10	Denkmalschutz													Keine Bewertung!
C	**Konstruktion / Mauerwerk / Decken**													
C01	Außenwände					-2								
C02	Dachstuhl					-2								
C03	Decken				-3									Decke UG links beachten!
C04	Innenwände, leichte Trennwände						-1							
C05	Innenwände, tragende Wände					-2								
C06	Treppen	3			-3								!!	
C07	Fußböden			-4										
C08	Innentüren				-3									
C09	Verkleidungen, Oberflächen an Wand+Decke			-4										
C10	Grundriss / Raumkonzept					-2								
C11	Statik, Konstruktion, tragende Bauteile						-1							
C12	Brandschutz						-1							
C13	Schallschutz						-1							
C14	Denkmalschutz													Keine Bewertung!
C15	Schadstoffbelastung	5				-2							!!!	Schwamm linke Seite
C16	Barrierefreiheit			-4										

Idrial S-S-P

	D **Gebäudetechnik**	Bewertung (−)	Skala	Bewertung (+)		Bemerkung
D01	Heizung	−5				
D02	Sanitär	−5				
D03	Elektro	−4				
D04	Lüftung	−5				
D05	Techninsche Gebäudeausstattung					Nicht vorhanden!
D06	Energiebilanz (Anlagenaufwandszahl)		>2,4 2,4 2,2 2,0 1,8 1,6 1,4 1,2 1,0 0,8			
D07	Brandschutz	−2				
	E **Außenanlagen**					
E01	Gartenanlage/ Bäume/ Pflanzen			1		
E02	Einfriedung			1		
E03	Grundleitungen/ Wasser/ Abwasser	−1				
	F **Grundstück und Erschließung**					
F01	Städtebauliche Situation			1		
F02	Lage Grundstück			1		
F03	Umfeld zu Grundstück/ Gebäude			1		
F04	Erschließung Straße			1		
F05	Erschließung Medien	−1				
	G **Imaterielle Wertigkeit - Architektur**					
G01	Architektur			1		
G02	Ausstrahlung / Ambiente			1		
G03	Raumklima / Behaglichkeit	−1				
G04	Raumgröße / Raumhöhe			1		
G05	Dach (Form, Anordnung)			1		
G06	Fenster (Größe, Proportion, Aufteilung)			1		
G07	Türen (Zierelemente / Ornamente)	−3				
G08	Wände (Zierelemente / Kunst, Stuck, Marmor)					Keine Bewertung!
G09	Decken (Zierelemente/ Kunst, Stuck, Holz)					Keine Bewertung!
G10	Schadstoffe / Immission					Keine Bewertung!

■ - Weitere Untersuchungen notwendig   ! - Risiko

BILD 1+2 Ein Schadensgrad von bis zu 75 Prozent bedeutet erhöhten Investitionsbedarf, weil die betreffenden Bauteile komplett erneuert oder ausgetauscht werden müssen.

grad liegt über 75 Prozent. Weitere Untersuchungen – unter anderem eine Salzanalyse – sind dringend anzuraten.

Im Diagnosekomplex B zeigten der Verputz und die Oberflächenstruktur Schwachstellen mit einem Schadensumfang bis zu 50 Prozent; eine Reparatur ist in vertretbarem Rahmen möglich. Türen und Fenster erwiesen sich als im Wesentlichen funktionstüchtig; Schadensumfänge bis zu 25 Prozent lassen sich durch Überarbeitung und Reparatur beheben. In gutem Zustand präsentierten sich die Außenwandbekleidungen und Vordächer; trotz relativ geringer Lebenserwartung dieser Bauteile stehen Maßnahmen hier derzeit nicht an. Die Wärmedämmung hingegen war – wie bei einem Bau aus dieser Zeit im ländlichen Raum kaum anders zu erwarten – äußerst mangelhaft. Daraus errechnet sich ein Primärenergiebedarf von mehr als 400 kWh pro Quadratmeter und Jahr, was einer Energieeffizienzklasse I entsprechen würde, wenn man von Energieeffizienz hier überhaupt noch reden dürfte. Die Gebäudehülle ist, energetisch gesehen, mangelhaft bis unbrauchbar, den Mindestanforderungen im Sinne eines hygienischen Wärmeschutzes wird das Gebäude nicht gerecht; wärmedämmtechnische Erneuerungsmaßnahmen für die Hüllfläche bzw. für das Gebäude insgesamt sind unbedingt erforderlich.

Im Diagnosekomplex C (Konstruktion / Mauerwerk / Decken) zeigte sich an den Außenwänden ein auffallender Reparaturstau mit Schädigungen in Teilbereichen der Bauteile bis zu 25 Prozent Schadensgrad. Der gleiche Schadensgrad herrschte am Dachstuhl vor. Der Zustand der Decken war in einigen Bereichen bedenklich. Schäden an Deckenflächen mit einem Schadensgrad bis 50 Prozent führten dazu, dass die statische Tragfähigkeit der Decken in einzelnen Bereichen nicht mehr gegeben ist. Während die Innenwände (tragende und nicht tragende Teile) mit einem Schadensgrad von bis zu 25 Prozent noch relativ gut wegkommen, steht es um die Treppen bedenklich. Die erheblichen Schädigungen (bis 50 Prozent) schränken die Funktionsfähigkeit der Treppenanlage und der Geländer stark ein und würden einen größeren Reparaturaufwand auf sich ziehen. Der Zustand der Fußböden war schlecht und musste als sehr bedenklich eingestuft werden. Die Funktionsfähigkeit war größtenteils nicht mehr vorhanden. So zeigten sich starke Verformungen und Rissbildungen an den Bodenoberflächen, Spuren von Reparaturen, die nicht den Regeln der Technik entsprachen, starke negative Einwirkungen des Unterbaus, stellenweise fehlten Teile des Oberbodens. Bei einem Schadensgrad von bis zu 75 Prozent war die Gebrauchstauglichkeit praktisch nicht mehr gegeben. Neben Innentüren in bedenklichem Zustand und mit eingeschränkter Funktionsfähigkeit waren faktisch alle Bauteile der Verkleidungen und Oberflächen von Wand und Decken in einem schadhaften und nicht mehr funktions-

BILD 1

BILD 2

fähigen Zustand, so dass ihre Erneuerung zwingend notwendig wird. Grundriss und Raumprogramm lassen Verbesserungen zu, um den Vorstellungen der Bauherren zu entsprechen. So wird daran gedacht, zu kleine oder gebundene Zimmer zusammenzulegen. An den tragenden Bauteilen zeigen sich Verformungen des Tragwerks. Hier sind größere Reparaturen wahrscheinlich; eine genauere Untersuchung durch einen Tragwerksplaner ist unbedingt geboten. Bedauerlicherweise wurde in einem Gebäudeteil Hausschwamm festgestellt. Bislang wird ein Belastungsgrad von bis zu 25 Prozent unterstellt. Genauere Untersuchungen sind aber unbedingt erforderlich, weil ein erhebliches Risiko für das gesamte Gebäude besteht.

Im Diagnosekomplex D (Gebäudetechnik) ist praktisch keine Technik vorhanden, die sich noch nutzen ließe. Beheizt wurden die Räume mittels Kachelöfen. Der Einbau einer modernen Heizungsanlage ist erforderlich. Ebenso abgewirtschaftet ist die gesamte Sanitärinstallation, Be- und Entwässerungsnetz sind undicht, Toiletten und Bäder in hygienisch nicht vertretbarem Zustand. Die Gebrauchstauglichkeit ist nicht mehr gegeben. Sämtliche

sanitären Anlagen (einschließlich aller Leitungen) müssen komplett erneuert werden. Die Elektroinstallation wurde in bedenklichem Zustand vorgefunden – mit nur geringen Absicherungen und teilweise porösen Isolationen. Angesichts eines Schadensgrads bis 75 Prozent ist die Gebrauchsfähigkeit nicht mehr gesichert und eine weitgehende Erneuerung angezeigt. Eine Lüftungsanlage ist nicht vorhanden; im Zusammenhang mit der Komplettsanierung und Dämmung der Gebäudehülle ist die Installation einer Lüftungsanlage zu erwägen.

Positive Impulse gehen von den Diagnosekomplexen E bis G aus. Außenanlagen und Einfriedung sind in einem brauchbaren Zustand, besitzen aber noch Potenzial. Die Grundleitungen bedürfen kleinerer Reparaturen und Überarbeitungen; allerdings sind weitere Untersuchungen (zum Beispiel eine Kamerabefahrung) erforderlich, um Gewissheit über den Zustand bis zum Anschluss ans öffentliche Netz zu erlangen.

Die Lage des Grundstücks, seine städtebauliche Situation und das landschaftliche Umfeld entsprechen im Wesentlichen den Wünschen der Bauherrenfamilie. Die

BILD 1

BILD 2

BILD 3

Anforderungen an die Nutzung des Gebäudes und des gesamten Anwesens werden weitgehend erfüllt.

Die meisten der mit der Architektur und der immateriellen Wertigkeit des Anwesens zusammenhängenden Bewertungspunkte bewegen sich im Positiven; hier kann gar nicht hoch genug eingeschätzt werden, welche ungeahnten Potenziale sich noch in den anschließenden Gebäuden verbergen, die aktuell noch nicht zur Sanierung anstehen und daher nicht Gegenstand der Gebäudediagnose waren.

Abwasserleitungen

Die Bedeutung der Grundleitungen wird oft unterschätzt. Es sind Bauteile, die man in der Regel nicht sieht und die man auch nicht ohne weiteres besichtigen kann. Aber Unsichtbarkeit bedeutet nicht Abwesenheit. Und das scheinbar Unsichtbare kann sehr deutlich wahrnehmbare Kosten verursachen.

In Deutschland gibt es rund eine Million Kilometer öffentliche Kanalisation. Aber drei Millionen Kilometer Kanalleitungen liegen auf nicht öffentlichen, das heißt gewerblich oder privat genutzten Grundstücken. Bundesweiten Untersuchungen zufolge sind 70 bis 80 Prozent der nicht öffentlichen Abwasserleitungen schadhaft. 50 Prozent sind kurz- oder mittelfristig sanierungsbedürftig.

Zu den Leitungen auf dem Grundstück zählen:
- der Anschlusskanal
- die Grundstücksleitung
- die eigentlichen Grundleitungen unter dem Gebäude.

Die Leitungen auf dem Grundstück muss der Grundstückseigentümer bauen, warten und instand halten. Diese Pflichten gehen selbstverständlich später auch auf den Erwerber eines gebrauchten Hauses über.

Dass die Umweltgefährdung durch schadhafte Abwasserleitungen nicht hingenommen werden kann, ist einleuchtend. Defekte an den Abwasserleitungen verursachen vor allem dreierlei Schäden:
- Exfiltration des Abwassers: Abwasser dringt aus den Leitungen in das Grundwasser ein und verunreinigt es; Klärwerke können nur Teile des Abwassers tatsächlich reinigen.
- Infiltration des Grundwassers: Grundwasser dringt in die Abwasserleitungen ein, verdünnt das Abwasser und führt zu einem erhöhten Abwasseranfall in den Klärwerken.
- Abwasserexfiltration und Grundwasserinfiltration: In Untergründen mit stark schwankendem Grundwasserstand treten beide Schadensereignisse wechselweise auf.

BILD 1–3 Sanierungen an Altbauten können zwar aufwendig und teuer werden, schaffen aber eine Wohn- und Lebensqualität, die im Neubau so kaum herstellbar wäre.

Häufige Schadensbilder an Abwasserleitungen sind:

- Deformation der Rohre (besonders bei Kunststoffrohren)
- Scherbenbildung an Keramikrohren
- Einwurzelungen
- Verschmutzungen/Verstopfungen

Für den Schutz des Grundwassers bildet das Wasserhaushaltsgesetz (in der letzten Neufassung vom 31.7.2009) die gesetzliche Grundlage. Landesgesetze können in bestimmtem Rahmen abweichende Bestimmungen erlassen; auf Grundlage der Landesgesetze können Gemeinden in ihren Satzungen wiederum eigene Regelungen treffen. So werden in den Gemeinden grundsätzlich drei Modelle diskutiert (und teilweise bereits praktiziert. Angesichts der Finanzlage der meisten Länder und Kommunen kann man sich leicht vorstellen, welches in der Zukunft das beherrschende sein wird:

- Anforderungsmodell: Die Gemeinde untersucht die öffentlichen Kanäle und fordert von den Anliegern einen Dichtheitsnachweis; der Bürger lässt seinen Teil der Abwasserleitungen untersuchen und gegebenenfalls sanieren.
- Kooperationsmodell: Die Gemeinde untersucht öffentliche und private Abwasserleitungen; der Bürger saniert die Abwasserleitungen im Gebäude und auf dem Grundstück.
- Sanierungsmodell: Die Gemeinde untersucht öffentliche und private Leitungen und saniert sie gegebenenfalls.

Große Unterschiede bestehen zwischen den einzelnen Ländern besonders hinsichtlich der Fristen. Sie reichen von „unverzüglich" bis 2025. Auch die Regelungen zu den Wiederholungsprüfungen sind unterschiedlich. In Hessen weichen sie zum Beispiel mit 30 Jahren von den in der DIN empfohlenen 20 Jahren ab.

Die Norm DIN 1986 Teil 30 regelt die Sanierung von Abwasserleitungen. Mit der DIN 1986–100 wird darüber hinaus den Erfordernissen der europäischen Normen Rechnung getragen; hier hat sich der Klimawandel bereist niedergeschlagen: Der Abschnitt über Regenwasserableitung wurde ergänzt durch die Bemessung von Dachabläufen, Regenrinnen, Notentwässerungen, Dachentwässerungen mit Druckströmung, Regenrückhalteeinrichtungen und die Führung der Überflutungsnachweise. Hier wurden die Normen den aktualisierten „Starkniederschlagshöhen für Deutschland" angepasst.

Nicht immer reicht eine Kamerabefahrung aus, um Schäden verlässlich auszuschließen. Liegen die Abwasserleitungen nämlich in einem Grund mit schwanken-den Grundwasserhöhen, könnte eine mögliche Grundwasserinfiltration in Zeiten niedrigen Grundwasserstands nicht ausgeschlossen werden. In diesem Fall wird die Gemeinde auf einer Druckprüfung bestehen, um die Dichtheit der Leitung nachzuweisen.

Der regelmäßige Ablauf einer Dichtheitsprüfung sieht so aus:

- Reinigung mittels Hochdruck

■ Optische Inspektion: Kamerabefahrung vom Hauptkanal / Revisionsschacht oder vom Gebäude aus
■ Druckprüfung mittels Luft oder Wasser (durchzuführen, wenn die Kamerabefahrung keine schlüssige Aussage ermöglicht);
■ Sanierung (falls Schäden vorhanden)
■ Dichtheitsbescheinigung

Über die konkreten Anforderungen und Fristen des Landesgesetzes und der Gemeindesatzung informieren Sie sich am besten bei Ihrer Gemeindeverwaltung.

Je nach Schwere der Schäden und nach Länge der Leitungen kann die Sanierung zwischen 500 und 15 000 Euro kosten. Jeder Hausbesitzer tut also gut daran, nicht nur für Dachreparaturen oder gegebenenfalls für eine Neueindeckung Rückstellungen zu bilden, sondern auch für zwingend notwendige Reparaturen an den Abwasserleitungen. Was für den Regenschutz gilt, muss auch für die Wasserentsorgung des Hauses gelten.

Maßnahmenplan und Leistungsbeschreibung

Aus der Gebäudediagnose geht – wie bereits am Beispiel auf Seiten 80 ff. ausge-

führt – ein erstes Maßnahmekonzept hervor. Schließlich erstellt der „Hausarzt" oder ein von ihm beauftragter „Facharzt" eine Maßnahmen- und die Leistungsbeschreibung, auf deren Grundlage die Ausschreibung und Vergabe der Arbeiten und letztlich auch die Dokumentation und Abrechnung erfolgen.

Sie sollen dem „Hausarzt" die Ausarbeitung dieser Beschreibungen nicht abnehmen, aber Sie können ihm ruhig über die Schulter schauen. Zur Transparenz als Basis des Vertrauensverhältnisses zwischen Bauherr und „Hausarzt" gehört auch, dass Sie wissen, was Ihr Experte gerade tut, und dass Sie verstehen, warum er das tut.

Zehn Regeln für die Leistungsbeschreibung
1. Vertragsgegenstand und Leistungsumfang müssen eindeutig beschrieben sein. Standardisierte Leistungsbeschreibungen mancher Anbieter erfassen nicht den vollen Leistungsumfang, der für Ihren konkreten Fall erforderlich ist. Auch Ihre persönlichen Gestaltungswünsche müssen hier einfließen und zwar mit allen planerischen und auch finanziellen Konsequenzen.

2. Planungsleistungen gehören dazu. Entwurfs- und Genehmigungsplanung (einschließlich der Zeichnungen und der Tragwerksplanung) sollten genau definiert werden. Die Ausführungsplanung gehört zum Leistungsumfang. Baulicher Wärmeschutz und effiziente Heizungstechnik müssen gemäß der Energieeinsparverordnung bereits in der Planung festgelegt werden. Achten Sie darauf, dass die allgemein anerkannten Regeln der Technik sowie spezielle technische Regelwerke, die möglichst dem Stand der Technik entsprechen sollten, für die einzelnen Gewerke als Vertragsgrundlage vereinbart werden.

3. Bauleitung nicht vergessen. Durch mangelhafte Bauleitung können beträchtliche Schäden entstehen, Zeitverzögerungen eintreten und in der Folge die Kosten aus dem Ruder laufen. Die Bauleitung sollte gemäß der Landesbauordnung zum Leistungsumfang gehören. Zusätzliche Serviceleistungen – so sie denn infrage kommen – sind immer gesondert schriftlich zu vereinbaren.

4. Mit dem Grundstück muss alles in Ordnung sein. Anforderungen, die mit „bauseits" oder als „Bauherrenleistungen" deklariert sind, werden vorausgesetzt, das

heißt Sie als Bauherr müssen vorsorgen. Das trifft besonders bei An- und Erweiterungsbauten zu, bei schwierigen Geländeverhältnissen oder bei unklaren Vornutzungen. In solchen Fällen sollten Grundstücksuntersuchungen fest eingeplant werden.

5. Transparenz der Kosten muss gewahrt sein. Festgehalten werden muss gegebenenfalls, für welche Leistungen Mehrkosten entstehen. Dabei müssen die gewerkebezogenen DIN-Normen als Vertragsgrundlage dienen.

6. Fordern Sie die tatsächlichen Angaben der einzelnen Gewerke an. Auch wenn ein Generalauftragnehmer Leistungen anbietet oder mehrere Gewerke zusammengefasst werden, dürfen Sie eine detaillierte und nachvollziehbare Aufstellung aller Teilleistungen erwarten.

7. Lassen Sie Produkt- und Materialangaben, Herstellernamen und technische Parameter dokumentieren. Das ist einerseits erforderlich, um die Preisgestaltung nachvollziehen zu können, andererseits, um eine verlässliche Dokumentation der ausgeführten Arbeiten und verbauten Teile zu erhalten. Das ist für die spätere Wartung oder für Reparaturen unerlässlich. Pau-

Tatbestand	Sowiesomaßnahmen
Haus hat keine Heizung.	Heizung muss neu installiert werden.
Dach ist undicht.	Dachdeckung muss erneuert / ergänzt werden.
Keller ist nass.	Trockenlegung / Isolierung
Fenster sind defekt.	Einbau neuer Fenster, Sanierung der Stürze
Bad und Toiletten sind unbrauchbar.	Neuinstallation der Sanitärtechnik einschließlich Leitungssystem

schale Angaben wie „Markenqualität"
oder „Deutsches Fabrikat" sind keinesfalls
ausreichend.

8. Eigenleistungen sind auf der Basis der
Maßnahmen- und Leistungsbeschreibung zu planen. Darum müssen Gut-
schriften für Eigenleistungen – getrennt
nach Material- und Lohnanteil – ausgewiesen werden. Bestehen Sie darauf, dass
Eigenleistungen präzise abgestimmt und
schriftlich vereinbart werden.

9. Als Bauherr sichern Sie Arbeits- und
Gesundheitsschutz. Sofern gefordert, ist
ein Sicherheits- und Gesundheitskoordina-
tor separat zu beauftragen. Auch wenn
Sie viel Verantwortung an den „Hausarzt"
oder den Bauleiter abtreten, Sie bleiben
der Bauherr und verantworten den Ar-
beits- und Gesundheitsschutz auf der
Baustelle mit. Mit der Wahrnehmung der
Pflichten, die aus der Baustellenverordnung (BaustellV) entstehen, kann der Bauherr einen Dritten beauftragen. Das muss
dann aber schriftlich und vertraglich bindend geschehen.

10. Technische Nachweise und Kontrolle
gehören in die Dokumentation. Die Übergabe der folgenden Dokumente sollte bereits von Anfang an vereinbart werden:
Bautagebuch; Gewährleistungsbescheini-
gungen (fachgerecht mängelfreie Ausführung der Bauleistungen) aller Gewerke;
gegebenenfalls Protokolle der baubehörd-
lichen Gebrauchsabnahme; Schornstein-
Abnahmeprotokoll (sofern von Leistungen
betroffen); Energieausweis (einschließlich
der Datenerhebung und der Berechnung),
Garantieurkunden für sämtliche Einrichtungen der Haustechnik; Bestandszeichnungen der technischen Gebäudeausrüstung; Nachweise über die umweltbezoge-
ne Unbedenklichkeit der verwendeten
Baustoffe. Alle Prüfzeugnisse, Urkunden
oder Zulassungsbescheide müssen im
Original vorliegen.

Sowiesomaßnahmen
Wenn der Maßnahmenplan aufgestellt
wird, fixiert man am besten zuerst die
„groben" Ziele und gleicht sie mit den so-

Grobkostenschätzung: Umgestaltung eines Einfamilienhauses, Baujahr 1965,
in großstädtischer Randlage inklusive energetischer Modernisierung

Integra Plane und Gestalten GmbH 1 von 1

Doppelhaushälfte li / re ??		Prj. Nr.	**662**		01. Aug 10	
Musterstrasse 20 Berlin		HNF qm	145			
		WF qm	115	1.143	1.407	1.683
Maßnahmen-Konzept		BRI cbm	650			

	Energie	Wichtung	Lage	Min.	Mittel	Max
				KOSTENGROBSCHÄTZUNG incl. Mwst.		
Kurzbeschreibung						
Summe Kostenrahmen ohne Honorare				131.500	161.750	193.500
Eingang		A	EG	500	1.000	1.500
Treppe		A	UG-OG	1.000	1.500	2.500
Wände-Tapeten		B	UG-OG	16.000	20.000	25.000
Fußboden, teilweise		B	UG-OG	8.500	10.500	13.000
Balkon				5.500	7.500	9.000
Dachdeckung			s. Energie			
Du/WC EG		A		2.500	3.500	5.500
Wand versetzen		A		3.000	4.000	5.500
Wand Abriss Küche-Wohnen				2.500	3.000	3.500
Tür Windfang				1.500	2.500	3.500
Kaminofen				2.000	2.500	3.000
DG GKP Verkleidung				7.000	8.500	10.000
Terrasse Anpassung			Außen	2.500	3.000	4.000
Gebäudetechnik						
Überprüfung der Grundleitung, Abwasser		A	UG	500	750	1.000
Sanitär: Leitungen+Dämmung	E	A	Alle	6.500	8.500	10.000
Gasbrennwertkessel neu+Leitungen	E	A	UG	6.500	8.500	9.500
Wärmepumpe + Solaranlage	E	B	UG / Dach	5.500	6.500	7.500
Bad OG		A		7.500	8.500	10.000
Lüftung-Entlüftungsystem				4.000	4.500	5.000
	E					
Energiesparmaßnahmen						
100 Dämmung Fassade/Wärmebrücken	E	C	Alle	12.000	14.000	16.000
130 Dachdeckung + WäDä	E	B	DG	21.000	24.000	26.000
Dachfenster neu			DG	5.500	6.500	7.500
9 Fenster, neu / Reparatur	E	A	UG-OG	10.000	12.500	15.000
Honorare						
				15.000	17.500	20.000
Modellrechnung Energieeinsparung						
Ziel: ca. 2 Liter Verbrauch Qe						
Einsparung 20-25 Liter /qm-a; IST ca. 30l/qma			EUR/L Li-Einsp			pro x Jahre
116 beheizte Wohn+Nutzfläche			0,65	23		1.734
10 Jahres-Rechnung						17.342
20 Jahres-Rechnung						34.684
30 Jahres-Rechnung						52.026

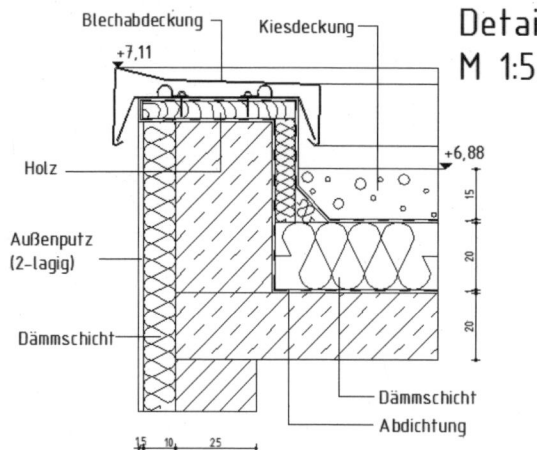

Blechabdeckung Kiesdeckung **Detail B**
M 1:5

+7,11

+6,88

Holz

Außenputz
(2-lagig)

Dämmschicht

Dämmschicht

Abdichtung

Detaildarstellung: Schnitt durch
ein Flachdach im Maßstab 1:5

genannten Sowiesomaßnahmen ab. Was sind Sowiesomaßnahmen? Das sind diejenigen Arbeiten, die nach Maßgabe der Gebäudediagnose unbedingt erforderlich sind – also Maßnahmen, die sowieso durchgeführt werden müssten, ganz gleich welche sonstigen Vorstellungen man in seiner Bestandsimmobilie verwirklichen will.

Bei der Abfolge der Maßnahmen kommt es auf die Wichtung an. Höchste Priorität genießen daher die Bestanderhaltungsmaßnahmen. Dazu können auch Abbruch- und Rückbaumaßnahmen gehören, sofern klar ist, dass Bauteile verschwinden müssen, die einer Sanierung im Weg stehen oder die für eine künftige Nutzung des Gebäudes definitiv nicht mehr gebraucht werden.

Im Fall des Anwesens auf dem Land erwiesen sich beispielsweise als vorrangig: Trockenlegung, Deckensanierung, Sanierung der defekten Holzbalkendecke, Sanierung des Dachstuhls, Schwammsanierung usw. Besonderes Schwergewicht lag im Diagnosekomplex C (Konstruktion / Mauerwerk / Decken) auf der Instandsetzung der Treppen und auf der Schwammsanierung, weil diese Maßnah-

men gegen ein besonders hohes Risiko für das Gebäude (weitere Schadensausbreitung bzw. generelle Funktionstüchtigkeit) gerichtet sind.

Kostenkorridor

Es hat sich in der Praxis als vorteilhaft erwiesen, die Maßnahmenplanung sofort mit einer Kostenplanung zu untersetzen – und dies auch, bevor die Leistungen ausgeschrieben, Angebote eingeholt und die Arbeiten vergeben worden sind. In dieser Phase ist es natürlich noch nicht möglich, die tatsächlichen Preise zugrunde zu legen – das kann man erst, wenn alle Angebote vorliegen und die Vergabe erfolgt ist. Aber Baupreise sind keine Mondpreise, sie beruhen auf sachlichen Kalkulationen und sie bewegen sich in branchenüblichen Dimensionen.

Für eine erste Kostenabschätzung sollten nicht nur die Optimalwerte erfasst werden, die man sich vorstellt oder wünscht. Ein gebrauchtes Haus gibt sich manchmal etwas verschlossen und will nicht gleich enthüllen, was alles in ihm steckt. Ein paar Überraschungen hält es immer parat, die selbst der gründlichsten Diagnose verborgen bleiben. Und Über-

raschungen lassen sich bei einem alten Haus meistens in Euro ausdrücken, die als Mehrkosten auf der Rechnung erscheinen.

Daher sollten die Kosten auf drei Schienen angegeben werden:

- die Mindestkosten, von denen man erfahrungsgemäß weiß, dass sie mit Sicherheit anfallen werden
- die durchschnittlichen Kosten, die sich infolge langjähriger Erfahrungswerte höchstwahrscheinlich ergeben werden;
- die Maximalkosten für den allerschlimmsten Fall.

Diese Dreigleisigkeit soll verhindern, dass man als Bauherr die Maximalsumme nie berücksichtigt – in der Hoffnung, der schlimmste Fall werde schon nicht eintreten – und dann überrascht ist, wenn er doch eintritt.

Wenn Ihr „Hausarzt" nicht von sich aus diese drei Varianten anbietet, dann verlangen Sie von ihm, dass er es tut.

Auf der Grundlage der Entwürfe bzw. der Genehmigungsplanung werden die Planungsunterlagen so weit ausgearbeitet, dass das Bauvorhaben danach realisiert werden kann. Vielfach werden hier auch Details mithilfe von Zeichnungen und Darstellungen in größeren Maßstäben zwischen 1:20 und 1:5 (ausnahmsweise bis 1:1) ausgeführt. Zur Ausführungsplanung gehören auch die Planunterlagen für spezielle Aufgaben oder für einzelne Gewerke, zum Beispiel Baugrubenpläne, Elektropläne oder Fliesenpläne.

FARBKODIERUNGEN IN BAUPLÄNEN

Farbliche Kennzeichnung von Bauteilen		
Grau (RAL 7001)		= vorhandene Bauteile
Korallenrot (RAL 3016)		= neues Mauerwerk
Patinagrün (RAL 6000)		= neuer Beton oder Stahlbeton
Gelb (RAL 1016)		= Bauteile, die beseitigt werden sollen

Was in den Plänen steht

In den verschiedenen Planungsunterlagen, namentlich den gezeichneten (bzw. ausgedruckten) Plänen werden Änderungen im Baubestand in Zeichnungen mit verschiedenen, fest definierten Farben aus der RAL-Skala (siehe Seite 127 unten) besonders hervorgehoben.

Diese Farbgebung wird von den Landesbauordnungen vorgegeben. Allerdings sind die Behörden auch mit durchgehender Schwarzweiß-Darstellung zufrieden, wenn sich die Bauteile und die Bauweise daraus zweifelsfrei erkennen lassen.

Auch die Linien werden in einer Bauzeichnung nicht zufällig gewählt, sondern haben eine jeweils eigene Bedeutung. Der Überblick der verschiedenen Linienarten (siehe unten) erleichtert Ihnen das Lesen einer Bauzeichnung.

Neben den Linienarten sind auch die unterschiedlichen Schraffuren (siehe Seite 129) in ihrer Bedeutung festgelegt; sie markieren verschiedene Arten von Baustoffen auf einem Plan. Diese Festlegungen sind in der Deutschen DIN 1356 normiert. DIN 1356–1 fixiert Arten, Inhalt und Grundregeln der Darstellung. Sie gilt so-

LINIEN IN BAUZEICHNUNGEN LESEN

Linienart	Wichtige Anwendung
Volllinie (breit)	Begrenzung von Flächen geschnittener Bauteile, Blattränder; Schriftfelder
Volllinien (mittelbreit)	Sichtbare Kanten von Bauteilen, Begrenzung schmaler oder kleiner Flächen, Schriftfelder, Maßlinienbegrenzungen, Maßzahlen
Volllinie (schmal)	Raster-, Maß-, Maßhilfs-, Hinweislinien, Höhenlagen, Schraffuren, Lochungs- und Faltmarken
Strichlinie (mittelbreit)	Unsichtbare Kanten und Bauteile
Strichlinie (schmal)	Nebenrasterlinien
Strichpunktlinie (mittel)	Stoffachsen, Symmetrieachsen
Strichpunktlinie (schmal)	Kennzeichnung von Änderung im Schnittverlauf
Punktlinie (schmal)	Abzubrechende oder nebensächlich dargestellte Bauteile

KENNZEICHNUNG VON BAUSTOFFEN

Beton, unbewehrt	
Stahlbeton	
Stahlbeton-Fertigteile	
Mauerwerk	
Putz	
Kies	
Sand	
Gewachsener Boden	
Dämmstoff	
Dichtstoff	
Vollholz quer zur Faser geschnitten	
Vollholz längs zur Faser geschnitten	
Abdichtung	
Metall, Stahlprofil	

wohl für Zeichnungen mit der Hand als auch für computergenerierte Pläne (CAD-Zeichnungen). Die DIN 1356–1 trifft auch Festlegungen über die Projektionsarten und Maßstäbe von Bauzeichnungen. Das gewährleistet ein einheitliches Planwerk von allen und für alle Beteiligten an einem Bauvorhaben. Wenn Sie selbst eine Idee skizzieren wollen, ist es bestimmt nützlich, sich mit Ihrer Zeichnung an der DIN 1356–1 zu orientieren, damit Sie nicht missverstanden werden. Der vollständige Text der DIN 1356–1 ist einzusehen unter der Adresse www.normalfall.com/index-Dateien/1356.pdf.

 ABKÜRZUNGEN FÜR DIE EINZELNEN GEWERKE

H – Heizung
S – Sanitär
L – Lüftung
E – Elektro
K – Kälte
G – Gas
W – Wasser
DV – Datenverarbeitung
KT – Kommunikationstechnik

SCHRITT 8: AUSSCHREIBUNG UND ANGEBOTE

Was korrekte Leistungsbeschreibungen im Einzelnen enthalten sollen, wird in der Norm DIN 18299 beschrieben. Die dort gegebenen Hinweise gelten für Bauarbeiten jeder Art – gleich ob für Neubau oder Bauen im Bestand. Sie werden ergänzt von Hinweisen in den Normen DIN 18300 bis DIN 18459, die sich auf die einzelnen Leistungsbereiche der jeweiligen Gewerke beziehen.

Leistungsbeschreibung

Die VOB/A (Fassung von 2009) legt in § 7 unter anderem fest: „Die Leistung ist eindeutig und so erschöpfend zu beschreiben, dass alle Bewerber die Beschreibung im gleichen Sinne verstehen müssen und ihre Preise sicher und ohne umfangreiche Vorarbeiten berechnen können." Erschöpfend heißt freilich nicht, dass jede Eventualität, die während der Arbeit eintreten kann, auch in der Leistungsbeschreibung ausformuliert dargestellt und quasi dem Handwerker jeder Handgriff vorgeschrieben wird. Das Gebot der „erschöpfenden" Beschreibung darf auch dem Gebot der Eindeutigkeit nicht im Wege stehen.

Die VOB/A sagt in § 7 auch: „Dem Auftragnehmer darf kein ungewöhnliches Wagnis aufgebürdet werden für Umstände und Ereignisse, auf die er keinen Einfluss hat und deren Einwirkung auf die Preise und Fristen er nicht im Voraus schätzen kann." So wie Sie als Bauherr eine korrekte Ausführung und Abrechnung

der Leistung erwarten, darf der Bauausführende auch von Ihnen eine korrekte Leistungsbeschreibung – gegebenenfalls mit Zeichnungen und Fotos unterlegt – erwarten, die ihn nicht hintergeht, auch nicht in Details. Der Text mit den relevanten Vorgaben für die Leistungsbeschreibung der Vergabe- und Vertragsordnung für Bauleistungen Teil A (VOB/A) ist einzusehen unter der Adresse: http://deju-re.org/gesetze/VOB-A/7.html .

Die Tabelle „DIN-Normen" (siehe Seiten 132 / 133) gibt einen Überblick über die baurelevanten Normen; fett gedruckt sind die Gewerke, die beim Bauen im Bestand regelmäßig oder doch häufiger zum Einsatz kommen, unmarkiert sind die Normen der Gewerke, die beim Bauen im Bestand nicht oder nur ausnahmsweise benötigt werden.

Mindestanforderungen für die Bau- und Leistungsbeschreibung von Ein- und Zweifamilienhäusern hat das Bundesministerium für Verkehr, Bau- und Wohnungswesen herausgegeben – als pdf-Datei zu finden unter der Adresse www.bdf-ev.de/german/service/download/Mindestanforderungen.pdf.

Produkt- und firmenneutrale Ausschreibungstexte bietet die Datenbank STLB Bau (www.stlb-bau-online.de), die nach eigenem Bekunden „umfangreichste Datenbank zu Ausschreibungstexten für Bauleistungen auf dem Europäischen Markt".

Ausschreibung durch den Fachmann

Wer ohne fachliches Grundwissen und ohne Detailkenntnisse über die einzelnen Gewerke Angebote einholt, stiftet vermutlich mehr Wirrnis in der eigenen Planung, als dass er ihr Struktur und Richtung zu geben vermag. Und hat man dann einen Stapel Angebote auf den wirklichen oder den virtuellen Schreibtisch bekommen: Was fängt man damit an, wenn sie nicht wirklich vergleichbar sind?

Ausschreibungen sind zwar keine Geheimwissenschaft, aber es ist eine Sache der Fachleute, deren Job es ist, tagtäglich damit umzugehen. Voraussetzung für eine fachgerechte Ausschreibung ist, dass der Experte genau weiß, was in der Praxis am Bau zu geschehen hat. Glauben Sie nicht, dass Handwerker naiv oder leicht zu beeindrucken sind! Sie merken sehr wohl, wer den Ausschreibungstext verfasst hat. Die Ausschreibung der Leistungen erfolgt auf der Grundlage des Maßnahmenplans und der daraus folgenden exakten Planung. Auch wenn Sie als Bauherr am Ende für alles geradestehen – das ist Sache des Fachmanns, Ihres Altbauexperten, des „Hausarztes".

Grundsätzlich gilt das Prinzip der einheitlichen Ausschreibung. Anders könnten vergleichbare Preise nicht ermittelt werden.

Natürlich kann sich während der Ausschreibungsphase das eine oder andere an den Leistungen noch ändern. Vielleicht fällt Ihnen im letzten Moment ein, dass Sie statt der sechzehn Steckdosen im Arbeitszimmer doch nur acht brauchen. Vielleicht stimmen Sie dem Vorschlag Ihres Architekten, das Fenster zum Hof zu vergrößern, doch noch zu, nachdem Sie die x-te Wiederholung des Hitchcock-Films gesehen haben.

Für alle diese Fälle gilt: Während der Ausschreibungsphase und der Angebotseinholung gibt es keine Änderung in Masse und Inhalt der ausgeschriebenen Leistungen. Zunächst werden die Angebote verglichen, dann der richtige Partner (Handwerker, Ausführungsbetrieb) ausgewählt. Erst danach kann man mit dem Partner die Leistungen nach seinem Angebot und seiner Kalkulation gegebenenfalls anpassen.

Hier ein Muster für einen kurzen Ausschreibungstext gemäß DIN 18320 (Landschaftsbauarbeiten):

003.10.0010 ... Euro/m² ... Euro
Hacke und Spaten GmbH 2011-11 003

Baugelände abräumen: Steine, Mauerreste, Altholz, Schutt, Unrat, Aufwuchs, Wurzelwerk (Höhe bis 50 cm)

Beräumen des Geländes von Steinen, Mauerresten, Altholz, Schutt und Unrat, von Aufwuchs einschl. Wurzelwerk, in zusammenhängender Fläche, Bewuchshöhe bis 50 cm, anfallende Stoffe trennen und laden, Abfuhr und Entsorgung werden gesondert vergütet.

DIN 18299	**Allgemeine Regelungen für Bauarbeiten jeder Art**
DIN 18300	**Erdarbeiten**
DIN 18301	Bohrarbeiten
DIN 18302	Arbeiten zum Ausbau von Bohrungen (ehemals: Brunnenbauarbeiten)
DIN 18303	Verbauarbeiten
DIN 18304	Ramm-, Rüttel- und Pressarbeiten (ehemals: Rammarbeiten)
DIN 18305	Wasserhaltungsarbeiten
DIN 18306	Entwässerungskanalarbeiten
DIN 18307	Druckrohrleitungsarbeiten außerhalb von Gebäuden (ehemals: Druckrohrleitungsarbeiten im Erdreich)
DIN 18308	**Dränarbeiten**
DIN 18309	Einpressarbeiten
DIN 18310	Sicherungsarbeiten an Gewässern, Deichen und Küstendünen
DIN 18311	Nassbaggerarbeiten
DIN 18312	Untertagebauarbeiten
DIN 18313	Schlitzwandarbeiten mit stützenden Flüssigkeiten
DIN 18314	Spritzbetonarbeiten
DIN 18315	Verkehrswegebauarbeiten - Oberbauschichten ohne Bindemittel
DIN 18316	Verkehrswegebauarbeiten - Oberbauschichten mit hydraulischen Bindemitteln
DIN 18317	Verkehrswegebauarbeiten - Oberbauschichten aus Asphalt
DIN 18318	Verkehrswegebauarbeiten - Pflasterdecken und Plattenbeläge in ungebundener Ausführung, Einfassungen
DIN 18319	Rohrvortriebsarbeiten
DIN 18320	**Landschaftsbauarbeiten**
DIN 18321	Düsenstrahlarbeiten
DIN 18322	Kabelleitungstiefbauarbeiten
DIN 18325	Gleisbauarbeiten
DIN 18330	**Mauerarbeiten**
DIN 18331	**Beton- und Stahlbetonarbeiten**
DIN 18332	**Naturwerksteinarbeiten**
DIN 18333	**Betonwerksteinarbeiten**
DIN 18334	**Zimmer- und Holzbauarbeiten**

DIN 18335	Stahlbauarbeiten
DIN 18336	Abdichtungsarbeiten
DIN 18338	Dachdeckungs- und Dachabdichtungsarbeiten
DIN 18339	Klempnerarbeiten
DIN 18340	Trockenbauarbeiten
DIN 18345	Wärmedämm-Verbundsysteme
DIN 18349	Betonerhaltungsarbeiten
DIN 18350	Putz- und Stuckarbeiten
DIN 18351	Vorgehängte hinterlüftete Fassaden
DIN 18352	Fliesen- und Plattenarbeiten
DIN 18353	Estricharbeiten
DIN 18354	Gussasphaltarbeiten
DIN 18355	Tischlerarbeiten
DIN 18356	Parkettarbeiten
DIN 18357	Beschlagarbeiten
DIN 18358	Rollladenarbeiten
DIN 18360	Metallbauarbeiten
DIN 18361	Verglasungsarbeiten
DIN 18363	Maler- und Lackiererarbeiten - Beschichtungen
DIN 18364	Korrosionsschutzarbeiten an Stahl- und Aluminiumbauten
DIN 18365	Bodenbelagsarbeiten
DIN 18366	Tapezierarbeiten
DIN 18367	Holzpflasterarbeiten
DIN 18379	Raumlufttechnische Anlagen
DIN 18380	Heizanlagen und zentrale Wassererwärmungsanlagen
DIN 18381	Gas-, Wasser- und Entwässerungsanlagen innerhalb von Gebäuden
DIN 18382	Nieder- und Mittelspannungsanlagen mit Nennspannungen bis 36 kV
DIN 18384	Blitzschutzanlagen
DIN 18385	Förderanlagen, Aufzugsanlagen, Fahrtreppen und Fahrsteige
DIN 18386	Gebäudeautomation
DIN 18421	Dämmarbeiten an technischen Anlagen
DIN 18451	Gerüstarbeiten
DIN 18459	Abbruch- und Rückbauarbeiten

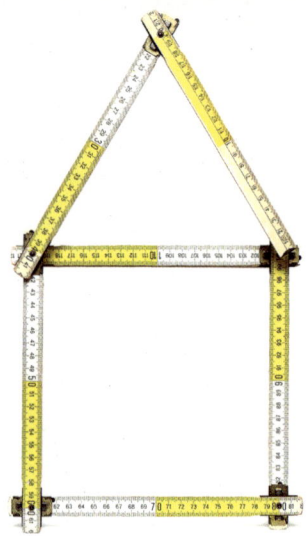

Nebenleistungen und Besondere Leistungen

Um spätere Misshelligkeiten und gegebenenfalls juristische Auseinandersetzungen um die Abrechnung auszuschließen, sollten die Leistungen so exakt wie möglich beschrieben sein und die dem jeweiligen Gewerk entsprechende DIN Vertragsbestandteil werden. Hierbei ist besonders auf die klare Abgrenzung von Nebenleistungen und Besonderen Leistungen zu achten, die in den einschlägigen DIN-Normen grundsätzlich unter den Punkten 4.1 und 4.2 zu finden sind.

Nebenleistungen sind mit der Hauptleistung verbunden und dürfen nicht gesondert abgerechnet werden. Nebenleistungen entsprechend der DIN 18350 (Putz- und Stuckarbeiten), welche die Hauptleistung begleiten, sind zum Beispiel:
- Auf- und Abbau sowie Vorhalten von Gerüsten (kleiner als 2 m);
- Maßnahmen zum Schutz von Bauteilen, einschließlich der erforderlichen Stoffe;
- Säubern des Putzgrundes von losen Teilen;

Besondere Leistungen weisen diese notwendige inhaltliche Verbindung zur Hauptleistung nicht auf und dürfen daher auch gesondert abgerechnet werden. Das sind beispielsweise:
- Auf- und Abbau sowie Vorhalten von Gerüsten (größer als 2 m);
- Besondere Maßnahmen zum Schutz von Bauteilen und Einrichtungsgegenständen, wie Abkleben von Fenstern und Türen, von eloxierten Teilen, Abdeckung von Belägen, staubdichte Abdeckung von empfindlichen Einrichtungen und technischen Geräten, Schutzabdeckungen, Schutzanstriche, Staubwände u. Ä. einschließlich der hierzu erforderlichen Stoffe;
- Reinigung grober Verschmutzungen, verursacht von anderen Unternehmen.

Der Vergleich der drei aufgeführten Punkte miteinander zeigt, wie wichtig bereits in der Planung eine genaue Bauvorbereitung ist und welchen Einfluss eine professionelle Bauleitung auf kostentreibende „Besondere Leistungen" nehmen kann. Das heißt:
- Messen, wie hoch die Räume sind, an deren Decke Stuckarbeiten ausgeführt werden müssen, und wie hoch folglich die Arbeitsbühne für die Stuckateure sein muss.

- In der Planung berücksichtigen, dass empfindliche Bauteile und technische Geräte möglichst nicht eingebaut werden, bevor die Putzer und Stuckateure am Werk waren, oder dass Bodenbeläge bereits vom Bauherrn entsprechend geschützt werden, dass „Besondere Maßnahmen" seitens der Handwerker nicht erforderlich sind.
- Bei der Bauleitung darauf achten, dass grobe Verschmutzungen durch andere Gewerke nicht eintreten können oder vom Bauherrn sofort beseitigt werden; die Aufsicht durch die Bauleitung sollte sicherstellen, dass das normale Säubern des Putzgrunds nicht als Beseitigung grober Verschmutzungen bewertet und abgerechnet werden kann.

Hieran zeigt sich, wie wichtig es ist, dass Leistungsbeschreibung und Ausschreibung in enger Verzahnung mit exakter Planung vorgenommen werden – und nicht „aus dem Bauch heraus".

Zusammenhang von Ausschreibung, Vergabe und Bauleitung

Aus den wenigen Beispielen geht schon hervor, dass die Schritte 7 bis 11 einen engen inhaltlichen Zusammenhang haben.

Die Ausschreibung und das Einholen der Angebote können nur auf der Grundlage einer exakten Planung und Leistungsbeschreibung in Schritt 7 erfolgen.

Nach der Vergabe einer Leistung an einen bestimmten Ausführungsbetrieb müssen gegebenenfalls Details präzisiert werden, die sich aus Planungsänderungen oder gleichfalls präzisierten Leistungsbeschreibungen ergeben haben können. Hier erfolgt also eine Rückkopplung zu Schritt 7. Dann muss die Bauleitung und Qualitätskontrolle in Schritt 10 dafür sorgen, dass die vereinbarten Leistungen (Schritt 9) auch vertragsgemäß ausgeführt werden – und dass sie überhaupt so ausgeführt werden können.

Es ist einem Ausführungsbetrieb beispielsweise nicht zuzumuten, dass er den Bauschutt, den ein anderes Gewerk hinterließ, auf eigene Rechnung entfernt, um mit seiner Arbeit überhaupt beginnen zu können. Dies wäre dann sehr wohl eine Sonderleistung, die der Ausführungsbetrieb Ihnen berechnen kann.

So gehört zum Beispiel auch das „Vorhalten von Aufenthalts- und Lagerräumen, wenn Auftraggeber diese nicht stellt", zu den „Besonderen Leistungen". Vertraglich

Mit der Checkliste zu Vergabekriterien kann sich der Bauherr eine Orientierung schaffen, bevor der Auftrag vergeben wird.

sollte also mit den Stuckateuren und Putzern – um beim Beispiel zu bleiben – vereinbart werden, wo sie ihre Pause machen und ihr Frühstück einnehmen können und wo sie ihr Material ablegen können – der Lagerraum muss gemäß DIN 18350 nicht einmal verschließbar sein.

Schließlich kann der Bauherr die Leistung nur abnehmen, wenn er aufgrund der vorangegangenen Schritte vergleichen kann: Entspricht die geleistete Arbeit der vertraglich vereinbarten Leistung? Und nur aufgrund der Planung und der Leistungsbeschreibung lässt sich am Ende auch alles genau dokumentieren und in einer „Patientenakte" zusammenfassen.

Wenn hier vom Bauherrn oder Auftraggeber die Rede ist, bedeutet das nicht, dass Sie als Bauherr beständig mit dem Putzeimer die Gewerke umschwirren müssen. Sie müssen nur sicher sein, dass da jemand ist, der saubermacht – das ist eine Aufgabe der Baubetreuung und Bauleitung, die Sie in Absprache mit Ihrem „Hausarzt" installieren und auch kontrollieren müssen. Denn immer sind am Ende Sie derjenige, der die Verantwortung hat, der die letzte Unterschrift gibt und – die Rechnungen bezahlt.

Muss es der Billigste sein?

Kein Bauherr hat etwas zu verschenken. Anders als ein öffentlicher Auftraggeber, der sich an strenge gesetzliche Richtlinien bei der Vergabe von Bauaufträgen halten muss, können Sie als privater Bauherr auch andere Kriterien für Ihre Entscheidung heranziehen. Immer gilt es zu prüfen, ob die Qualität des Bieters stimmt.

Ausschreibungen im privaten Sektor könnten eigentlich in Anführungszeichen gesetzt werden, denn das Verfahren ist nicht an die formalen Vorgaben des Vergaberechts gebunden. Verschiedene Formen der Ausschreibung bzw. Einholung von Angeboten haben sich entwickelt:

■ **Leistungsanfrage:** Potenzielle Lieferanten werden angefragt, ob sie eine skizzierte Leistung grundsätzlich erbringen können. Die Lieferanten versehen ihr Angebot in der Regel mit einem Listenpreis. Mit dieser Art der Ausschreibung kann man sondieren, wie der Anbietermarkt für die Leistung beschaffen ist.

■ **Preisanfrage:** Mittels Maßnahmenbeschreibung, die den Leistungsbedarf detailliert darstellt, werden Kostenvoranschläge mit präzisen, aber noch unverbindlichen Preisen angefragt. Die Preisanfrage richtet sich an Lieferanten, von deren Leistungsfähigkeit der potenzielle Auftraggeber überzeugt ist.

■ **Aufforderung zur Angebotsabgabe:** Gibt der potenzielle Auftragnehmer ein Angebot – etwa in Gestalt eines Leistungsverzeichnisses und aller zum Vertragsabschluss gehörenden Zusatzvereinbarungen – ab, ist das Angebot innerhalb der Gültigkeitsfrist bindend; die Annahmeerklärung des Auftraggebers begründet das Vertragsverhältnis. Eine Verpflichtung zur Annahme des Angebots besteht allerdings nicht, auch keine Verpflichtung, das Angebot ausdrücklich abzulehnen.

VERGABEKRITERIEN

für	**Ingenieurleistungen**
710	Projektsteuerung
730	Architektenleistung § 15 HOAI
736	TGA § 73 HOAI
741	Thermische Bauphysik

	Kriterium	Wichtung	Punkte	Max. Punkte	Bewertete Punkte	Planungs-/Ingenieurbüro 1 — Erreichte Punkte	Planungs-/Ingenieurbüro 2 — Erreichte Punkte
1	Erfahrung	3	10	30	10	30	27
2	Kompetenz – Fachkenntnis	3	10	30	10	30	27
3	Spezifische Energiekompetenz	2	5	10	5	10	8
4	Weiterbildung zum BAKA-Experten oder gleichwertige Qualifizierung	2	5	10	5	10	8
5	Zuverlässigkeit	2	5	10	5	10	10
6	Vor-Ort-Präsenz	3	5	15	5	15	15
7	Zugesicherte Kompetenz des vorgesehenen Bearbeiters	3	5	15	5	15	12
8	Dokumentation-Referenzen	2	5	10	5	10	10
9	Netzwerkfähigkeit, integrale Planung	2	5	10	5	10	10
10	Innovationspotenzial	2	5	10	5	10	8
11	Umgänglichkeit	2	5	10	5	10	10
	Summe		65	160	65	160	145

Vergabeentscheidung

Aufgrund der Bewertung und der von uns erkennbaren Kompetenz und Erfahrung vergeben wir die xxxxxx Ingenieurleistungen an das Planungs-/Ingenieurbüro 1. Gerade weil sich das Büro durch Herrn xxxxx mit dem speziellen Thema der Energieeffizienz und Nachhaltigkeit beschäftigt, ist dieses Büro der richtige Partner für dieses Projekt mit dieser speziellen Aufgabenstellung.

Welcher Anbieter am Ende der geeignetste ist, muss anhand der Referenzen insgesamt geprüft werden.

Wenn Ihnen das Ausschreibungsverfahren zu „theoretisch" ist, bietet sich die folgende Möglichkeit an: Lassen Sie sich zeigen, was der entsprechende Betrieb in ähnlichen Fällen bereits ausgeführt hat.

Wenn der ausführende Handwerker aus dem lokalen oder regionalen Umfeld stammt, können Sie Kontakt zu einem Bauherrn suchen, der als Referenz angegeben worden ist. Im Gespräch kann so vielleicht ein Gefühl dafür entstehen, ob Sie sich mit dem richtigen Partner verbünden.

SCHRITT 9: VERGABE DER ARBEITEN

Erst wenn alle Kriterien für eine Auftragsvergabe geklärt sind, kann die Vergabe selbst erfolgen. Die Checkliste „Vergabekriterien für Ingenieurleistungen" (siehe Seite 137) hilft bei der Auswahl des richtigen Partners.

Für die beiden Spitzenkriterien können Sie bis maximal 10 Punkte vergeben, für alle übrigen maximal 5 Punkte. Auch hier spielt wieder eine inhaltliche Wichtung der Kompetenzkriterien eine Rolle, sie beeinflusst als Faktor die endgültige Bewertungszahl.

Selbstverständlich müssen Sie die Checkliste der jeweiligen Leistung, die vergeben wird, entsprechend anpassen. Dabei werden dann durchaus auch andere Kompetenzfelder relevant sein als bei der Vergabe einer Leistung der thermischen Bauphysik. Gehen Sie die verschiedenen Checklisten mit Ihrem Baubegleiter durch. Sie haben zwar die letzte Entscheidung, aber der Altbauexperte hat mit Sicherheit

mehr Erfahrung mit den Handwerkern und mit den Vergabeverfahren.

Nicht ohne Experten

Unterschreiben Sie nicht ohne weitere Prüfung eine Auftragsbestätigung – sie löst, wenn es sich um eine Aufforderung zur Angebotsabgabe (siehe Seite 136) handelte, bereits einen Vertrag aus. Ein Vergabeprotokoll sollte zunächst die Bedingungen festlegen, unter denen der Auftrag erteilt wird. In der Regel gibt der Bauherr als Auftraggeber die Bedingungen vor. Dabei bildet die VOB die Vertragsgrundlage – gewissermaßen das „Buch der Bücher" für alle „vom Bau".

Aber das ist eben noch nicht alles. Die Kette von der detaillierten Ausführungsplanung bis zur Vergabe besteht aus vielen einzelnen Gliedern. Fehlt eins, reißt die Kette, und Sie haben womöglich ein sowohl fachlich als auch wirtschaftlich mangelhaftes Resultat.

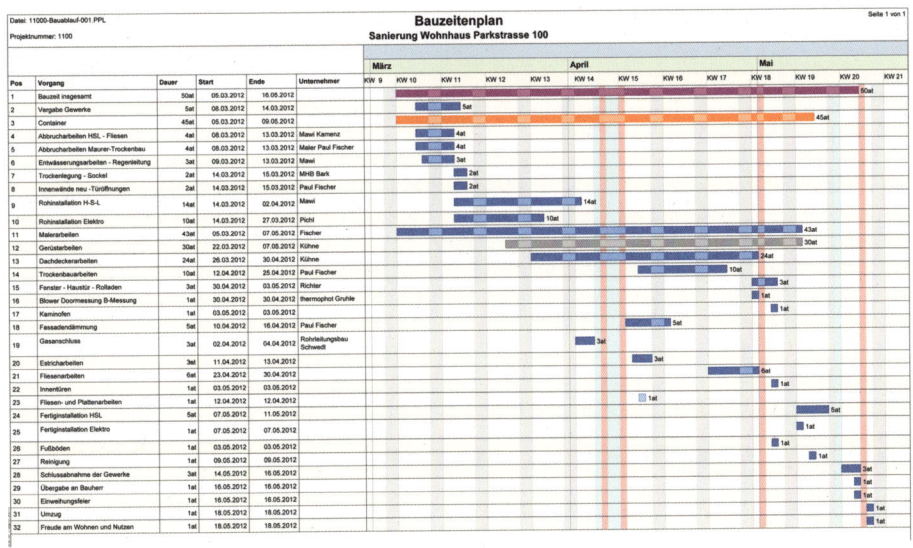

Datei: 11000-Bauablauf-001.PPL
Projektnummer: 1100

Bauzeitenplan
Sanierung Wohnhaus Parkstrasse 100

Seite 1 von 1

Pos	Vorgang	Dauer	Start	Ende	Unternehmer
1	Bauzeit insgesamt	50at	05.03.2012	16.05.2012	
2	Vergabe Gewerke	5at	08.03.2012	14.03.2012	
3	Container	45at	05.03.2012	09.05.2012	
4	Abbrucharbeiten HSL - Fliesen	4at	08.03.2012	13.03.2012	Mawi Kamenz
5	Abbrucharbeiten Maurer-Trockenbau	4at	08.03.2012	13.03.2012	Maler Paul Fischer
6	Entwässerungsarbeiten - Regenleitung	3at	09.03.2012	13.03.2012	Mawi
7	Trockenlegung - Sockel	2at	14.03.2012	15.03.2012	MHB Bark
8	Innenwände neu -Türöffnungen	2at	14.03.2012	15.03.2012	Paul Fischer
9	Rohinstallation H-S-L	14at	14.03.2012	02.04.2012	Mawi
10	Rohinstallation Elektro	10at	14.03.2012	27.03.2012	Pichl
11	Malerarbeiten	43at	05.03.2012	07.05.2012	Fischer
12	Gerüstarbeiten	30at	22.03.2012	07.05.2012	Kühne
13	Dachdeckerarbeiten	24at	26.03.2012	30.04.2012	Kühne
14	Trockenbauarbeiten	10at	12.04.2012	25.04.2012	Paul Fischer
15	Fenster - Haustür - Rolladen	3at	30.04.2012	03.05.2012	Richter
16	Blower Doormessung B-Messung	1at	30.04.2012	30.04.2012	thermophot Gruhle
17	Kaminofen	1at	03.05.2012	03.05.2012	
18	Fassadendämmung	5at	10.04.2012	16.04.2012	Paul Fischer
19	Gasanschluss	3at	02.04.2012	04.04.2012	Rohrleitungsbau Schwelli
20	Estricharbeiten	3at	11.04.2012	13.04.2012	
21	Fliesenarbeiten	6at	23.04.2012	30.04.2012	
22	Inventuren	1at	03.05.2012	03.05.2012	
23	Fliesen- und Plattenarbeiten	1at	12.04.2012	12.04.2012	
24	Fertiginstallation HSL	5at	07.05.2012	11.05.2012	
25	Fertiginstallation Elektro	1at	07.05.2012	07.05.2012	
26	Fußböden	1at	03.05.2012	03.05.2012	
27	Reinigung	1at	09.05.2012	09.05.2012	
28	Schlussabnahme der Gewerke	3at	14.05.2012	16.05.2012	
29	Übergabe an Bauherr	1at	16.05.2012	16.05.2012	
30	Einweihungsfeier	1at	16.05.2012	16.05.2012	
31	Umzug	1at	18.05.2012	18.05.2012	
32	Freude am Wohnen und Nutzen	1at	18.05.2012	18.05.2012	

Zeitraster: März (KW 9, KW 10, KW 11, KW 12, KW 13) – April (KW 14, KW 15, KW 16, KW 17) – Mai (KW 18, KW 19, KW 20, KW 21)

Unten: Auszug aus einem digital geführten Bautagebuch –
Auswertung nach Personal – erstellt im Programm docma REPORT

SCHRITT 10: BAULEITUNG UND QUALITÄTSKONTROLLE

Der Bau beginnt, jedes Gewerk wurschtelt
vor sich hin? Nein, das geht natürlich
nicht. Jetzt, wo die eigentliche Arbeit getan wird, kommt es besonders auf die
Qualitätssicherung an – und die beginnt
bei einer professionellen Baubetreuung.

Bauzeitenplan
Fliegt der Bauschutt auf die Straße, bevor
der Container bestellt ist? Warten die Spezialisten für die Fassadendämmung auf
das Gerüst, das schon längst stehen sollte?
Können die Putzer und Stuckateure nicht
arbeiten, weil der Elektriker noch an den
Kabeln herumbastelt? Undenkbar? Leider

nicht. Aber ein präziser Bauzeitenplan
(Beispiel: Seite 139 unten) kann das Cha-
os verhindern. Er hält fest, wer wann was
zu tun hat. Er muss vor Beginn der Arbeiten erstellt werden. Er gilt für alle Beteiligten und muss in den Verträgen mit den
einzelnen Gewerken verankert sein.

Je nach Komplexität der Bauaufgabe
kommt der Bauzeitenplan mit einer einfachen Tabellenkalkulation aus oder muss
als qualifiziertes Werkzeug des Projektma-
nagements aufgebaut werden. Unterstüt-
zung geben verschiedene Computerpro-
gramme, die in der Lage sind, den Bauzeitenplan fortzuschreiben und an wechselnde

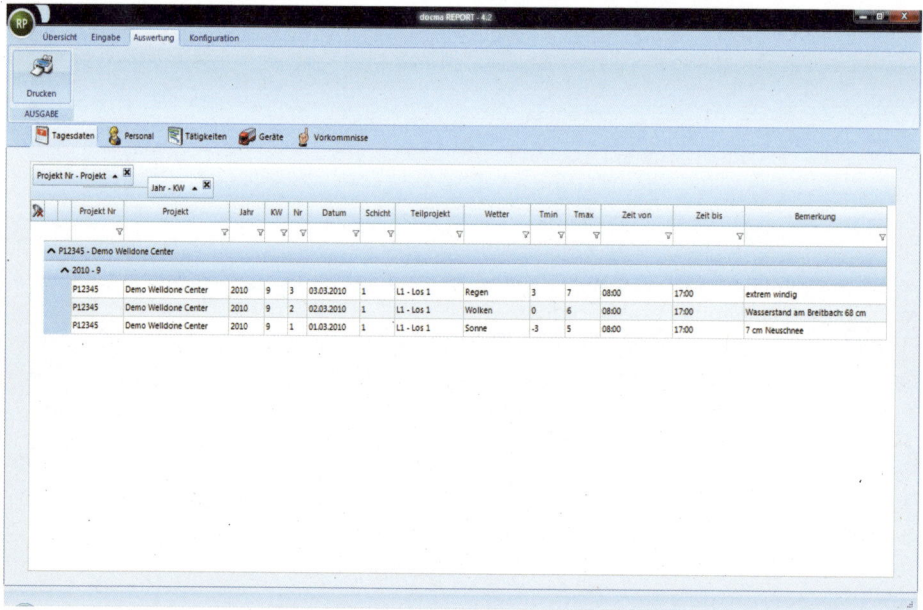

Bedingungen anzupassen. Einen Überblick über eine Reihe verbreiteter Programme für die unterschiedlichsten Bauaufgaben bietet die Seite www.bauzeiten planer.de/bauzeitenplanung-software.php.

Das Bautagebuch

Im sogenannten Bautagebuch werden die arbeitstäglichen Ereignisse festgehalten und dokumentiert. Im Grunde geht es darum, ein tägliches Protokoll über die geleistete Arbeit zu führen.

Die mit der Bauleitung Beauftragten führen das Bautagebuch ohne feste Formvorschriften. Es gibt dafür Vordrucke und es gibt geeignete Software, die nicht nur dokumentiert, sondern zugleich eine gezielte Auswertung und damit Einflussnahme auf das Projektmanagement erlaubt.

Mit der entsprechenden Software (im Abbildungsbeispiel links ist es docma REPORT 4.2) kann man den erfassten täglichen Vorgängen Personal, Geräte, weitere Ereignisse und auch Fotos zuordnen. Dank der Auswertungsfunktionen sind Sie bzw. Ihr Bauleiter ständig über den Soll / Ist-Vergleich im Bilde. Gerade wenn Sie selbst als Bauherr nicht ständig auf der Baustelle sein können, ist das digitale Bautagebuch ein ideales Medium, um Informationen mit dem Bauleiter auszutauschen und gegebenenfalls Entscheidungen qualifiziert vorzubereiten. Da üblicher-

weise häufig gleiche oder ähnliche Vorgänge erfasst werden, reduziert sich durch die Funktion „Auto Vervollständigen" auch deutlich die Schreibarbeit, zu der man auf der Baustelle selten wirklich Lust hat.

Softwareprodukte für das digitale Bautagebuch sind zum Beispiel Bautagebuch für Windows von Bauskript (http://bautagebuch.info) oder docma REPORT von EDR Projekt (www.edr-projekt.com/index. php/produkte/72.html) und das BTB Bautagebuch von fox distribution (www.fox-distribution.com/index.php?) .

BAUTAGEBUCH FÜHREN

Auch wenn das Gesetz von Ihnen als privatem Bauherrn nicht zwingend verlangt, ein Bautagebuch zu führen – den Architekten verpflichtet die HOAI von 2009 in Anlage 11 zum Führen ein Bautagebuchs als Grundleistung in der Leistungsphase 8 – sollten Sie in Ihrem eigenen Interesse auf ein Bautagebuch niemals verzichten und sich mit Ihrem Architekten oder „Hausarzt" über die entsprechenden Modalitäten verständigen. Dank der Dokumentation sämtlicher Arbeitsabläufe können eventuell auftretende Probleme am Bau später nachvollzogen werden. Und sollen einmal Gewährleistungsansprüche bei späteren Mängeln geltend gemacht werden, dient das Bautagebuch als Beweismittel.

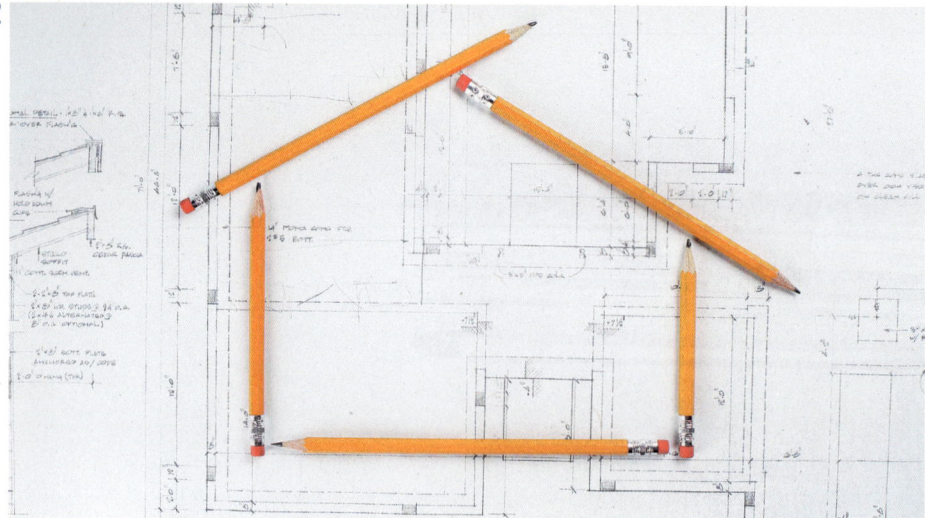

Das Bautagebuch muss immer zeitnah geführt werden. In einem Urteil des Bundesgerichtshofs (BGH) vom 28.07.2011 (VII/65–10) in einem langen Revisionsverfahren wurde festgestellt, dass ein nachträgliches Verfassen eines Bautagebuchs (im Sinne einer Nachbesserung) auszuschließen sei und dem Auftraggeber gegebenenfalls das Recht auf Honorarminderung zustehe.

Bauleitung

Die Honorarordnung für Architekten- und Ingenieurleistungen (HOAI) kennt in § 33 (Leistungsbild Gebäude und raumbildende Ausbauten) die Begriffe „Objektüberwachung" und „Bauüberwachung". Gemeinhin werden sie unter dem Begriff Bauleitung zusammengefasst. Sie entspricht der Leistungsphase 8 und beansprucht 31 Prozent des Gesamthonorars, das für dieses Leistungsbild als Architekten- oder Ingenieurhonorar vereinbart wurde. Daraus allein schon kann man die große Bedeutung und die hohe Verantwortung ermessen, die mit der professionellen Baubetreuung verbunden ist.

Der Begriff der Bauleitung wird nicht einheitlich gebraucht. Grundsätzlich muss man unterscheiden zwischen Bauleitung vonseiten des Auftraggebers und vonseiten des Auftragnehmers.

Bauleitung vonseiten des Auftraggebers

Der mit der Bauleitung Beauftragte übernimmt als Sachwalter des Bauherrn vorrangig Kontroll- und Koordinierungsfunktion. Er überprüft die Leistung, die zu erbringen ist (Bausoll) und koordiniert die Gewerke und andere Beteiligte (gegebenenfalls Behörden, Gutachter, Planer usw.). Im direkten Kontakt mit dem Bauherrn und/oder dem Architekten klärt er anstehende technische Fragen.

Grundaufgaben der Bauleitung sind die Koordination der Bauausführung (Objektüberwachung) hinsichtlich der Übereinstimmung mit der Baugenehmigung, den Ausführungsplänen und den Leistungsbeschreibungen, der Einhaltung der anerkannten Regeln der Technik und der Vorschriften. Dazu gehört auch das gemeinsame Aufmaß mit den bauausführenden Unternehmen. Unter Umständen kommt auch eine besondere Überwachung der Tragwerke auf Übereinstimmung mit dem Standsicherheitsnachweis hinzu; sie erfolgt in der Regel durch einen Prüfstatiker.

◣ BEFUGNISSE KLAR REGELN

Die Vertretungsbefugnis des Bauleiters (als Bauherren-Bauleiter) muss klar geregelt sein, denn ohne besondere Vollmacht des Auftraggebers (Bauherrn) darf ein Bauleiter keine kostenwirksamen Entscheidungen für den Auftraggeber treffen.

Bauleitung vonseiten des Auftragnehmers

Unternehmen, die komplexe Aufträge ausführen, beauftragen ihrerseits bestimmte Mitarbeiter mit der Bauleitung, um den Einsatz von Personal und materiellen Ressourcen sowie die vertragsgemäße Ausführung der Leistung zu koordinieren und zu überwachen.

Der Bauführer vertritt in dem Sinne den Inhaber des ausführenden Betriebs, dass er für die Erfüllung der gesetzlichen, behördlichen und berufsgenossenschaftlichen Verpflichtungen verantwortlich ist.

◣ BAULEITUNG AUF KLEINBAUSTELLEN

Auf Kleinbaustellen kann sowohl der Bauleiter des Auftraggebers als auch der Bauführer des Auftragnehmers nicht ständig auf der Baustelle sein. Letzteren vertritt regelmäßig der Polier oder Vorarbeiter. Für die Bauüberwachung und Qualitätskontrolle gewinnt hier das Bautagebuch – insbesondere die darin integrierte Fotodokumentation – besondere Bedeutung.

Qualitätssicherung

Unter Qualität versteht man im Falle des Bauens die Einhaltung der vertraglich zugesicherten Eigenschaften.

Ein Grundproblem der Qualitätskontrolle ist jedoch, dass man die Qualität beim fertig erstellten Gebäude im Nachhinein nicht mehr zuverlässig prüfen kann, da die erbrachten Leistungen durch die fortschreitende Fertigstellung des Baus wieder überdeckt werden.

Von entscheidender Bedeutung für die Qualitätssicherung ist also, dass Details nicht „verschwinden", bevor ihre volle Funktionstüchtigkeit überprüft wurde. So muss zum Beispiel beim Einbau neuer Fenster der Anschluss zum Mauerwerk luftdicht ausgeführt werden. Um die Qualität der Ausführung zu kontrollieren, muss ein Blower-Door-Test gemacht werden – und zwar, bevor die entsprechenden Wandteile verputzt oder verkleidet werden.

Meist wird die Messung mit einer thermografischen Untersuchung kombiniert.

Damit kommt man Leckagen aufgrund der Wärmebilddarstellung am besten auf die Spur. Die Fehler müssen aber bereits während der Messung selbst behoben werden, sonst muss nach der Ausführung der Maßnahme eine erneute Kontrollmessung erfolgen.

Qualitätskontrolle muss in Ausschreibung und Vergabe verankert sein. Sie endet zwar mit der Bauabnahme, aber beginnt dort nicht. Nur eine baubegleitende Qualitätskontrolle dokumentiert technisch einwandfreie Bauleistungen oder macht auf Nachbesserungsbedarf aufmerksam.

Vernünftigerweise beginnt die Qualitätssicherung bei der Planung. Anschließend erfolgt die begleitende Kontrolle der Bauausführung. Ergänzend kann im Zuge der Qualitätssicherung auch der jeweils erbrachte Leistungswert berechnet werden. Das schützt den Auftraggeber vor einer Überzahlung.

SCHRITT 11: ABNAHME UND DOKUMENTATION

Die Umbau-, Sanierungs- oder Modernisierungsarbeiten sind abgeschlossen. Auf dem Stärken-Schwächen-Profil zur Abnahme sollte nun weitgehend alles blau sein. Die Nutzungsübergabe ist erfolgt. Aber die Nutzungsübergabe ist nicht automatisch mit der Abnahme gleichzusetzen.

Mit der Bauabnahme geht nicht zuletzt die Beweislast für eventuelle Baumängel vom ausführenden Betrieb auf den Bauherrn über. Einfach gesagt: Vor der Abnahme muss der Handwerker beweisen, dass er korrekt gearbeitet hat. Nach der Abnahme muss der Bauherr beweisen, dass der Handwerker nicht korrekt gearbeitet hat.

Mit der Abnahme beginnt auch die Verjährungsfrist für die Gewährleistung. Außerdem wird in der Regel die Schlusszahlung fällig.

Arten der Abnahme

Zunächst unterscheidet man zwischen behördlicher und privater Abnahme.

Bei der behördlichen Bauabnahme begutachtet die Behörde (Bauordnungsamt oder Denkmalamt oder weitere involvierte Behörden), ob die Baumaßnahme in Übereinstimmung mit den öffentlichen Normen und Verordnungen durchgeführt wurde. Zu einer behördlichen Bauabnahme gehört unter anderem die Überprüfung von

Abnahme-Protokoll

gemäß VOB/B/§12
der folgenden Gesamtleistung-Teilleistung

Auftragsnummer Kostenart nach DIN 276	Bauvertrag	vom:	Bearbeiter
....	....	....	....

Neubau / Umbau / Sanierung / Teilleistung: ....
....

Auftragnehmer: .... **Bauherr:**
....

Bauvorhaben   **Planung:**   **Integra Planen und Gestalten GmbH**
und Bauort: **Elisabethweg 10, 13187 Berlin**
                                     Bauüberwachung: **wie Planung**

Teilnehmer:

....

1. Vorbemerkung   Diese Abnahme ersetzt nicht eventuell erforderliche behördliche oder andere vorgeschriebenen Abnahmen technischer oder verwaltungstechnischer Art. Sie ist auch keine Güteprüfung im bauaufsichtlichen Sinn. solche hat der Auftragnehmer, sofern erforderlich, selbst zu veranlassen und deren Ergebnis (Protokoll) den unten genannten Unterlagen beizufügen und dem Bauherrn zuzuleiten.

2. Vorbehalte des Auftraggebers

Mängelrüge für nicht erkannte Mängel innerhalb der Gewährleistungsfrist
Behebung der **Mängel**, die bisher schon schriftlich gerügt oder noch nicht einwandfrei beseitigt sind.
Vertragsstrafe (Ihre Geltendmachung wird ausdrücklich vorbehalten.)
Schadenersatz wegen Terminverzug, wegen vertragswidriger Leistung oder vertragswidrigem Verhalten.
Wandlung oder Minderung wegen mangelhafter Leistung
Haftung gemäß § 10 VOB Teil B
Abzüge und Gegenforderungen im Rahmen der Rechnungsprüfung

3. Abnahme
- ☐ erfolgt im übrigen ohne Vorbehalte (mit Ausnahme der unter Ziff. 2 aufgeführten Vorbehalte).
- ☐ erfolgt mit den unten bzw. auf der Rückseite erwähnten Vorbehalten wegen Leistungsmängeln. Sie wird erst wirksam, wenn die beanstandeten Mängel behoben sind.

                                                     Termin für Beseitigung

4. Mängel und/oder Anlage

....
....
....

5. Folgen nicht rechtzeitiger Mängelbeseitigung   Falls bis zum angegebenen Termin die gerügten Mängel nicht beseitigt sind, wird hiermit vorsorglich ohne weitere Fristsetzung die Mängelbehebung auf Kosten des Auftragnehmer abgelehnt und die Einschaltung einer anderen Firma zur Mängelbehebung auf Kosten des Auftragnehmers vorbehalten.

6. Gewährleistung   beginnt laut Vertrag bzw. gemäß Vereinbarung mit folgendem Datum..
Sie endet nach den vertraglichen Fristen. Falls keine Fristen vereinbart, gilt das BGB.

7. Unterlagen   Folgende Unterlagen wurden der Bauleitung hiermit übergeben (Nr. und Stückzahl angeben)
- ☐ Bestandspläne ....
- ☐ Revisionspläne ....
- ☐ Betriebsanleitungen ....
- ☐ Wartungsanweisungen ....
- ☐ Schlüssel ....
- ☐ ....

Folgende Unterlagen fehlen noch und sind der Schlußrechnung beizufügen
....

8. Sonstiges   ....

9. Unterschriften   ....
                                   Ort, Datum   Ort, Datum   Ort, Datum

              Auftragnehmer - Unterschrift   Bauherr - Unterschrift   Architekt - Unterschrift

Abnahme-VOB1.doc-23.08.10

Schornstein und Heizkessel durch den Bezirksschornsteinfeger.

Dabei ist zu bemerken: Baumängel, die Sie stören (schlampig verlegte Fliesen, falsch herum eingebaute Türen), stören die Behörde überhaupt nicht, solange die Dachneigung zur Norm passt und die Trittstufenbreite der Treppe korrekt ist.

Bei Baumaßnahmen im vereinfachten Genehmigungsverfahren ohne Baugenehmigung halten sich die Behörden sowieso weitgehend heraus; wo keine Prüfpflicht besteht, wird auch keine Haftung für Baumängel übernommen.

Bleibt also die private Bauabnahme. Sie ist die einzige Möglichkeit, sich vor Fehlern der Handwerker zu schützen. Schwierig wird es, wenn die Arbeit des einen Gewerks die Arbeit eines anderen Gewerks überdeckt: Sie entdecken bei der Schlussabnahme eine schiefe Wand. Der Putzer sagt, er war's nicht, es war der Maurer. Der Maurer sagt; er war's auch nicht, es stand so im Plan. Wer war's nun wirklich?

ABNAHME VOM VORGÄNGER

Sobald die Handwerker eines Gewerks die Arbeit beendet haben, sollte ihre Leistung begutachtet werden. Geht das im Einzelfall nicht, muss der Putzer (folgendes Gewerk) Ihnen schriftlich bescheinigen, dass der Maurer (vorhergehendes Gewerk) ordentlich gearbeitet hat. Auch bei anderen Gewerken sollte der „Nachfolger" stets die Fehlerfreiheit seines „Vorgängers" bescheinigen.

Am besten regelt man bereits in den Bauverträgen selbst, von welcher Art die Abnahme sein soll und in welcher Form sie stattfinden soll. Leider wird das in vielen Fällen versäumt. Sie dürfen von Ihrem Baubegleiter erwarten, dass er bei der Vergabe der Arbeiten darauf achtet, damit es Ihnen nicht passiert, dass Sie Ihr Haus „abnehmen", ohne dass Sie es merken. Die VOB sieht nämlich verschiedene Arten der Abnahme vor; das System hat seine Tücken: Der Bauunternehmer oder Handwerker teilt schriftlich oder mündlich mit, dass die Bauleistung vollständig erbracht und die Abnahme möglich ist. Der Bauherr hat dann 12 Werktage Zeit, das Werk zu begutachten. Lässt er die Frist ungenutzt verstreichen, gilt das Werk als abgenommen – das ist die fiktive Abnahme. Sinnvoller ist es aber, mit dem Handwerker einen Abnahmetermin auszumachen und ein gemeinsames Abnahmeprotokoll zu erstellen. Nehmen Sie diesen Termin unbedingt gemeinsam mit Ihrem „Hausarzt" wahr, denn der sieht mit einiger Sicherheit mehr, als Sie sehen werden – und das ist unter Umständen bares Geld wert.

BEISPIEL: Die Fensterbänke sind zwar funktionstüchtig, aber nicht vollkommen korrekt eingebaut; die Anschlüsse sind mindestens optisch unschön – die Leistung entspricht nicht zu 100 Prozent der Leistungsbeschreibung. Sie können Nachbesserung verlangen, aber Sie können auch entscheiden, dass Sie mit dem Mangel leben können, weil dann sowieso eine Grünpflanze davor steht, aber Sie handeln dafür eine Minderung heraus und sparen (mehr als) eine Handvoll Euro.

Fiktive Abnahme

Die fiktive Abnahme kann auf dreierlei Weise eintreten,

■ wenn Sie die bereits genannte Frist von 12 Werktagen nach Mitteilung der Abnahmefähigkeit verstreichen lassen.

■ wenn Sie die Schlussrechnung des Handwerkers nach der Mitteilung über die Fertigstellung bezahlen.

■ wenn Sie in das fertig gemeldete Haus einziehen. Dann gilt innerhalb von sechs Werktagen die Bauleistung als abgenommen, wenn der Bauherr weiter nichts tut, als sich wohnlich einzurichten (Ausnahme: Sie ziehen baubedingt in einen Teil des fertiggestellten Hauses, damit die Arbeiten in einem anderen Teil weitergeführt werden können).

FIKTIVE ABNAHME „AUS VERSEHEN"

Eine fiktive Abnahme „aus Versehen" vermeiden Sie, indem Sie sich nicht zu nachlässiger Bequemlichkeit sowie Unterschriften oder Zahlungsanweisungen irgendwelcher Art verleiten lassen. Gern schicken Unternehmer mit der Fertigstellungsmitteilung auch gleich die Abschlussrechnung. Zahlen Sie nichts, bevor Sie mit Ihrem „Hausarzt" zum Abnahmetermin waren!

Stillschweigende Abnahme

Die stillschweigende (oder auch konkludente) Abnahme gründet sich auf dem schlüssigen (konkludenten) Handeln des Bauherrn. Lässt der Bauherr unmittelbar nach abgeschlossenen Fassadenarbeiten sofort das Gerüst abbauen, kann von einer stillschweigenden Abnahme ausgegangen werden. Ebenso, wenn er einen Heizkessel in Betrieb nimmt und nicht innerhalb von sechs Werktagen dem Handwerker eine Mängelrüge zugestellt wird. Erst recht, wenn der Bauherr unmittelbar nach der Fertigstellungsmeldung der Bauleistung das Haus verkauft.

In solchen Fällen darf aus dem Handeln des Bauherrn geschlossen werden, dass er die Leistung auch ohne ausdrückliche Willenserklärung akzeptiert.

Förmliche Abnahme

Die förmliche Abnahme findet statt, wenn der Bauherr oder der Bauunternehmer bzw. Handwerker es verlangen. Diese Form der Bauabnahme sollte der Regelfall sein.

Beide Seiten haben das Recht, Sachverständige hinzuzuziehen. Dem Bauherrn ist das unbedingt zu empfehlen! Ob die Bauleistung frei von Mängeln ist, kann nur ein Experte schlüssig beurteilen. Der Befund der Abnahme – einschließlich eventueller Vorbehalte wegen bekannter Mängel oder wegen Vertragsstrafen oder geforderter Minderungen (ebenso natürlich Einwendungen des Bauunternehmers / Handwerkers) – werden in das Protokoll aufgenommen. Jeder Vertragspartner erhält unmittelbar nach Unterschrift seine Ausfertigung des Protokolls.

TIPP **Bestandteile der Dokumentation**

- Liste der Handwerker
- Liste der Hersteller / Lieferanten
- Liste der Ansprechpartner für Havariefälle
- Pläne
- Baufluchtlinien- und ggfs. Höhenattest des Vermessungsingenieurs
- Berechnungen (Flächen, etc.)
- Bestandszeichnungen der technischen Gebäudeausrüstung
- Genehmigungen
- Abnahmeprotokolle (Protokolle der bauaufsichtlichen Gebrauchsabnahme)
- Fachunternehmererklärungen (Bescheinigungen für alle Gewerke über die fachgerechte mangelfreie Ausführung der Bauleistungen)
- Bürgschaften / Gewährleistungsbürgschaften

- Nachweise der eingebauten Materialien (Unbedenklichkeit verwendeter Baustoffe und Materialien)
- Lieferscheine
- Zulassungen / Prüfzeugnisse
- Beschreibungen von Produkten
- Wartungs- und Pflegehinweise
- Garantieurkunden für die Haustechnik (Elektro, Sanitär, Heizung, gegebenenfalls Lüftung usw.)
- Bedienungsanleitungen
- Sofern möglich auch Prospekte von Produkten (Waschbecken, Heizkessel, etc.)
- Fotodokumentation
- Energieausweis
- Schornsteinfeger-Abnahmeprotokoll

Mehr als eine Formalie

Würden Sie sich einen DVD-Player ohne Bedienungsanleitung kaufen? Nein? Und warum – glauben Sie – braucht Ihr Haus keine Bedienungsanleitung? Der letzte Schritt ist also mehr als nur eine Formalie. In dieser Phase muss all das dokumentiert werden, was tatsächlich verarbeitet und eingebaut wurde. Das bedeutet, dass alle Materialien und Installationsgegenstände – samt Hersteller und / oder Lieferanten – exakt beschrieben und dokumentiert werden müssen. Dabei entsteht eine Art Bedienungsanleitung für Ihr Haus.

Was passiert, wenn das unterbleibt? Erst mal gar nichts. Aber nach ein paar Jahren, wenn einzelne Teile vielleicht repariert oder erneuert werden müssen, geht das große Rätselraten los: Von welchem Hersteller war gleich noch mal dieses Waschbecken, und gibt es die dazugehörigen Zahnputzbecher noch? Klingt harmlos. Ist auch nur ein harmloses Beispiel. Aber wenn es um die Heizung oder die Belüftungsanlage geht, die regelmäßig gewartet werden müssen, oder um die Art der Dämmstoffe, bei denen man einfach wissen möchte, was man da eigentlich im

| Firma | **Tischlerei & Treppenbau Musterfirma** | | | `01-12` |

| Bauvorhaben | **Energetische Modernisierung Mustergebäude** |

| Ausführung | von: 15.07.2010   bis: 30.09.2011 |

Revisionsunterlagen + Nachweise

Datum:	Vorlage / Beschreibung	vollständig				Bemerkungen
	Abnahmeprotokoll nach VOB					
	Gewährleistungsbürgschaft					
	FU-Erklärung	✓				
	Abrechnung / Schlußrechnung					
	Hersteller- und Liefernachweise für					
	Matrialaufstellung					
	Lieferschein Fenster					
	Herstellerbescheinigung Fenster					
	Lieferschein Haustür					
	Herstellerbescheinigung Haustür					
	Lieferschein Fensterbänke					
	HerstellerbescheinigungFensterbänke					
	Beschläge					
	Griffe / Oliven					
	Beschichtungen					
	Dichtungen					
	Produktdatenblatt Dichtungsband Firma illbruck					
	Prüfzeugnisse / Zulassungen					
	U-Wert					
	WE-Türen mit den db-Werten und rauchdicht					
	Prüfbericht Dichtungsband Firma illbruck					
	Prospekte, Produkbeschreibungen, Wartungshinweise					
	Zeichnungen					

Bemerkungen: In den Hersteller- und Liefernachweisen müssen auch die Nachweise der Lieferung auf
diese Baustelle enthalten sein (Lieferschein, etc.).

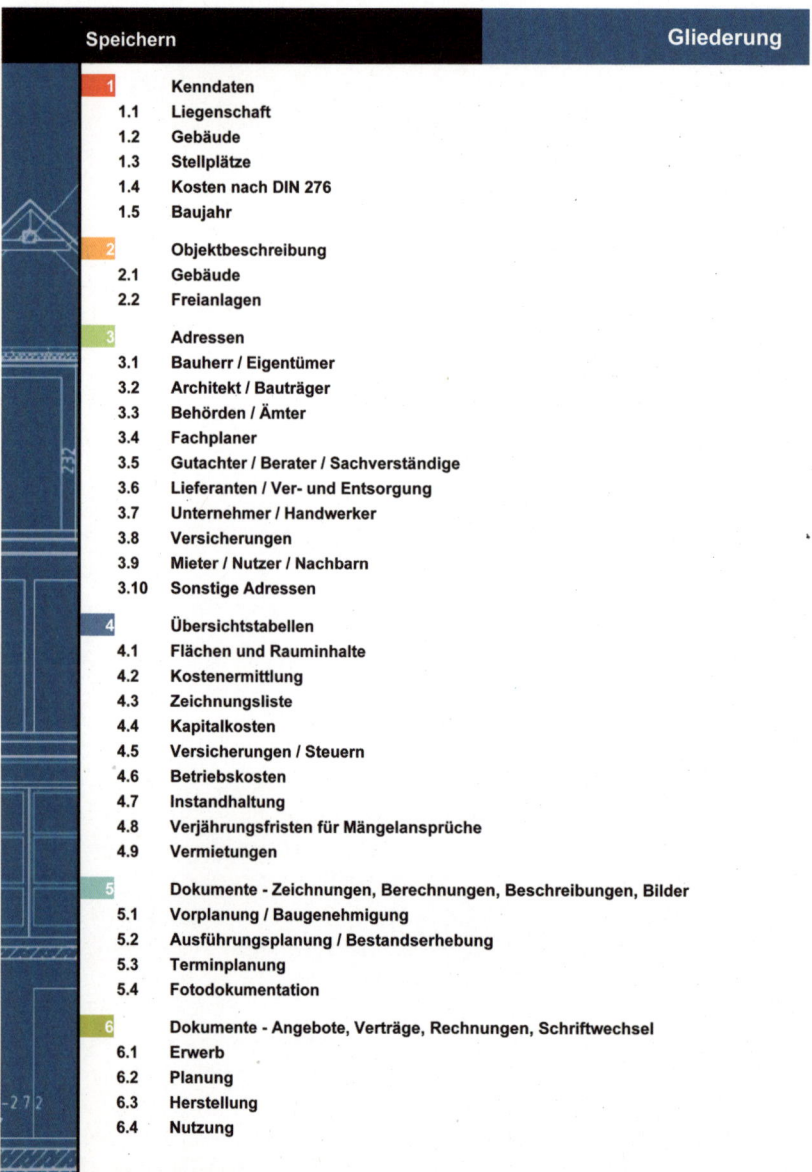

Haus hat – in solchen komplizierten wie sensiblen Bereichen des Hauses ist es schon weniger harmlos, wenn die Dokumentation fehlt.

Die „Patientenakte"

Auf Seite 148 sind einige der wichtigsten Elemente / Dokumente aufgeführt, die in einer geordneten Dokumentation zusammengefasst werden sollten.

Das Ganze muss dann nach Gewerken geordnet in einem Ordner zusammengetragen werden. Dieser Ordner ist die Bedienungsanleitung für das Haus und die Hausakte in einem – quasi die aktualisierte „Patientenakte". Nur so kann man sicher sein, dass für alles ein Nachweis vorhanden ist, der auch noch in zehn oder zwanzig Jahren gefunden werden kann. Oder dass ein zum installierten Gerät passendes Ersatzteil – und wenn es nur eine Dichtung ist – auch tatsächlich wieder beschafft werden kann.

Wenn dann alles noch elektronisch vorliegt, ist es noch einfacher, denn dann können alle Dokumente auf modernste Weise abgelegt und auch wieder aufgefunden werden. Das ist dann die elektronische Haus- bzw. „Patientenakte". Sie finden entsprechende Software, um eine elektronische oder digitale Hausakte zu führen, bei verschiedenen Anbietern. Der Preis ist mit ca. 30 Euro moderat. Unter anderem finden Sie ein speziell auf den Bedarf von Ein-und Zweifamilienhäusern zugeschnittenes Programm unter der Adresse: www.bki.de/digitale-hausakte.html.

Das Programm des Baukosteninformationszentrums Deutscher Architektenkammern (siehe Seite 150) gliedert sich in sechs Module: 1. Kenndaten; 2. Objektbeschreibung; 3. Adressen. 4. Übersichtstabellen, 5: Dokumente, Zeichnungen, Berechnungen, Beschreibungen, Bilder, 6: Dokumente – Angebote, Verträge, Rechnungen. Eine kostenlose Testversion kann heruntergeladen werden.

Mittels einer digitalen Hausakte können Sie die Planungs-, Umbau- und Nutzungszeit Ihres Hauses nicht nur gut dokumentieren, sondern die Dokumentation auch leicht auf dem Laufenden halten. Vergangenheit, Gegenwart und Zukunft Ihre Immobilie werden dadurch transparent. Dies dient nicht nur der technischen, konstruktiven, wirtschaftlichen und ökologischen Überwachung Ihres Hauses, sondern macht auch den Service, die Pflege und Wartung einzelner Bauteile und technischer Einrichtungen leichter. Sie haben im Programm durchaus die Wahl, nicht alle Felder auszufüllen, wenn sich das bei einem gebrauchten Haus nur unter großem, nicht vertretbarem Aufwand realisieren ließe.

Auch im Falle eines Wiederverkaufs Ihrer Immobilie haben Sie als Verkäufer eine starke Position, wenn Sie mit einer dynamisch fortgeschriebenen Dokumentation aufwarten können, die faktisch keine Fragen offen lässt.

Aber auch bei diesem komfortablen Werkzeug sind Sie wahrscheinlich auf die Hilfe Ihres „Hausarztes" angewiesen. Er-

fahrungsgemäß werden die Nachweise der Handwerker selten komplett übergeben – wenn überhaupt. Es ist daher in der Regel ratsam, mit der letzten Zahlung so lange zu warten, bis sämtliche Nachweise qualifiziert geführt und Ihnen übergeben worden sind.

Wie greift der Zahlungsplan?

Wenn alles fertig ist, kann alles bezahlt werden. Aber wann ist alles fertig?

Üblicherweise werden in Bauverträgen auch Zahlungspläne vereinbart. Untersuchungen unabhängiger Verbraucherschützer haben ergeben, dass bis zu 80 Prozent der Zahlungspläne, welche Baubetriebe mit Bauherren von Einfamilienhäusern schließen, zum deutlichen Nachteil der „Häuslebauer" ausfallen. In vielen Fällen wird das unternehmerische Risiko – einschließlich des Insolvenzrisikos – auf unzumutbare Weise auf den Auftraggeber verschoben. Immer wieder müssen deutsche Gerichte Verträge rügen und einzelne

Klauseln für unwirksam erklären, weil sie dem BGB in eklatanter Weise widersprechen und die Rechte des Bauherrn in unzulässiger Weise beschränken. So untersagte das Oberlandesgericht Brandenburg in einem Berufungsverfahren im Wege der Einstweiligen Verfügung (vom 18.07.2007, 7 U 193/06) einem Bauunternehmen, die folgende – unwirksame – Klausel in Verträgen weiter zu verwenden: „Beginnen die Bauherren vor Abnahme und Übergabe mit Fußbodenverlege- und Malerarbeiten im oder am Vertragsobjekt oder wird das Vertragsobjekt bezogen, gilt dieses als abgenommen."

Der Handwerker hat seinerseits gemäß § 648a BGB die Möglichkeit, eine sogenannte Bauhandwerker-Sicherheitsleistung vom Bauherren zu fordern.

Einheitliche gesetzliche Regelungen hinsichtlich eines Zahlungsplans gibt es zwar für Bauträger – für den privaten „Häuslebauer" aber nicht. Insofern sind auch die meisten Umbau- und Sanierungsvorhaben in gebrauchten Häusern von dieser Rechtsunsicherheit betroffen.

Lassen Sie sich in allen Fragen des Zahlungsplans von Ihrem „Hausarzt" beraten – und zwar spätestens ab Schritt 9, der Vergabe der Arbeiten.

Schlüsselübergabe

Seit jeher hatte die Schlüsselübergabe eine besondere symbolische, juristische und praktische Bedeutung. Wurden im Mittelalter dem Kaiser die Schlüssel einer Stadt ausgehändigt, bedeutete das die Unterwerfung der Stadt unter kaiserliche Macht. Nicht zufällig zählt der Schlüssel zu den ganz alten heraldischen Symbolen – Städte wie Regensburg, Worms und Bremen führen ihn im Wappen –, die sich aus vorchristlicher Zeit überliefert haben. Bis in die Gegenwart ist es üblich, mit einer feierlichen Schlüsselübergabe die Einweihung eines neuen Gebäudes zu feiern.

Heute hat die Schlüsselübergabe aber auch für die juristische Bewertung eines Schuldverhältnisses Bedeutung. Der Besitz der Schlüssel zu allen Räumlichkeiten ist zum Beispiel die Voraussetzung für die Inbesitznahme einer Mietsache: Bevor ein Mieter nicht die Schlüssel zu sämtlichen Räumen hat, kann er die Mietsache nicht vertrags- und bestimmungsgemäß in Besitz nehmen; folglich schuldet er dem Vermieter auch noch keine Mietzahlung.

Und umgekehrt: Gibt ein Mieter dem Vermieter alle Schlüssel zurück, weil er ausgezogen ist, kommt der Vermieter wieder in den Besitz seiner Mietsache – und es ist unerheblich, ob der Mietvertrag selbst vielleicht noch ein halbes Jahr weiterläuft. Will der Vermieter Schadenersatzansprüche wegen Veränderungen oder Verschlechterung seiner Mietsache geltend machen, beginnt die Verjährungsfrist im Moment der Schlüsselrückgabe und nicht mit dem formellen Ende des Mietvertrags.

Für den Hauseigentümer hat die Übergabe sämtlicher Schüssel aber auch eine ganz praktische Bedeutung. Er kann sich sicher sein, dass nach einer Phase des baubedingten Hin und Her nun er allein den Zugang zu seinem Haus besitzt.

Für den Eigentümer eines Hauses bedeutet die Schlüsselübergabe, dass Umbau- und Sanierungsarbeiten abgeschlossen sind und dass er hoffentlich die richtigen Entscheidungen getroffen hat, um sich den Traum von seinem eigenen gebrauchten Haus zu erfüllen, dass also nun – hoffentlich – aller Stress hinter ihm liegt. Wenn das Buch etwas mitgeholfen hat, Ihnen den Weg dahin zu bahnen, hat es seine Aufgabe erfüllt.

Denken Sie noch einmal kurz daran, wie alles angefangen hat. Lassen Sie die Sektkorken knallen! Wir wünschen Ihnen viel Glück in Ihrem neuen, alten Haus.

GLOSSAR

Abnutzungsgrad: Index für den Umfang und das Maß der bis dato erkennbaren Abnutzung. Bei einem Abnutzungsgrad von mehr als 10 % wird ein Schadensgrad festzustellen sein und Investitionsbedarf entstehen.

Anlagenaufwandszahl (ep): Verhältnis von aufgewendeter Primärenergie (p) zum erwünschten Nutzen, das heißt dem Energiebedarf (e) des gesamten Anlagensystems. Berücksichtigt werden die Art der eingesetzten Brennstoffe, der Einsatz regenerativer Energiequellen, die Verluste der Wärmeerzeuger und der Verteilung sowie die benötigte Hilfsenergie (etwa für Lüftung und Pumpen). Eine niedrige Anlagenaufwandszahl spricht für eine effiziente Nutzung der Primärenergie.

Annuität: Regelmäßige Zahlung, die aus Zins und anfänglicher Tilgung – bezogen auf ein aufgenommenes Kapital – zusammengesetzt ist. Bei einer konstanten Annuität verändert sich das Verhältnis von Zinsbetrag und Tilgungsbetrag mit jeder Zahlung. Mit jedem Tilgungsbetrag vermindert sich der Kapitalstock, auf den Zinsen entfallen, um den gleichen Betrag erhöht sich die Tilgungsleistung.

Arbeitgeberdarlehen, auch Personalkredit oder Mitarbeiterdarlehen: Ein Darlehen, das der Arbeitgeber dem Arbeitnehmer gewährt. Das Zinsniveau liegt meist unter dem marktüblichen Bankzins und orientiert sich am Zinssatz für Hypothekenpfandbriefe.

Auflassungsvormerkung: Vormerkung im Grundbuch, Teil 2, über den Eigentumswechsel als künftige Rechtsänderung. Alle Verfügungen des Verkäufers, welche die Rechte des Käufers beeinträchtigen könnten, sind damit unwirksam. Die Auflassungsvormerkung sichert den Käufer auch davor, im Falle einer Insolvenz des Verkäufers auf die Quote verwiesen zu werden.

Aufmaß: Das Vermessen und Aufzeichnen eines bestehenden Gebäudes für die weitere Planung des Bauens im Bestand. Der Begriff wird auch verwendet für die Ermittlung des Umfangs der Bauleistungen (zum Beispiel in Ausführungsplänen) als Grundlage für das Erstellen von Leistungsverzeichnissen oder überprüfbaren Abrechnungen.

Ausführungsplanung: Genaue Ausarbeitung der Planungsunterlagen aufgrund der Entwürfe bzw. der Genehmigungsplanung mit dem Ziel, Werkpläne (meist in größerem Maßstab) für die ausführenden Gewerke aufzustellen.

Bauhaus: Staatliches Bauhaus, 1919 vom Architekten Walter Gropius begründete Kunstschule, zunächst in Weimar, seit 1925 in Dessau, 1932–1933 in Berlin, von den Nationalsozialisten geschlossen. Als Gegenentwurf zum Historismus, der kunsthandwerkliche Ornamentik in industrielle Massenprodukte verwandelte, bekannte sich das Bauhaus zu den Traditionen des Handwerks und zum Funktionalen.

Dabei entwickelte das Bauhaus eine Formensprache, die von vielen Zeitgenossen als radikal empfunden wurde. Namentlich in der Architektur waren die Resultate der Bauhaus-Ästhetik von Dauer und wurden von vielen anderen Architekten aufgenommen und weiterentwickelt.

Bauzeitenplan: Planungsinstrument zur Terminkoordination und -kontrolle eines Bauablaufs.

Belastungsquote: Belastung aus Kapitaldienst in Prozent des Nettoeinkommens. Je höher die Belastungsquote, desto riskanter wird die Finanzierung der Immobilie.

Bestandsimmobilien: Gebäude, die bereits bestehen, auch als Altbau-Immobilien oder Gebrauchtimmobilien bezeichnet.

Blower-Door-Test: Differenzdruck-Messverfahren, das die Luftdichtigkeit eines Gebäudes misst. Mit seiner Hilfe kann man Leckagen in der Gebäudehülle finden und die --> Luftwechselrate bestimmen.

CAD-Zeichnung: Mittels Computer Aided Design (rechnergestützter Entwurf oder rechnerunterstützte Konstruktion) hergestellte technische Zeichnung

Charta von Athen: Architekturkonzept einer funktionellen Stadt, 1933 auf dem Athener Kongress für neues Bauen verabschiedet, das die funktionale Trennung von Wohnen, Arbeiten, Erholung und Bewegung in der Stadt vorsah. Nach dem Zweiten Weltkrieg wurde das Konzept der Funktionstrennung im Städtebau bis in die Achtzigerjahre vorherrschend.

Denkmalimmobilie: Gebäude, dem im Rahmen der „Erinnerungskultur" ein besonderer Wert zugesprochen wird; es steht beispielhaft für eine Architekturleistung oder einen Bauzustand der Vergangenheit. Als schützenswertes Gut kann es Denkmalschutz genießen. Der Denkmalbegriff umfasst nach der Charta von Venedig (1964) „sowohl das einzelne Denkmal als auch das städtische oder ländliche Ensemble (Denkmalbereich), das von einer ihm eigentümlichen Kultur, einer bezeichnenden Entwicklung oder einem historischen Ereignis Zeugnis ablegt". Dabei werden nicht nur herausragende künstlerische Schöpfungen berücksichtigt, sondern durchaus auch weniger bedeutende Werke, sofern sie im Laufe der Zeit eine künstlerische Bedeutung bekommen haben.

Denkmalpflege: Sammelbegriff für geistige, technische, handwerkliche und künstlerische Maßnahmen, die erforderlich sind, um Kulturdenkmäler zu erhalten und deren weiteren Bestand zu sichern.

Denkmalschutz: Sammelbegriff für das System der Gesetze, Verordnungen sowie der behördlichen Verfügungen, Genehmigungen und Auflagen, die geeignet und erforderlich sind, um die Denkmalpflege sicherzustellen.

ELER: Kurzwort für Europäischer Landwirtschaftsfonds für die Entwicklung des ländlichen Raums; fördert die Entwicklung des ländlichen Raums in der Europäischen Union. Geschaffen aufgrund einer Verordnung des Europäischen Rates hat er als neues, zentrales Finanzierungsinstrument der EU in den Bereichen Landwirtschaft und ländlicher Raum seine Tätigkeit 2007

aufgenommen. Einer seiner vier Arbeits-
schwerpunkte ist die Steigerung der Lebensqualität im ländlichen Raum und
Diversifizierung der ländlichen Wirtschaft.
Energieeinsparverordnung (EnEV): Verordnung
über energiesparenden Wärmeschutz
und energiesparende Anlagentechnik bei
Gebäuden, in Kraft getreten am 1. Februar
2001, letzte Änderung in Kraft seit 1. Oktober 2009; enthält bautechnische Stan-
dardanforderungen zum effizienten Be-
triebsenergieverbrauch (besonders hinsichtlich Wärmedämmung und heizungs-
technischer Anlagen) für Bauherren und
Immobilienbesitzer; gilt für Wohngebäude, Büro- und bestimmte Arten von Be-
triebsgebäuden. Die EnEV 2012 war Ende
2011 auf dem parlamentarischen Weg
(siehe auch: www.enev-online.de).
Erweiterungsbauten: Ergänzungen eines vorhandenen Objekts
Freianlagen: Planerisch gestaltete Freiflächen
und Freiräume sowie entsprechend
gestaltete Anlagen in Verbindung mit Bauwerken oder in Bauwerken
Gebäude: Selbstständig benutzbare, über-
deckte bauliche Anlagen, die von Menschen betreten werden können und geeignet oder bestimmt sind, dem Schutz
von Menschen, Tieren oder Sachen zu
dienen
Gebrauchstauglichkeit: Angabe zum derzeitigen Status der Nutzbarkeit und Funktionsfähigkeit der Bauteile bzw. Bauwerke
Genehmigungsplanung: Teil der Bauplanung,
auch Eingabeplanung oder Einreichplanung
genannt; Zusammenstellen aller relevanten Dokumente (Grundrisse, Ansichten,
Schnitte, Lageplan, Wohnflächenberechnung) für einen Bauantrag mit dem Ziel,
eine Baugenehmigung zu erwirken.
Gewährleistungsbürgschaft: Sicherstellung
der Mängelansprüche im Baurecht; sichert,
dass ein Bürge/Garant für die Kosten der
Beseitigung von Mängeln, die innerhalb
der Gewährleistungsfrist auftreten, ein-
steht, falls der leistungserbringende Unternehmer während der Gewährleistungsfrist
insolvent werden sollte.
Grundschuld: Grundpfandrecht; im deutschen
Sachenrecht das dingliche Recht, aus einem Grundstück oder einem grundstücks-
gleichen Recht (Wohneigentum oder Erb-
baurecht) die Zahlung eines bestimmten
Geldbetrags zu fordern. Die Grundschuld
wird von Kreditinstituten zur Besicherung
von Krediten genutzt; dazu wird im Grundbuch eine Grundschuld in Höhe des zu
besichernden Kredits eingetragen. Wird
die damit gesicherte Forderung nicht erfüllt, kann der Gläubiger im Schuldbeitrei-
bungs- oder Konkursverfahren das Pfand
verwerten lassen.
Hausschwamm, Echter (Serpula lacrymans):
Holz zerstörender Pilz, einer der gefährlich-
sten Verursacher von Bauschäden durch
Schwammbefall; verursacht gravierende
Strukturschäden, indem er dem Holz Zel-
lulose entzieht. Bei unsachgemäßer Beseitigung droht Wiederbefall.
Hinterliegergrundstück: Grundstück, das im
Gegensatz zum Anliegergrundstück keinen
direkten Zugang zum öffentlichen Weg
oder Wasserweg hat.

HOAI: Honorarordnung für Architekten und Ingenieure, durch Verordnung der Bundesregierung (Verordnung über die Honorare für Architekten- und Ingenieurleistungen) vom 30.04.2009 geregelt. Nach ihr werden Honorare auf Basis der Baukosten festgesetzt, die aufgrund der Entwurfsplanung berechnet werden; daneben werden Anreize für kostensparendes und qualitätsbewusstes Planen und Bauen geschaffen. Verbindliche Honorarsätze bleiben auf Planungsleistungen beschränkt, Beratungsleistungen können frei vereinbart werden.

Holzbau: Bauweise, die den Baustoff Holz nutzt, sowie ein in dieser Bauweise errichtetes Gebäude. Neben Vollholz werden auch verschiedene Holzwerkstoffe für den Holzbau eingesetzt. Der Holzbau als Bauweise tritt oft in Verbindung mit anderen Bauweisen an ein und demselben Gebäude auf.

Hypothekendarlehen: Instrument der Immobilienfinanzierung, bei der das Darlehen durch ein Grundpfandrecht besichert wird. Kommt es zu einer Leistungsstörung seitens des Schuldners, kann der Gläubiger – gegebenenfalls im Weg der Zwangsversteigerung oder der Zwangsverwaltung die Immobilie auf die das Grundpfandrecht eingetragen ist, verwerten und das Darlehen daraus tilgen. Aufgrund dieser hervorragenden Sicherheit sind Hypothekendarlehen regelmäßig zinsgünstiger als andere unbesicherte Ratenkredite.

Instandhaltungen: Alle Maßnahmen, die zur Erhaltung des Soll-Zustands eines Objekts dienen

Instandsetzungen: Maßnahmen zur Wiederherstellung des Zustands eines Objekts, der zu seinem bestimmungsgemäßen Gebrauch geeignet ist (sogenannter Soll-Zustand)

K.O.-Kriterien: Ausschlusskriterien nach der einfachen Nutzwertanalyse; das Fehlen bestimmter, unabdingbarer Eigenschaften (die in einem Ausschlusskriterium definiert sind) führt zum Ausschluss einer Person oder eines Objekts aus dem Entscheidungsverfahren.

Kostenberechnung: Ermittlung der Kosten auf der Grundlage der Entwurfsplanung. Sie stützt sich auf durchgearbeitete Entwurfszeichnungen oder auch Detailzeichnungen wiederkehrender Raumgruppen, Mengenberechnungen und Erläuterungen, die für die Berechnung und Beurteilung der Kosten relevant sind.

Kostenschätzung: Überschlägige Ermittlung der Kosten auf der Grundlage der Vorplanung. Die Kostenschätzung dient als vorläufige Grundlage für Finanzierungsüberlegungen. Sie stützt sich auf Vorplanungsergebnisse, Mengenschätzungen, erläuternde Angaben zu den planerischen Zusammenhängen, Vorgängen und Bedingungen sowie Angaben zum Baugrundstück und zur Erschließung.

Lebenserwartung: Kalkulierte Lebensdauer bzw. Restnutzungsdauer; sie bezieht sich sowohl auf die Materialgüte als auch auf die Einbauqualität.

Lehmbau: Die Herstellung von Bauwerken mit dem Baustoff Lehm sowie die so erstellten Bauwerke selbst. Verschiedene tragende oder nichttragende Bauweisen werden für den Lehmbau angewandt. In jüngster Zeit hat der Lehm als Baustoff aufgrund seiner guten Umweltverträglichkeit und seiner günstigen gebäudeklimatischen Eigenschaften wieder an Bedeutung gewonnen.

Leistungsbeschreibung: Grundlage für jede Baumaßnahme und wichtigster Bestandteil des Bauvertrags. Je detaillierter und inhaltsreicher Leistungsumfang, Art und Qualität der Baustoffe und der Ausstattungsgrad beschrieben werden, desto geringer ist das Vertragsrisiko des Bauherrn.

Leistungsbild Gebäude und raumbildende Ausbauten: Nach HOAI § 33 „umfasst Leistungen für Neubauten, Neuanlagen, Wiederaufbauten, Erweiterungsbauten, Umbauten, Modernisierungen, raumbildende Ausbauten, Instandhaltungen und Instandsetzungen".

Luftwechselrate: Gibt den Teil oder das Vielfache des Raumvolumens an, das einem Raum innerhalb einer Stunde als Zuluft zugeführt wird. Eine Luftwechselrate von $0{,}70\ h^{-1}$ bedeutet also, dass pro Stunde 70 Prozent der Raumluft ausgetauscht werden.

Mauerwerksbau: Bautechnik des Massivbaus, bei der das Mauerwerk als Bauteil aus einzelnen, druckfesten Elementen – zum Beispiel Ziegeln oder Werksteinen – besteht, die in einem Mauerwerksverband miteinander verbunden sind

Modernisierungen: Bauliche Maßnahmen zur nachhaltigen Erhöhung des Gebrauchswerts eines Objekts, soweit es sich nicht um Erweiterungs- oder Umbauten bzw. um Maßnahmen der Instandsetzung handelt

Objekte: Gebäude, raumbildende Ausbauten, Freianlagen, Ingenieurbauwerke, Verkehrsanlagen, Tragwerke und Anlagen der sogenannten Technischen Ausrüstung

Ökologischer Ansatz: Aufwand für die Herstellung des Bauteils, der Komponenten oder des Materials bezogen auf die Faktoren Qp (Primärenergieverbrauch), CO_2 und andere Umwelteinflüsse (Klimaschutzfaktoren)

Primärenergiebedarf: Bedarf an Energie, der über den eigentlichen Energiebedarf eines Systems hinausgeht und auch die Energiemenge berücksichtigt, die bei der Gewinnung, Umwandlung und Verteilung des Energieträgers benötigt wird. In der EnEV als Qp bezeichnet.

Raumbildende Ausbauten: Die innere Gestaltung oder Erstellung von Innenräumen ohne wesentliche Eingriffe in Bestand oder Konstruktion

Riester-Förderung: Nach dem früheren Bundesarbeitsminister Riester benannte staatliche Förderung der Altersvorsorge; seit 2008 können auch der Kauf einer Immobilie oder von Anteilen an Wohnungsgenossenschaften sowie die Einzahlung in Bausparverträge gefördert werden. Auch Tilgungsleistungen auf Wohnungsbaukredite, vorausgesetzt, sie betreffen eine selbst genutzte Immobilie, sind zulagenberechtigt. Seit 2010 ist auch der Erwerb einer selbst genutzten Wohnimmobilie in der EU sowie in Norwegen, Island und Liechtenstein förderfähig.

Salzanalyse: Feststellung des Befalls eines Bauteils mit bauschädlichen Salzen

Schadensgrad: Ausmaß des Schadens auf das jeweilige Bauteil oder die Komponente bezogen. Der Schadensgrad wird zwischen 0 % und über 75 % angegeben. Bei einem Schadensgrad über 75 % muss davon ausgegangen werden, dass das Bauteil nicht mehr funktionsfähig oder praktisch nicht mehr vorhanden ist und daher komplett erneuert werden muss. Das bedeutet: Investitionsbedarf wie für Neubau.

Sparbrief: Festverzinsliche Anlage, deren Verzinsung über die gesamte Laufzeit festgeschrieben ist; wird von Banken und Sparkassen als Namensschuldverschreibung ausgegeben, die nicht börsenfähig ist.

Stahlbeton: Verbundwerkstoff aus den Komponenten Beton und Bewehrungsstahl. Weil Beton eine hohe Druckfestigkeit, aber nur eine geringe Zugfestigkeit besitzt, verstärkt man die durch Zug oder Biegung beanspruchten Bauteile mit Stahl, der seinerseits eine sehr hohe Zugfestigkeit aufweist.

Stahlskelettbau: Baukonstruktion, bei der das Tragwerk im Skelettbau aus Stahlträgern errichtet wird. Bei Bauweise wurde nach 1880 eingeführt und hat sich in den USA beim Bau der ersten Hochhäuser bewährt. In Deutschland ist er überwiegend im Industrie- und Gesellschaftsbau sowie bei Geschäftshäusern anzutreffen.

Tagesgeldkonto: Kurzfristige Anlageform; vergleichsweise gering verzinstes Konto, über dessen Guthaben der Inhaber täglich, das heißt ohne Kündigungsfrist wie bei einem Sparbuch, verfügen kann.

Technische Funktionsfläche: Nach DIN 277 (Fassung von 2005) derjenige Teil der Nettogrundfläche, welcher der Unterbringung zentraler betriebstechnischer Anlagen dient, sofern der Zweck des Gebäudes nicht selbst in der Unterbringung technischer Anlagen besteht

Termingeld, auch Termineinlagen oder Termindepositen: Kurz- bis mittelfristige Geldanlagen bei Kreditinstituten; Laufzeit und Kündigungsfrist betragen mindestens einen Monat.

Thermografie: Bildgebendes Verfahren, das Infrarotstrahlung optisch sichtbar macht. In der Anwendung dient es unter anderem dazu, Wärmeemissionen von Gebäuden oder Gebäudeteilen festzustellen und zu messen.

Umbauten: Umgestaltungen eines vorhandenen Objekts mit Eingriffen in Konstruktion oder Bestand

Umgebindehaus: Regional verbreiteter Haustyp, der die Blockbauweise mit Fachwerk- und Massivbauweise verbindet. Um die Blockstube herum ist ein Umgebinde aus tragenden Stützen und Balken angebracht, welches das Obergeschoss trägt. Umgebindehäuser sind charakteristisch für den Berufsstand des Webers. Landschaftstypisch ist das Umgebindehaus besonders in der Oberlausitz, in Teilen Nordböhmens, Schlesien, der Sächsischen Schweiz und Ostthüringens.

Unterhaltungskosten: Aufwand für die Unterhaltung bzw. den Betrieb des Bauteils oder der der Komponente

Unterzug: Träger, der die Last einer Decke oder einer oberhalb befindlichen Wand aufnimmt. Die Last wird auf andere tragende Bauteile abgeleitet, die Tragkraft bzw. die Spannweite von Decken kann dadurch vergrößert werden.

Verkehrswert: aktueller Wert einer Immobilie, auch Marktwert (seit 2004 offiziell synonym gebraucht). Zugrunde gelegt wird der Durchschnittspreis, der zum Zeitpunkt der Wertermittlung im gewöhnlichen Geschäftsverkehr erzielt wird oder sicher erzielt werden kann.

Vertragserfüllungsbürgschaft: Sicherung des Auftraggebers vor Schäden im Falle der Insolvenz des Auftragnehmers; der Auftraggeber kann aber auch darauf zurückgreifen, wenn die vertraglich vereinbarten Leistungen nicht erfüllt oder verweigert werden.

Verwandtendarlehen: Populäre Bezeichnung für ein Darlehen, das nicht von Kreditinstituten ausgereicht wird, sondern von Familienangehörigen oder Freunden und Bekannten. Verwandtendarlehen werden nicht im Grundbuch eingetragen und fungieren gegenüber einem finanzierenden Kreditinstitut quasi als Eigenkapital.

VOB: Vergabe- und Vertragsordnung für Bauleistungen, gliedert sich in drei Teile, wovon Teil A die Allgemeinen Bestimmungen für die Vergabe von Bauleistungen, Teil B die Allgemeinen Vertragsbedingungen für die Ausführung von Bauleistungen und Teil C die Allgemeinen Technischen Vertragsbedingungen für Bauleistungen (die gleichzeitig auch als DIN-Normen herausgegeben wurden) enthält.

Wärmedämmverbundsystem (WDVS), umgangssprachlich auch Vollwärmeschutz genannt: System zur außenseitigen Dämmung von Gebäudeaußenwänden

Wärmedurchgangskoeffizient: sogenannter U-Wert (Umkehr-Wert des Wärmedurchlasswiderstands), gibt den Wärmedurchgang durch ein Bauteil an – errechnet durch Division von 1 durch die Summe der Wärmeleitfähigkeit der einzelnen Schichten des Bauteils sowie der beiden Wärmeübergangskoeffizienten des Bauteils (innen und außen). Je höher der Wärmedurchgangskoeffizient, desto niedriger ist die Wärmedämmeigenschaft des Baustoffs.

Wartungsindex: Art und Qualität der Lösung bezogen auf den voraussichtlich nötigen Wartungsbedarf

Werkbund: 1907 vom Architekten Hermann Muthesius gegründete Vereinigung von Künstlern und Architekten, die sich die „Veredelung der gewerblichen Arbeit im Zusammenwirken von Kunst, Industrie und Handwerk" zum Ziel gesetzt hatte. Das architektonische Wirken und die Ästhetik des Werkbunds fanden 1927 in der Ausstellung „Die Wohnung – Industrielle Formgebung in Stuttgart" in der Weißenhofsiedlung ihren Ausdruck.

Zahlungsplan: Regelung der finanziellen Leistungen des Bauherrn gegenüber dem Bauträger oder Leistungserbringer in Abhängigkeit vom Baufortschritt; dient der Sicherheit beider Parteien.

NÜTZLICHE ADRESSEN

**Baukosteninformationszentrum
Deutscher Architektenkammern GmbH**
Bahnhofstraße 1, 70372 Stuttgart
Tel. 07 11-95 48 54-0
E-Mail: info@bki.de
www.baukosten.de

Bundesarbeitskreis Altbauerneuerung e.V.
Elisabethweg 10, 13187 Berlin
Tel. 030-4 84 90 78 55
www.bakaberlin.de
www.energieberater-2020.de
www.idi-al-easy.de

Deutsches Energieberater-Netzwerk e. V.
Franziusstr. 8 – 14, 60314 Frankfurt/Main
Tel. 0 180 5-00 15 60 (14 Cent/min.)
Fax: 069-9 04 36 79-19
E-Mail: info@Deutsches-Energieberater-
netzwerk.de
www.den-ev.de/c/start

**Gebäudeenergieberater Ingenieure Handwerker
Bundesverband e. V.**
Industriestr. 4, 70565 Stuttgart
Tel. 07 11-49 04 77 40
E-Mail: info@gih-bv.de
www.gih-bv.de

NÜTZLICHE LINKS

Architektenkammern
Portal Architektenkammern in
Deutschland
www.architektenkammern.net/start.htm
Architektenkammer Baden-Württemberg
www.akbw.de
Bayerische Architektenkammer
www.byak.de/start/informationen-fur-bauherren
Architektenkammer Berlin
www.ak-berlin.de
Brandenburgische Architektenkammer –
Sachverständige
www.ak-brandenburg.de/sachverstaendigen.shtml
Architektenkammer Bremen
www.architektenkammer-bremen.de/
bauherrren.html

Hamburgische Architektenkammer
www.akhh.de/index.php?id=4
Architekten- und Stadtplanerkammer
Hessen: www.akh.de
Architektenkammer Mecklenburg-
Vorpommern – Sachverständige
www.architektenkammer-mv.de/de/fuer-bauherren-
oeffentlichkeit/sachverstaendige
Architektenkammer Niedersachsen
www.aknds.de/bauherren.html
Architektenkammer Nordrhein-Westfalen
www.aknw.de/bauherren/index.htm
Architektenkammer Rheinland-Pfalz
www.diearchitekten.org
Architektenkammer des Saarlandes
www.aksaarland.de

Architektenkammer Sachsen
www.aksachsen.org/index.php?id=34
Architektenkammer Sachsen-Anhalt –
Sachverständige:
www.ak-lsa.de/index.php?id=sachverstaendige-
verzeichnis
Architekten- und Ingenieurkammer
Schleswig-Holstein
www.aik-sh.de/fuer-bauherren.html
Architektenkammer Thüringen – Spezialisten
www.architekten-thueringen.de/bauherren/
spezialisten
Bauherren-Gebäudeeinschätzung
www.idi-al-easy.de
Baustellenverordnung (BaustellV)
www.gesetze-im-internet.de/bundesrecht/baustellv/
gesamt.pdf

Deutsche Energie-Agentur
www.dena.de
Europäisches Testzentrum Wohnungslüftungsgeräte
www.tzwl.de/markt_und_verbraucherinformatio
nen/tzwl_bulletin
Honorarordnung für Architekten und Ingenieure
www.hoai.de/Bundesrat_Drucksache_395–09.pdf
IHK – Bundesweites Sachverständigenverzeichnis
http://svv.ihk.de/svv/content/home/home.ihk
Kontrollierte Wohnungslüftung, Broschüre
des Instituts Wohnen und Umwelt
www.iwu.de/fileadmin/user_upload/dateien/ener
gie/espi/espi9.pdf
**Mindestanforderungen an Bau- und Leistungsbe-
schreibungen für Ein- und Zweifamilienhäuser**
www.bdf-ev.de/german/service/download/
Mindestanforderungen.pdf

BAUHERRENPROFIL

1. Bauherr
Informationen zu Personen und Nutzern
1.1. Name, Anschrift

Vorname, Name:	
Vorname, Name:	
Vorname, Name:	
Straße:	
PLZ :	Ort:
Tel.:	Fax:
E-Mail:	
Beruf:	

1.2. Objektdaten / Grundstück

Gebäudetyp:

Straße:

PLZ:	Ort:	Ortsteil:
Flur:	Flurstück:	

2. Nutzung
2.1. Für wen soll das Gebäude sein?

☐ Eigenbedarf oder für:

☐ Vermietung oder für:

2.2. Welche Art der Nutzung ist geplant?

Für:	☐ Wohnen	☐ Arbeiten	☐ Freizeit	oder:
	☐ Gewerbe			

2.3. Nutzungsart

1-Familien-Wohnhaus

Mehrfamilienwohnhaus mit: WE

☐ Geschäftshaus	☐ Gewerbe

☐ Wohn- und Geschäftshaus

☐ Landwirtschaftliches Anwesen

Gebäude mit wie viel Stockwerken

☐ UG + EG	☐ UG + EG + DG	☐ UG + EG + ?

Sind Nebengebäude (Garage, Gartenhaus, etc.) erwünscht / erforderlich?

☐ Nein	☐ Ja
	Welche:

2.4. Für wie viele Personen ist das Gebäude gedacht?

2.4.1. Personenanzahl Bewohner / Mitarbeiter:

2.4.2. Anzahl der Generationen wie

☐ Kinder	☐ Eltern	☐ Großeltern	☐

2.4.3. Welche Anforderungen sind im Übrigen geplant / erforderlich?

☐ Barrierefreies / altersgerechtes Wohnen

☐ Tiere, wenn ja welche:

oder:

2.5. Geplante Nutzungsdauer

☐ Sanieren und verkaufen	☐ Die nächsten 10 / 20 / 30 Jahre	☐ Geplanter Alterssitz

2.6. Wichtungen

	Nicht wichtig	Egal	Wichtig	Sehr wichtig
Architektur	☐	☐	☐	☐
Ausstrahlung	☐	☐	☐	☐
Behaglichkeit	☐	☐	☐	☐
Helligkeit	☐	☐	☐	☐
Großzügigkeit	☐	☐	☐	☐
Kleinteiligkeit	☐	☐	☐	☐
Rückzugsmöglichkeit	☐	☐	☐	☐
Privatsphäre	☐	☐	☐	☐
Funktionsfähigkeit	☐	☐	☐	☐
Sicherheit	☐	☐	☐	☐
Dach (Form, Anordnung)	☐	☐	☐	☐
Fenster (Größe, Proportion)	☐	☐	☐	☐
Türen (Ornamente, Material)	☐	☐	☐	☐
Wände	☐	☐	☐	☐
Decken	☐	☐	☐	☐
Terrasse / Außensitz / Balkon	☐	☐	☐	☐
Wintergarten	☐	☐	☐	☐
Garage / Carport	☐	☐	☐	☐
Klassisch	☐	☐	☐	☐
Modern	☐	☐	☐	☐
Ausgefallen / auffallend	☐	☐	☐	☐
Wertbeständig, solide	☐	☐	☐	☐
Antik	☐	☐	☐	☐
Neuester Stand der Technik	☐	☐	☐	☐
Innovative Baustoffe	☐	☐	☐	☐
Ökologische Baustoffe	☐	☐	☐	☐
Statussymbol	☐	☐	☐	☐
Versorgung im Alter	☐	☐	☐	☐
Ökologie	☐	☐	☐	☐

Ökonomie	☐	☐	☐	☐
Energieeffizienz	☐	☐	☐	☐
Energieeinsparung	☐	☐	☐	☐
Nachhaltigkeit	☐	☐	☐	☐
Garten / Bäume / Pflanzen	☐	☐	☐	☐
Umfeld zum Gebäude	☐	☐	☐	☐
Einfriedung	☐	☐	☐	☐

2.7. Architektur / Ambiente / Materialwelt
Welche Besonderheiten sind gewünscht?

☐ Stuckfassade	☐ Stuckdecken	☐ Wände
☐ Raumhöhe	☐ Grundriss	☐ Balkon / Terrasse
☐ Materialien an der Fassade		
☐ Fußböden	☐ Pakett	☐ Fliesen oder:
☐ Fenster Art / Material	☐ Holz	☐ Kunststoff oder:
☐ Terrasse	☐ Balkon	☐ Wintergarten
☐ Einfriedung	☐ Hecke	☐ Zaun oder:
☐ Außenanlagen	☐ Garten	☐ Teich
	☐ Nutzgarten	☐ Swimming-Pool

2.8. Welche Technik ist gewünscht?
Elektroinstallation

☐ Steckdosen pro Raum	Wo / Anzahl?	
☐ Bewegungsmelder	Wo / Anzahl?	
☐ Gegensprechanlage	☐ Ja	☐ Nein
☐ Telefon / Fax / Internet	Wo / Anzahl?	
☐ PC / Drucker / Kopierer etc.	☐ Ja	☐ Nein
☐ Netzwerk	☐ Ja	☐ Nein
☐ Alarmanlage / Kamera	☐ Ja	☐ Nein
☐		

2.9. Klima / Heizung, was ist gewünscht?

☐ Klimaanlage	☐ Ja	☐ Nein
☐ Fenster-Lüftung	☐ Ja	☐ Nein
☐ Mechanische Lüftung	☐ Ja	☐ Nein

☐ Heizung	☐ Öl	☐ Gas	☐ Holzpel- lets	☐ Wärme- pumpe
☐ Kamin	Wo / Anzahl?			
☐ Solar	☐ Ja	☐ Nein		
☐ Photovoltaik	☐ Ja	☐ Nein		
☐				

3. Baustoffe, Materialwelt und Form
3.1. Welche der aufgezählten Baustoffe sind Ihnen grundsätzlich:

	Sympathisch	Gleichgültig	Unsympathisch
Beton	☐	☐	☐
Stahl	☐	☐	☐
Kunststoff	☐	☐	☐
Ziegelstein	☐	☐	☐
Kalksandstein	☐	☐	☐
Naturstein	☐	☐	☐
Kork	☐	☐	☐
Massivholz	☐	☐	☐
Holzimitat	☐	☐	☐
Aluminium	☐	☐	☐
Fliesen	☐	☐	☐
Glas	☐	☐	☐
Metall	☐	☐	☐
Textilien / Stoff	☐	☐	☐
…	☐	☐	☐

3.2. Welche Farben bevorzugen Sie?

	Sympathisch	Gleichgültig	Unsympathisch
Hell	☐	☐	☐
Dunkel	☐	☐	☐
Rot	☐	☐	☐
Orange	☐	☐	☐
Gelb	☐	☐	☐
Sand / Beige / Creme	☐	☐	☐
Blau	☐	☐	☐

Gün	☐	☐	☐
Violett	☐	☐	☐
Schwarz	☐	☐	☐
Weiß	☐	☐	☐
Grau	☐	☐	☐
…	☐	☐	☐

Welche Formen bevorzugen Sie?

	Sympathisch	Gleichgültig	Unsympathisch
Rund / Oval	☐	☐	☐
Eckig	☐	☐	☐
Filigran	☐	☐	☐
Massiv	☐	☐	☐
…	☐	☐	☐

3.3. Grundrisslösung

☐ Geschlossen	(Nur Räume mit Türen)
☐ Halboffen	(Nur einzelne Räume mit Türen)
☐ Offen	(Ohne Trennwände)

4. Die Finanzen
4.1. Investitionskosten

Insgesamt	EUR	davon:
		Grundstück: EUR
		Gebäude: EUR
		Baukosten incl. Nebenkosten: EUR

4.2. Welche finanziellen Mittel stehen zur Verfügung?

Eigenmittel:	EUR
Fremdmittel:	EUR
Förderung:	EUR
	EUR

4.3. Sollen öffentliche Mittel genutzt werden?

☐ Ja	Welche

4.4. Sind steuerliche Aspekte zu beachten?

☐ Ja	Welche

4.5. Sind Eigenleistungen geplant?

☐ Ja ☐ Nein

Wenn ja: bei welchen Arbeiten insbesondere?

5. Zeitrahmen

☐ Sofort bezugsfertig

☐ Gibt es einen Zeitrahmen?

Beginn:

Fertigstellung:

6. Wie möchten Sie bauen?

☐ Möglichst so, dass ich nichts damit zu tun habe

☐ Ich möchte mit einbezogen werden

☐ Nur mit Eigenleistungen (siehe gesonderte Aufstellung)

7. WIE SCHÄTZEN SIE DEN ZUSTAND DES GEBÄUDES SELBST EIN?

Hier ein kleiner Fahrplan für eine erste Einschätzung:

Zustand? (-3 = sehr schlecht / 0 = weiß nicht / + 3 = bereits erneuert)								Sanierung	
	-3	-2	-1	0	1	2	3	Ja	Nein
Außenhülle									
Dachdeckung									
Klempner									
Fassade / Putz									
Fenster									
Balkon									
Terrasse									
Haustür									
Haussockel									
Innen									
Dachkonstruktion									
Schornstein									
Decken									

Treppen									
Wände innen									
Wände außen									
Wände Kellergeschoss feucht?									
Innenputz									
Innentüren									
Fenster									
Fußböden									
Decken									
Technik									
Heizung									
Sanitär									
Lüftung									
Elektro									
Telefon									
Sonstiges									

7.1. Außenanlagen

Zustand? (-3 = sehr schlecht / 0 = weiß nicht / + 3 = bereits erneuert) Sanierung?

	-3	-2	-1	0	1	2	3	Ja	Nein
Außenanlagen									
Einfriedung / Zaun									
Baumbestand									
Zufahrt									
Zugang zum Haus									
Medien / Versorgung									
Wasser									
Abwasser									
Regenwasser									

Elektro									
Gas									
Telefon									
Antenne									
Sonstiges									

7.2. Welche Maßnahmen sind geplant bzw. notwendig?

Definitionen

Instandsetzung:	Nur leichte Überarbeitung, wo defekte Bauteile
Reparatur:	Austausch, teils Erneuerung von defekten Teilen
Sanierung:	Überarbeitung der gesamten Immobilie ohne besonderen Anspruch
Modernisierung:	Anpassung an heutigen Stand der Technik

Maßnahmen	100%	75%	50%	25%	10%	Nein			
Instandsetzung									
Reparatur									
Sanierung									
Modernisierung									
Anpassung der Grundrisse									
Umbau									
Anbau									
Erweiterung									
Dachausbau									
Kellerausbau									
Badeinbau									
Kücheneinbau									
Heizung									
Elektro									

8. ERFORDERLICHE UNTERLAGEN

8.1. Gutachten
Gibt es bereits Gutachten für:

☐ Wertgutachten ☐ Feuchtigkeit ☐ Holzkonstruktion

oder:

8.2. Unterlagen

Welche Unterlagen?	Liegt vor	Muss angefordert werden
☐ Amtlicher Lageplan		
☐ Baubeschreibung		
☐ Bestandspläne		
☐ Energieausweis		
☐ Flurkarte		
☐ Grundbuchauszug		
☐ Statik		

ERMITTLUNG DER GRUNDFLÄCHE NACH DER II. BV

Ermittlung der Grundfläche nach § 43 der II. Berechnungsverordnung (Verordnung über wohnwirtschaftliche Berechnungen), Neufassung vom 12.10.1990

§ 43 Berechnung der Grundfläche

(1) Die Grundfläche eines Raumes ist nach Wahl des Bauherrn aus den Fertigmaßen oder den Rohbaumaßen zu ermitteln. Die Wahl bleibt für alle späteren Berechnungen maßgebend.

(2) Fertigmaße sind die lichten Maße zwischen den Wänden ohne Berücksichtigung von Wandgliederungen, Wandbekleidungen, Scheuerleisten, Öfen, Heizkörpern, Herden und dergleichen.

(3) Werden die Rohbaumaße zugrunde gelegt, so sind die errechneten Grundflächen um 3 vom Hundert zu kürzen.

(4) Von den errechneten Grundflächen sind abzuziehen die Grundflächen von
1. Schornsteinen und anderen Mauervorlagen, freistehenden Pfeilern und Säulen, wenn sie in der ganzen Raumhöhe durchgehen und ihre Grundfläche mehr als 0,1 Quadratmeter beträgt,
2. Treppen mit über drei Steigungen und deren Treppenabsätze.

(5) Zu den errechneten Grundflächen sind hinzuzurechnen die Grundflächen von
1. Fenster- und offenen Wandnischen, die bis zum Fußboden herunterreichen und mehr als 0,13 Meter tief sind,
2. Erkern und Wandschränken, die eine Grundfläche von mindestens 0,5 Quadratmeter haben,
3. Raumteilen unter Treppen, soweit die lichte Höhe mindestens 2 Meter ist. Nicht hinzuzurechnen sind die Grundflächen der Türnischen.

(6) Wird die Grundfläche auf Grund der Bauzeichnung nach den Rohbaumaßen ermittelt, so bleibt die hiernach berechnete Wohnfläche maßgebend, außer wenn von der Bauzeichnung abweichend gebaut ist. Ist von der Bauzeichnung abweichend gebaut worden, so ist die Grundfläche auf Grund der berichtigten Bauzeichnung zu ermitteln.

HEIZUNGS-, LÜFTUNGS- UND ANLAGENTECHNIK

Die Kosten für eine Abluftanlage liegen in einer Größenordnung von 1'500–2 000 €. Für eine Anlage mit Wärmerückgewinnung müssen 4 000–7 000 € eingeplant werden.

Die Kosten für einen Erdreichwärmetauscher sind in diesen Beträgen noch nicht enthalten.

Den Kosten stehen Einsparungen beim Heizsystem gegenüber, die sich durch die Verkleinerung bzw. Einsparung der Heizflächen ergeben. Die Höhe der Einsparung hängt von der Art der verwendeten Materialien und der konkreten Anlagenplanung ab.

Die jährlichen Kosten für den Betriebsstrom betragen bei einer Wohnungsgröße von 150 m² und einem Strompreis von 19 €-Cent je kWh im Fall einer Abluftanlage etwa 50 € und im Fall einer Anlage mit Wärmerückgewinnung etwa 90 €, jeweils bei ganzjährigem Einsatz. Werden die Lüftungsanlagen nur während der Heizperiode betrieben, halbieren sich die oben genannten Energiekosten.

Den Aufwendungen stehen bei Anlagen mit Wärmerückgewinnung Heizenergieeinsparungen von 3 000–4 000 kWh gegenüber. Das entspricht bei einem Wärmepreis von 10 €-Cent/kWh einer Ersparnis von jährlich etwa 350 €.

Zur **Bilanzierung der Heizungs-, Lüftungs- und Anlagentechnik** verwendet die EnEV das Rechenverfahren der DIN 4701 Teil 10.

In dieser Norm wird für verschiedene projektierte Luftwechselraten und Wärmerückgewinnungsgrade die flächenbezogene Einsparung an Heizenergie in einer Tabelle angegeben. So wird für eine Luftwechselrate von 0,4 h^{-1} und einen Wärmerückgewinnungsgrad von 80 % eine Heizwärmeeinsparung von 17,2 kWh/(m²a) bilanziert.

Zum Bau von geförderten KfW-Effizienzhäusern ist also der Einsatz von Lüftungsgeräten ein wichtiger Baustein. Liegt von einem Fachplaner eine detaillierte Anlagenplanung mit günstigeren Herstellerangaben vor, dann können auch diese direkt in die Gebäudebilanz eingesetzt werden.

Die Bilanz von Gebäuden mit einer Abluftanlage verbessert sich nur indirekt. Da mit dieser Technik keine Wärme zurückgewonnen wird, kann rechnerisch auch keine Einsparung angesetzt werden. Weil aber im Zusammenhang mit dem Einbau der Lüftungsanlage ein Drucktest für das Gebäude vorgeschrieben ist, wird die in der Energiebilanz zu berechnende Luftwechselrate von 0,7 h^{-1} auf 0,6 h^{-1} vermindert. Das entspricht einer rechnerischen Einsparung von etwa 7 kWh/(m²a).

(Hessisches Ministerium für Umwelt, Energie, Landwirtschaft und Verbraucherschutz: Kontrollierte Wohnungslüftung, Wiesbaden 2011)

REGISTER

IMPRESSUM

© 2012 Stiftung Warentest, Berlin

Stiftung Warentest
Lützowplatz 11–13
10785 Berlin
Tel. 0 30/26 31-0
Fax 0 30/26 31-25 25
www.test.de

Vorstand: Hubertus Primus
Weiteres Mitglied der Geschäftsleitung:
Dr. Holger Brackemann
(Bereich Untersuchungen)

Programmleitung: Niclas Dewitz
Autoren: Ulrich Zink, Thomas Wieke

Projektleitung/Lektorat: Uwe Meilahn
Titelentwurf: Susann Unger, Berlin
Layout: Pauline Schimmelpenninck Büro für
Gestaltung, Berlin
Verlagsherstellung: Rita Brosius (Ltg.), Susanne Beeh
Grafik, Bildredaktion und Satz:
Pauline Schimmelpenninck Büro für Gestaltung, Berlin
Produktion: Vera Göring
Bildnachweis: BEKA 25, 70, 74, 75, 85, 100, 101, 116,
117, 125, 139, 140, 145, 149, 150 **creative commons
3.0** 9, 19, 79, 87, 88, 104, 126 **Fotolia** 111 **Thinkstock**
3, 5, 6, 8, 18, 20, 21, 23, 25, 43, 45, 48, 53, 56, 58, 61,
64, 66, 70, 76, 80, 84, 86, 87, 88, 95, 98, 103, 106,
112, 118, 119, 120, 122, 123, 127, 134, 135, 139, 141,
142, 143, 144, 152 **M.Tortolini** 22 **Pixelio** 19, 20, 22,
23, 32, 33, 87, 143
Litho: tiff.any GmbH, Berlin
Druck: Rasch Druckerei und Verlag GmbH & Co. KG,
Bramsche

Einzelbestellung:
Stiftung Warentest
Tel. 0 1805/00 24 67
Fax 0 1805/00 24 68
(je 14 Cent pro Minute aus dem Festnetz, maximal
42 Cent pro Minute aus dem Mobilfunknetz)
www.test.de

ISBN: 978-3-86851-032-4